피터 드러커
자기경영노트

PETER F.
DRUCKER

피터 드러커
자기경영노트

피터 드러커 지음 · 장영철 옮김

THE
EFFECTIVE
EXECUTIVE

한국경제신문

This is not a text-book, of course-if only because effectiveness, while capable of being learned, surely cannot be taught. Effectiveness is, after all, not a "subject," but a self-discipline.

Peter F. Drucker
Effective Executive 2017 edition, p.185

이 책은 물론 교과서가 아닙니다. 효과성(성과를 내는 능력)은 학습 가능하지만 누구에게 가르침을 받을 수 없는 것이기 때문입니다. 효과성은 결국 교과 과목이 아니라 자기수련(self-discipline)입니다.

피터 드러커에게 배운 10가지의 교훈

《피터 드러커 자기경영노트》 발간 50주년에 즈음하여
짐 콜린스(Jim Collins)

여러분이 만약 조직에서 책임을 맡고 있는 경영 리더(Executive)로서 자기 관리에 관한 도서 한 권을 골라 읽는다면, 두말할 필요 없이 피터 드러커의 명실상부한 대표작인《피터 드러커 자기경영노트(The Effective Executive)》가 될 것이다. 여러분이 근무하는 조직의 규모가 어떻든 상관없이, 또 조직을 운영하는 입장에 있든 아니든 말이다. 올바르고 꼭 해야 할 일을 수행할 책임을 지는 사람, 다시 말해 가장 큰 임팩트를 줄 수 있는 우선순위 높은 과업들에서 어떻게 하면 최고의 역량을 발휘할지를 고심하는 사람이 바로 경영 리더다.

성과를 잘 내는 사람들은 같은 시간을 일하면서도 훌륭한 재능을 보유한 사람보다 훨씬 더 자신의 역량을 잘 활용해 일한다. 드러커가 이 책의 서두에서 언급한 것처럼 엄청난 영특함을 갖춘 사람일지라도 흔히 믿어지지 않을 정도로 성과를 내지 못하는 경우가 많다. 남달리 뛰어난 인재가 그러하다면, 나머지 우리들에겐 과연 어떤 희망이 있기는 한 걸까? 다행히도 우리에겐 희망 이상의 더 좋은 것이 있는바, 바로 드러커의 실천적 가르침들(practical disciplines)이다.

나는 드러커의 이 책을 30대 초반에 처음 읽었고, 그것이 나 자신의 발전에 커다란 변곡점이 되었다. 이 책의 내용을 다시금 읽으면서, 그 가르침들이 마치 일련의 계명들처럼 나에게 얼마나 깊이 아로새겨져 있는지를 상기하게 되었다. 드러커가 제시한 예들이나 언어가 비록 오래된 것일지라도 그의 통찰들은 시간 경계를 초월한다. 그가 50여 년 전에 썼을 때 못지않게 현재에도 도움이 되고 있기 때문이다. 여기서 나는 피터 드러커와 그의 저서로부터 터득하게 된 10가지의 학습 포인트를 소개해보려 한다. 이것이 시대를 불문하고 가장 위대한 경영 선각자에 접근하기 위한 조그만 진입로를 제공해줄 수 있기를 기대한다.

1. 먼저 자기 자신을 관리하라

드러커에 따르면, "어떤 사람이 다른 사람을 진정으로 관리할 수 있다는 것을 증명하기란 어려운 일이다. 그러나 누구든지 자기 자신은 관리할 수 있다"고 한다. 우선 여러분 자신에게 최고 수준의 업무 수행을 기대하지 못하면서, 어떻게 남들이 최고 수준의 업무 수행을 하리라 기대할 수 있을 것인가. 드러커는 이른바 '조직화된 업무 수행의 법칙(law of organized performance)', 즉 리더의 성과 비율은 그가 이끄는 팀의 업무 수행 수준 대비 비율이 일정하다는 점을 정연하게 설명했다. 그러므로 여러분이 주위 사람들의 평균 업무 성과를 증대시키고자 한다면, 여러분이 먼저 여러분 자신의 업무 수행 성과 수준을 향상시켜야 한다.

2. 여러분이 잘하는 것을 하라

드러커의 가장 주목을 끄는 대목들 중 하나는, 우리는 거의 대부분의 일들에 능숙하지 않다는 것이다. 우리가 던져야 할 중요한 질문은 어떻게 하면 무능 상태에서 탁월한 상태로 전환하느냐가 아니라, '어떤 사람이 남달리 잘할 수 있는 것이 무엇인가?'다. 이는 결국 여러분이 우선적으로 물어야 할 것은, '여러분의 남다르고 숙련된 역량이 무엇인가', 즉 여러분이 흔치 않게 잘할 수 있는 것이 무엇이고, 여러분이 진정으로 잘하는 것(강점)이 무엇인지를 찾는 것이다. 그리고 나서 여러분의 인생과 경력을 그에 잘 맞추고 헤쳐나가는 것이다. 드러커는 "약점에 집중하는 것은 어리석을 뿐만 아니라 무책임한 것이다"라고까지 말한다.

그렇다면 드러커의 '강점에 입각해 자기 자신을 구축하라'는 강한 메시지는 우리의 미흡한 점들에 대처하지 말라는 뜻일까? 그렇기도 하고 그렇지 않기도 하다. 만약 여러분이 장거리 주자로서 탁월하다면, 미식축구에서 미들 라인백커(middle linebacker,

풋볼 관련 용어로 디펜시브 라인 중간 뒤에서 뛰는 선수-옮긴이)가 되려 애쓰지 말라는 것이다. 그렇지만 여러분에게 자신의 강점들이 펼쳐지는 데 직접적으로 방해가 되는 취약점들이 있다면 그것들에 대해선 대처할 방안을 강구해야 한다는 것이다. 농구선수 마이클 조던(Michael Jordan)은 농구 경력 막바지에 이르렀을 때, 더 이상 젊었을 때처럼 높이 그리고 강력하게 바스켓으로 치고 올라가지 못하게 되자, 과거엔 결코 보이지 않았던 자신의 강점을 구축하기 시작했다. 그것이 바로 페이드어웨이 슛(fadeaway shoot, 점프와 동시에 상체를 뒤로 젖힌 채 쏘는 슛-옮긴이)이다. 조던은 치명적인 약점을 그의 강점으로 더 이상 문제가 되지 않게 했다. 즉 페이드어웨이 슛을 그의 또 다른 강점으로 만들어버린 것이다.

여러분이 가장 잘할 수 있는 걸 해야 하는 게 맞다. 그러나 그것을 더 잘하도록 계속 노력해야 한다. 여러분이 구축한 강점을 통해 약점이 문제가 되지 않게 만들라는 것이다.

3. 최고의 상태에서 일하라

만약 여러분이 이 세상에서 유용하게 쓰이도록 존재하는 도구라면, 어떻게 하면 그 도구가 최고의 수준으로 작동할 것인가? 어떤 사람은 밤에 최고의 수준으로 작동할 것이고, 어떤 사람은 아침에 그럴 것이다. 어떤 사람은 읽으면서 정보를 가장 잘 흡수할 것이고, 또 다른 사람은 경청하면서 정보를 더 잘 받아들일 것이다. 어떤 사람은 무언가 한 가지에 온전히 몰입할 때 활발해질 것이

고, 어떤 사람은 하루에 다양한 일을 조금씩 처리해갈 때 더 일을
잘할 것이다. 어떤 사람은 프로젝트 지향적인 성향을 보이고, 어
떤 사람은 프로세스 지향적인 성향을 보인다. 어떤 사람은 휴가
를 원하고, 어떤 사람은 휴가는 끝날 때가 최고의 순간이라고 말
할 정도로 일 지향적이다. 어떤 사람은 팀을 선호하고, 어떤 사람
은 혼자서 일할 때 가장 임팩트가 큰 일을 해내게 된다.

드러커의 표현을 빌리자면, 우리는 오른손잡이 또는 왼손잡이
로 일하도록 되어 있다. 나는 일찍이 터득한 게 있는데, 그것은 오
후보다 아침이 보다 창의성을 발휘할 수 있는 시간이라는 것이
다. 드러커는 내가 아침시간에 다른 일정을 잡지 않고 비워두고
창의적 시간을 보내는 동안, 철저히 방해받지 않고 지내는 것에
대한 확신을 갖게 해주었다. 어느 누구도 여러분이 어떻게 하면
최고 수준으로 일할지에 대한 책임을 지지 않는다. 그것은 여러
분의 책무이고, 그런 마음가짐으로 일을 하면 할수록 효과적으로
사용한 그 시간의 엄청난 누적 효과를 보게 될 것이다.

4. 시간을 어떻게 사용하는지 정확히 파악하라

드러커는 '측정되는 것은 관리된다'고 가르쳤다. 시간이 어떻게
쓰이는지 정확히 측정하지 않는다면 시간이 관리될 것이라는 기
대를 할 수가 없다. 드러커가 던진 가르침에 영감받아서 나는 내
일정을 정리하는 스프레드시트에 한 가지 측정 척도를 적고 있
다. 그것은 다름 아니라 1년에 1,000시간 이상의 창의적 시간을

가져야겠다는 결심에 따라 매일 몇 시간이나 창의적으로 보냈는지 기록한 것이다. 이러한 메커니즘을 가동시킴으로써 나는 출장여행, 팀리더십 활동, 경영자들과의 작업 등 꾸준히 늘어나고 있는 시간에도 불구하고 연구하거나, 개념을 세우고, 집필 활동을 하는 등 일련의 창의적 활동을 계속해나가고 있다. 여러분도 자신의 시간을 어떻게 사용하고 있는지 한번 파악해봐야 한다. 드러커에 따르면, 많은 어려운 일을 수행하고 있는 사람들의 비결이 바로 이것이다. 그들은 한 번에 한 가지 일만 하고, 일을 짧게 토막 내는 식으로 시간을 낭비해버리는 걸 가급적 방지한다.

이렇게 하려면 시간을 세 가지 유형으로 블록화하는 수련이 필요하다. 첫 번째로, 하루 중 가장 정신이 맑을 때 개인이 생각에 집중할 수 있는 단절 없는 블록들을 구성하는 것이다. 이러한 조용한 시간 블록들은 90분 정도가 될 테지만, 가장 바쁜 팀장이나 경영 관리자들은 규칙적으로 이러한 시간을 갖도록 해야 한다. 두 번째로, 꼭 봐야 하는 사람들을 마주하고 불가피한 일들을 처리하기 위해 일부러 구조화되지 않은 시간을 마련하는 것이다. 세 번째로, 중요한 미팅에 참석하는 시간 블록 유형인데, 여기선 대화, 토론, 의사 결정이 생동감 있게 전개될 수 있도록 잘 짜인, 서서 대화하는 미팅(standing meetings)을 활용한다. 여러분이 생각하는 시간을 할애해 이 미팅을 준비하고 사후 관리를 하는 데 활용하는 것이다.

5. 보다 나은 회의를 준비하라

"제가 짧은 서신을 준비할 시간이 없어서, (두서 없이) 길게 써 보내게 되어 죄송합니다"라는 재치있는 사전 양해를 구하곤 한다. 이는 회의에도 적용이 된다. 즉 "제가 짧은 회의를 준비할 시간이 없어서, 여러분을 긴 회의에 가둬두게 되어 죄송합니다."와 같은 것이다. 성과를 내는 사람들은 어떻게 하면 회의를 최대한 활용할지 나름의 방법을 개발해 일관되게 그 방법을 적용하고 있다. 물론 효과적인 회의 방법은 제빵 레시피만큼이나 다양하지만, 드러커는 두 가지 공통 요소를 강조하고 있다. 명확한 목적을 염두에 두고 진행하는 것(왜 우리가 회의를 하는가?)과 일관되고 규율화된 사후 관리다. 회의를 할 때마다 그것을 가장 잘 활용하는 사람들은 회의 그 자체보다는 그것을 준비하는 데 상당히 많은 시간을 보낸다. 보다 짧고 효과적인 회의를 준비하지 못한다면 남의 소중한 시간을 빼앗는 결과가 되어버린다. 우리는 회의를 주도하거나 참여하지만, 참가자는 가장 유용한 나름의 몫을 하는 사람들로 제한되어야 한다. 만약 회의들이 여러분의 시간을 묶어버린다면, 여러분의 삶은 엉뚱하게 소모될 수 있다.

6. 하나의 의사 결정이 필요할 때, 수많은 의사 결정을 하지 마라

우리는 몰려오는 수많은 상황이나 기회, 문제, 사건에 계속 부딪치게 되고, 이것들은 우리의 의사 결정을 요구한다. 좋아, 아니야, 멈춰, 구매해, 팔아, 공격해, 후퇴해, 수용해, 거부해, 응답해, 무시해, 투자해, 수확해, 고용해 등등…. 혼돈 그 자체처럼 느낄 수도 있으나, 성과를 내는 사람들은 이런 혼돈 속에서도 패턴을 발견한다. 드러커의 관점에서 보면 우리는 극히 유별나고 일회성의 의사 결정을 접할 일은 거의 없다는 것이다. 그리고 어떤 의사 결정이건 간접 비용을 수반한다. 즉 의사 결정하는 데는 주장과 논쟁이 따르며 반추와 집중할 시간, 그리고 탁월한 실행을 위한 에너지 등이 필요하다. 그러므로 이러한 간접 비용을 고려할 때, 일단 뒤로 물러나 대다수의 구체적 상황들에 적용할 수 있는 보편적인 의사 결정들을 시도해보는 것이 훨씬 좋은 방법이 될 것이다. 다시 말해 혼돈 상태에서 개념화 상태로 전환하기 위한 패턴을 찾는 게 바람직하다.

이를 워런 버핏(Warren Buffett)의 투자법과 비교해 생각해보자. 버핏은 엄청나게 많은 가능성을 잡음이라 여기며 무시하는 법을 터득했다. 그 대신 그는 몇 가지 큰 의사 결정을 내렸다. 예컨대 그저 그런 기업들을 헐값에 매수하기보다는 수익이 괜찮은 기업을 좋은 값에 매입하고, 그 의사 결정을 보편화해 다른 의사 결정을 내릴 때도 그 패턴을 반복했다. 드러커의 입장에서 볼 땐, "활동을 멈추는 것이 매우 지능적인 행동이 된다"는 버핏의 메시지를 간파한 사람들이 일관된 개념 없이 수많은 의사 결정들을 하는 사람들보다 훨씬 더 효과적이다.

7. 남다른 큰 임팩트 한 가지를 발견하라

내 친한 친구가 선도적인 어떤 대학교의 이사회 이사장이 되었을 때, 이런 질문을 던졌다. "내가 훌륭하게 일했다는 걸 어떻게 알 수 있을까?" 드러커라면 어떻게 답했을 것인지 나는 잠시 생각에 잠겼다. "대학의 미래에 지대한 기여를 할 커다란 의사 결정 한 가지를 찾아보고, 그것이 실행되도록 지휘를 해보십시오. 만약 당신이 한 가지 남다른 기여(예컨대 비록 아무도 당신의 촉매 역할에 대해 높은 평가를 하지 않더라도, 당신의 리더십이 없다면 일어나지 않을 주요한 의사 결정)를 한다면, 당신은 훌륭한 서비스를 행한 것입니다." 드러커는 이 아이디어를 그 자신의 컨설팅에 적용했다. "당신은 고객들에게 어떤 기여를 했다고 생각합니까?"라고 내가 드러커에게 물었을 때, 드러커는 이렇게 겸손하게 대답했다. "나는 통상적으로 고객들이 내게서 배운 것보다 더 많은 것을 그들로부터 배우곤 했답니다." 그러고 나서 잠시 생각하더니 말을 이었다. "물론 각각의 경우 내가 없었다면 하지 못했을, 한 가지의 절대적으로 중차대한 의사 결정이 한 가지씩 있긴 했지요."

여러분 없이는 일어나지 않았을, 절대적으로 중대한 기여 한 가지가 있다면 무엇인가?

8. 다시 새로 시작하지 않을 일이라면 멈춰라

확고부동한 '실행 중지' 목록 없이 계속 늘어나는 '해야 할 일' 목록만 존재한다는 것은 수련(discipline)의 결여 때문이다. 우선순위에 초점을 맞춘다는 것은, 해도 그만 안 해도 그만인 잡동사니 일들을 정리한다는 것을 의미한다. 때로 문제들로 가득한 용기를 간단히 처리하는 가장 좋은 방법은 쌓인 문제들을 통째로 쓰레기통에 던져버리고 새롭게 시작하는 것일 수도 있다. 무엇보다도 유념해야 할 것은 우리가 큰 문제들에 빠져 허덕이고, 과거 실수들에 대해 번민하느라 커다란 기회를 놓쳐선 안 된다는 것이다. 과거에서 미래로 전환해 앞으로 나아가야 한다. 항상 '다음은 무엇인가?'라는 질문을 하며 나아가라.

그렇지만 과거의 문제들이 주의를 끌어당기고, 과거에 일어난 누적된 유산들을 저마다 끌어안고 사는데, 어떻게 과거에서 미래로 전환을 해나가야 할까? 이에 대해 드러커는 질문의 형태로 답을 해줬다(이는 그의 도구함에 있는 것들 중에서 임팩트가 강한 것 중에 하나일 것이다). "만약 여러분이 이미 하고 있는 일(창업, 인재 고용, 정책 수립, 프로젝트 착수 등)을 오늘 새로 시작해야 한다면, 여러분은 그것을 여전히 하겠습니까? 하지 않을 거라면, 왜 계속합니까?"

9. 내실 있는 조직을 만들어라

드러커의 가장 중요한 통찰들 중 하나는 조직이 생물학적 유기체와 한 가지 중요한 점에서 유사하다는 것이다. 그것은 내부 세포 집단은 외부 표피에 비해 빠른 속도로 성장한다는 것이다. 조직은 성장함에 따라 외부 세계에 대한 기여보다 내부 기관을 관리하는 데 더 많은 에너지가 분산된다. 이를 드러커의 다른 통찰과 혼합해보면, 핵심적인 주요 지위에 배치된 어떤 올바른 사람의 성취는 그 직위의 직무를 쪼개서 배치한 B급 능력의 여러 사람의 혼합된 성취를 미미한 것으로 만든다. 쉽게 풀어 얘기하자면 보다 탁월한 사람을 뽑고, 그들에게 큰 일을 맡기고, 그들의 책임을 확대시키고, 그들이 일을 하게 하라는 것이다.

특정의 사람들을 위해(남다른 천재일 경우는 예외) 버스 좌석(조직에서의 직책들-옮긴이)을 재설계해 여러 좌석을 더 만들려는 유혹은 뿌리쳐라. 그렇게 하는 것은 꼭 필요하지 않은 좌석을 어쩔 수 없이 만들게 될 것이기 때문이다. 드러커는 "(조직) 내부에 사람이 적으면 적을수록, 규모가 작으면 작을수록, 활동이 적으면 적을수록 조직은 더 완전에 가깝게 될 것이다"라고 말한다.

10. 쓸모 있는 인재가 되어라

내가 서른여섯 살이었을 때, 〈인더스트리 위크(Industry Week)〉라는 잡지의 편집장인 톰 브라운(Tom Brown)이 어쩐 일인지 클레어몬트에 있는 드러커를 함께 방문하자고 제안해왔다. 스탠퍼드대학교에서 강의를 마친 후 전화응답기를 틀었더니 독일인 말투의 음성이 들렸다. "드러커입니다." 내가 그에게 전화를 걸어 그의 조교와 상의해 방문 날짜를 잡아도 되겠냐고 묻자 그는 "내가 나의 조교입니다"라고 답했다. 그는 스태프나 연구조교도 없이, 그리고 공식적인 연구실도 없이 단순한 삶을 영위하고 있었던 것이다. 그는 평범한 집의 침실 공간에서 일하며 작은 책상에서 90도

각도로 비치된 탁자에 놓인, 똑딱거리는 구식 타이프라이터를 치고 있었다. 그는 그 집 거실에서 굴지의 기업 CEO들을 만났는데, 책상 앞이 아니라 나무껍질로 엮어 만든 고리버들 의자에 앉아 방문자들과 대화를 나눴다. 이처럼 꼭 필요한 것만 갖추고 산 드러커이지만, 그는 20세기 가장 영향력 있는 경영 분야 선도자로 우뚝 섰다.

드러커와의 첫 만남은 내 인생에서 10번가량의 가장 의미 있는 날들 중에 하나다. 드러커는 한 가지의 커다란 질문에 매진했다. 그것은 '어떻게 하면 우리 사회를 보다 생산적이면서 또 보다 인간적이 되도록 할 것인가'다. 그가 현관에서 나를 맞으며, 두 손으로 내 손을 잡고 "콜린스 씨, 만나서 반갑습니다. 들어오세요"라고 말할 때 그의 온화함과 인간미를 충분히 느낄 수 있었다. 그는 놀라울 정도로 생산적이기도 했다. 어느 시점에선가 나는 그가 그때까지 쓴 26권의 저서 중에서 어떤 것에 자부심을 느끼는지 물었다. 그러자 당시 86세였던 드러커는 이렇게 답했다. "다음에 출간될 것입니다!" 그는 그 후로 10여 권의 책을 더 썼다.

그날 말미에 드러커는 내게 도전적인 자극을 주었다. 그 당시 나는 스탠퍼드대학교 교수 자리를 막 떠나려는 시점이었고, 내 스스로 생각해낸 길을 시작해보려던 참이라 두려움이 있었다. "내가 보기에, 당신은 어떻게 살아남을지에 대해 상당히 많은 시간 고민했던 거 같군요"라고 말한 드러커는 또 이렇게 덧붙였다. "당신은 어떻게 하면 성공할지에 관한 물음에 많은 에너지를 쏟고 있는 듯합니다. 하지만 그것은 그릇된 물음이에요." 그는 잠시 호흡을 가다듬더니 선(禪) 수행자가 테이블에 대나무 막대를 딱 내려치는 것과 같이 "문제는 '어떻게 하면 유용할 수 있을 것인가'입니다"라고 일갈했다. 위대한 스승은 여러분의 인생을 단 30초 만에 변화시킬 수 있다.

우리 모두에겐 짧은 삶이 주어져 있다. 모두에게 일주일의 168 시간이 주어져 있는데, 이 시간들이 더해져 무엇에 이르게 될까? 어떻게 다른 사람의 삶이 변화될까? 이는 과연 어떤 변화를 일으킬까? 드러커는 조직을 갖고 있지도 않고, 평범한 집 한 채에 고리버들 의자를 갖추고 살면서, 매우 효과적인 한 사람이 얼마나 많은 기여를 하는지 모범으로 보여줬다. 그리고 우리에게 조직의 임팩트 규모를 조직의 규모와 혼돈해선 안 된다는 것을 일깨워줬다. 그는 결국 가르치는 사람이 도달할 수 있는 최고의 수준에 서 있었다. 그가 가르치는 것에 있어서 스스로 모범(role model)이 되었으며, 그것들이 그의 삶 속에서 지속적인 엄청난 효과를 낸다는 것을 몸소 실천으로 보여줌으로써 살아 움직이는 증거가 되었다.

2016년 5월 17일
콜로라도 볼더에서

THE
EFFECTIVE
EXECUTIVE

차례

PETER F. DRUCKER

경영 리더라면 성과를 내야 한다

경영 저서는 보통 다른 사람들을 관리하는 방법을 다룬다. 이 책의 주제는 성과를 내는 능력(effectiveness, 효과성)을 높이는 자기 관리 방법을 제시하고자 하는 것이다. 어떤 사람이 다른 사람을 진정으로 관리할 수 있다는 것을 증명하기란 어려운 일이다. 그러나 누구든지 자기 자신은 관리할 수 있다. 자신을 관리하지 못하는 경영 관리자는 그의 부하 직원들도 잘 관리할 수 없다. 경영은 대개 본보기로 이루어진다. 자기 직무와 작업에서 스스로 성과를 내는 방법을 알지 못하는 경영 관리자들은 잘못된 본을 보이게 된다.

성과를 내기 위한 조건으로 머리가 좋다거나, 열심히 일한다거나, 아는 게 많다는 것만으로는 충분하지 않다. 성과를 내는 능력은 때로는 그런 것과는 별개의 다른 것이다. 그렇다고 그 능력이 특별한 재능, 특별한 적성, 특별한 훈련을 요하는 것도 아니다. 경영 관리자로서 성과를 내려면 분명하고 매우 단순한 것들이 요구된다. 바로 몇 가지의 실행(practice) 습관들을 이르는 것인데, 이 책에서 그것들을 논의해보고자 한다. 이러한 습관들은 타고나는 것이 아니다. 45년간 컨설턴트로서 대기업, 중소기업, 정부 기관, 노조, 병원, 대학, 공공 서비스 기관 등 다양한 조직의 많은 최고 경영자를 만나면서 나는, '성과를 내는 경영 리더'로 타고난 사람을 본 적이 없다. 경영 리더라면 성과를 내는 능력을 갖춰야 한다. 그리고 그것이 습관이 될 때까지 실행에 실행을 거듭해야 한다. 그렇게 스스로 노력한 사람들만이 성공한다. 성과를 내는 능력은 배울 수 있고, 또 배워야 한다.

경영 리더가 보수를 받는 이유는 성과를 내기 때문이다. 자신뿐만 아니라 다른 사람들의 업무 수행을 책임지는 경영 관리자로 일하든, 스스로의 업무 수행만 책임지는 개별 전문가로서 기여하든 마찬가지다. 성과를 내는 능력이 없으면, 아무리 많은 지능과 지식, 그리고 많은 시간이 투입되었다고 하더라도 성과가 나타나지 않는다. 그럼에도 우리가 여태까지 성과를 내는 경영 리더에게 그다지 관심을 기울이지 않았다는 건 놀라운 일이 아닐 수 없다.

기업, 정부 기관, 노동조합, 대형 병원, 대학 등 모든 조직이 새로워졌다. 100여 년 전까지만 해도 이러한 조직들을 접할 기회가 없었다. 고작 우리가 접한 조직은 편지를 붙이기 위해 방문하는 지역 우체국 정도가 전부였다. 경영 리더로서 성과를 낸다는 것은 조직에서 조직을 통해 성과를 낸다는 것을 의미한다. 최근까지만 해도(이 책이 출간된 해는 1967년임을 참고하자-옮긴이) 사람들이 성과를 내는 경영 리더에 대한 주의를 기울이지 않았고, 많은 경영 리더의 성과 달성 능력이 부족하다고 걱정할 이유도 없었다. 그러나 이제는 많은 사람, 특히 상당히 학력을 갖춘 사람들이 다양한 조직에서 일하게 되었다.

바야흐로 모든 선진국이 조직 사회가 되어가고 있다. 성과를 내는 경영 리더가 되는 것은 점점 더 조직에서 발휘되는 각자의 성과 달성 능력에 좌우될 것이다. 현대 사회의 성과 달성 능력과, 수행 능력, 어쩌면 생존 능력까지도 점점 조직에서 경영 리더로 일하는 사람들의 성과 달성 능력에 따라 결정될 것이다. 성과를 내는 경영 리더는 빠르게 사회의 핵심 자원이 되어가고 있으며, 경영 리더의 성과 달성 능력은 성취와 직무 완수에 핵심 요건이 되고 있다. 이는 경력이 있는 중간 간부나, 막 사회생활을 시작한 젊은 사람들 모두에게 해당되는 사항이다.

어떻게 '성과를 내는 경영 리더'가 되는가

성과를 내는 경영 리더는 전형적인 '리더'(카리스마가 있다는 리더-옮긴이)가 되지 않아도 된다. 예를 들어 해리 트루먼(Harry Truman)은 미국 역사상 가장 훌륭하게 성과를 달성하는 최고경영자 가운데 한 사람이었지만 카리스마라곤 거의 없었다. 마찬가지로 내가 지난 65년 동안 컨설팅하며 함께 일했던 최고의 기업가와 비영리 조직 최고경영자들 가운데, 흔히 우리가 생각하는 전형적인 리더의 모습을 보였던 사람은 없었다. 그들은 성품, 태도, 가치관, 강점 그리고 약점 면에서 천차만별이었다. 그들은 외향적이거나 거의 은둔형이거나, 편한 상대이거나 통제형이거나, 관대하거나 인색하기에 이르기까지 다양했다.

그들이 성과를 내는 경영 리더가 될 수 있었던 것은 다음의 여덟 가지 실행 항목을 따랐기 때문이다.

- 그들은 '무엇을 완수해야 하는가?' 질문했고
- '회사를 위해 무엇이 옳은가' 질문했고
- 실행 계획을 수립했으며
- 의사 결정에 따른 책임을 졌고
- 의사소통의 책임을 졌고
- 문제보다는 기회에 초점을 맞췄으며
- 생산적인 회의를 운영했고
- '나'보다는 '우리'를 먼저 생각하고 말했다.

처음 두 가지 항목은 그들에게 필요한 지식을 제공했다. 그다음 네 가지 항목은 그 지식을 성과를 내는 행동(action)으로 전환하는 데 도움이 되었다. 그리고 마지막 두 가지 항목은 조직 전체가 책임의식을 느끼고 결과에 책임을 지는 모습을 보이도록 하려는 것이다.

필요한 지식을 습득하라

첫 번째 실행 항목은 어떤 업무를 수행해야 하는지 묻는 것이다. 그 질문은 '내가 무엇을 원하는가?'가 아니라는 점에 유의해야 한다. '어떤 업무를 수행해야 하는가?'라는 질문을 하고, 그 질문을 진지하게 받아들이는 것은 성공적인 경영의 관건이 된다. 이러한 질문을 하지 않는다면 아무리 유능한 경영 리더라고 해도 성과를 낼 수가 없다.

1945년 트루먼이 대통령이 되었을 때, 그는 그가 하고 싶은 것이 무엇인지 정확히 알고 있었다. 다름이 아니라 제2차 세계대전으로 미뤄졌던 프랭클린 루스벨트(Franklin Roosevelt)의 뉴딜 정책을 경제적, 사회적 개혁으로 완수하는 것이었다. 그는 자신이 어떤 일을 수행해야 하는지 질문하고는, 두말할 나위 없이 외교 문제가 최우선 순위라는 것을 깨닫게 되었다. 그러고는 국무장관에게 외교 정책에 대한 조언을 듣는 것으로 하루 일정을 시작했다. 그 결과 그는 미국 역사상 외교 문제에 있어서 최고 성과를 내는 대통령이 되었다. 그는 약 5년간 세계 경제 성장을 이끌었던 마셜플랜(Marshall Plan)을 통해 유럽과 아시아에서 공산주의의 확산을 억제했다.

마찬가지로 잭 웰치(Jack Welch)가 제너럴일렉트릭(General Electric Company, GE) 최고경영자가 되었을 때, 그는 자신이 수행해야 할 업무는 그가 원했던 해외 시장 확장이 아니라는 것을 깨달았다. 먼저 그가 해야 할 업무는 아무리 수익성이 있는 사업이라 할지라도 산업 분야에서 1, 2위를 하지 못하고 있는 사업들을 정리하는 것이었다.

'무엇을 완수해야 하는가?'라는 질문에 대한 답은 대부분의 경우 한 가지 급한 과업을 포함하게 된다. 그러나 성과를 내는 경영 리더는 자신의 시간과 자원을 쪼개서 대처하지 않는다. 그는 가급적 한 가지 과업에 집중하며, 만약 하루 근무 중에 업무 전환을 잘하는 그리 흔치 않은 사람들 중 하나라 하더라도 두 가지 과업만 선택한다. 나는 한 번에 두 가지 이상의 일을 처리하면서 성과를 내는 경영 리더를 본 적이 없다. 그러므로 '무엇을 완수해야 하는가?'라는 질문이 던져진 뒤, 성과를 내는 경영 리더들은 우선순위를 정하고 그것에 집중해야 한다. 최고경영자가 우선시해야 하는 과업은 회사의 미션을 재정립하는 것이다. 사업부장이라면 본사와의 관계를 재정립해야 하고, 그 외의 다른 일들은 아무리 중요하고 관심을 끄는 것이라 해도 뒤로 미뤄야 한다. 최우선 과업을 끝마친 후에는 두 번째 과업으로 넘어가기 전에 우선순위를 다시 정해야 한다. 그는 '지금 완수해야 할 일은 무엇인가?'를 질문해야 한다. 이는 새로우면서도 다른 우선순위를 낳는다.

미국에서 가장 유명한 최고경영자인 잭 웰치는 그의 자서전에서 5년마다 '지금 완수해야 할 일은 무엇인가?'라고 자신에게 질문했다고 밝혔다. 그때마다 새롭고 상이한 우선순위가 등장했다고 한다.

웰치는 그 후 5년간 어디에 그의 노력을 집중해야 할 것인지를 결정하기 전에 또 다른 이슈를 집고 넘어갔다. 그는 우선순위 목록의 두세 개 과업들 중에서 그가 가장 잘 실행할 수 있는 일이 무엇인지 스스로에게 물었다. 그러고는 그 과업들에 집중하고 나머지 과업들은 다른 사람들에게 위임했다. 성과를 내는 경영 리더들은 그들이 남달리 잘할 수 있는 일들에 초점을 맞춘다. 그들은 기업이 최고경영자가 업무 수행을 제대로 하면 성과를 낼 수 있고, 그렇지 못하면 성과를 낼 수 없다는 것을 알고 있다.

성과를 내는 경영 리더들의 두 번째 실행 항목은 첫 번째 항목 못지않게 중요한 것으로서 '회사를 위해 무엇이 옳은가?' 하는 질문이다. 그들은 이 일이 소유주, 주가, 직원 또는 경영 리더에게 올바른 것인지 여부를 묻지 않는다. 물론 그들은 주주, 직원, 경영 리더가 중요한 구성원임을 모르는 게 아니다. 그들의 지지와 적어도 묵시적 동의가 있어야 선택이 효과적일 수 있게 된다. 그들은 주가가 주주들뿐만 아니라 기업에게도 중요하다는 것을 안다. 주당수익률은 자본 비용을 결정하기 때문이다. 그러나 기업에 올바른 의사 결정이 아니라면, 주주들에게도 결국 올바르지 않은 것이라는 점도 잘 알고 있다.

이 두 번째 실행 항목은 사람에 대한 의사 결정을 할 때, 거의 모든 나라에서 기업의 주종을 이루고 있는 가족 소유 기업이나 가족 경영 기업의 경영자들에게 특히 중요하다. 성공적인 가족 기업의 경우를 보면, 친인척 직원이 같은 직급에 있는 비친인척 직원보다 어느 모로나 월등할 때라야 승진이 되었다. 예컨대 초기 듀퐁(DuPont)은 가족 기업으로서 회계 책임자와 변호사를 제외하고는 최고경영진 전체가 가족들이었다. 창업자의 모든 남성 후손들은 그 회사의 신입직원으로 채용될 자격이 부여되었다. 그러나 신입 수준을 넘어설 때는, 그들은 같은 직급의 직원들에 비해 월등한 역량과 성과가 있다고 관리자위원회에서 인정할 경우에만 승진할 수 있었다. 마찬가지로 지금은 대기업에 속하지만, 매우 성공적인 영국의 가족 기업인 제이 라이온스 앤드 컴퍼니(J. Lyons & Company)는 영국의 음식 서비스와 호텔 산업을 독점하던 시절에 이와 같은 원칙을 적용했다.

'회사를 위해 무엇이 옳은가?'라는 질문이 올바른 결정을 내릴 수 있게 한다는 보장은 없다. 가장 뛰어난 경영 리더라 해도 그 역시 인간이므로 실수와 편견에서 자유롭지 못하다. 그렇지만 이 질문을 하지 않는다면 그릇된 의사 결정을 피할 수 없게 된다.

실행 계획을 작성하라

경영 리더는 실행하는 사람이다. 그들은 일을 실행한다. 행동으로 연결되지 못하는 지식은 쓸모가 없다. 경영 리더는 행동으로 뛰어들기 전에, 자신의 업무를 어떤 과정으로 추진해나갈 것인지 계획해야 한다. 즉 바라는 결과가 무엇이며, 있을 수 있는 제약들은 무엇이며, 미래에 수정해야 할 바는 무엇이며, 확인해야 할 사항들은 무엇인지, 또 그의 시간을 어떻게 할애해야 할지에 대한 시사점 등을 생각할 필요가 있다.

첫째, 경영 리더는 바라는 결과가 무엇인지 정의하기 위해 '회사는 다음 18개월이나 2년 동안 내가 어떤 기여를 할 것으로 기대하는가?'라는 질문을 해야 한다. '어떤 결과를 만들어내기 위해 내가 전력을 기울여야 하는가? 데드라인은 어떻게 되는가?'라는 질문을 해야 한다. 그러고는 실행하는 데 있어서 다음과 같은 질문을 던짐으로써 제약 사항을 고려한다. '이 실행 과정이 윤리적인가? 이는 조직 내에서 수용 가능한가? 이는 조직의 미션, 가치, 정책들에 부합하는가?' 이 질문들에 대한 답이 '그렇다'라고 해도 그에 따른 실행이 효과적이라는 보장은 없다. 그러나 이 제약 요소들을 저해하는 실행은 그릇될 뿐만 아니라 성과를 내지 못하리란 것은 자명하다.

실행 계획은 기여하겠다는 약속이 아니라 일종의 의도를 천명한 것이다. 실행 계획이 속박이 되어서는 안 된다. 이는 수시로 수정 보완되어야 한다. 왜냐하면 모든 성공은 새로운 기회들을 만들기 때문이다. 모든 실패도 마찬가지다. 마찬가지로 사업 환경, 시장, 특히 기업 내 사람들에게서 보여지는 변화들도 새로운 기회들을 열어주곤 한다. 이 모든 변화는 계획 수정을 요구하게 된다. 문서화된 계획은 수정 보완될 수 있는 유연성이 있어야 한다.

뿐만 아니라 실행 계획은 기대했던 것과 비교해 결과가 어떤지 확인하는 시스템도 갖춰야 한다. 성과를 내는 경영 리더들은 그들의 실행 계획에 두 가지의 확인 절차를 포함시킨다. 첫 번째 확인은 계획 기간의 중반쯤에 실시한다(계획 기간이 18개월이라면 9개월째쯤). 두 번째 확인은 다음 실행 계획이 그려지기 전, 즉 종료 시점에 한다.

끝으로 실행 계획은 경영 리더의 시간 관리를 위한 기반이 되어야 한다. 시간은 경영 리더에게 가장 소중하면서 부족한 자원이다. 정부 기관, 기업, 비영리 조직 모두 태생적으로 시간 소비자들이다. 경영 리더가 어떻게 시간을 보내야 할지를 결정하는 데 중요한 고려 요소가 되지 못한다면 실행 계획은 무용지물이 될 것이다.

나폴레옹(Napoleon)은 어떤 전쟁도 계획에 따라 성공한 적이 없다고 말했다. 그러나 나폴레옹은 전쟁할 때마다 그보다 앞선 시대의 어떤 장군들이 했던 것보다 더 치밀하게 계획을 수립했다. 실행 계획이 없으면 경영 리더는 일어나는 사건에 휘말리는 포로가 되고 만다. 또 사건들이 계속 전개되는 와중에 계획을 재검토하는 확인 과정이 없다면, 경영 리더들은 어떤 사건이 진짜 중요한 문제이고, 어떤 것이 잡음에 지나지 않는지 알 방법이 없다.

실행하라

실행 계획을 실제 행동으로 옮길 때 경영 리더는 의사 결정, 의사소통, 기회, 회의 등에 각별한 주의를 기울여야 한다. 이것들에 대해 하나하나 짚어보자.

[1] 의사 결정에 책임져라

의사 결정은 다음의 사항들을 알 때까지는 내려진 게 아니다.

- 의사 결정 집행을 책임지는 사람의 명단
- 완료 시점(데드라인)
- 의사 결정에 영향받으며, 그래서 의사 결정에 대해 숙지하고 이해하고 승인한(또는 최소한 의사 결정에 강력히 반대하지 않은) 사람들의 명단
- 의사 결정에 직접적인 영향을 받지는 않더라도, 의사 결정에 대해 알아야 할 사람들의 명단

의사 결정 사항이 이와 관련된 사람들을 모두 만족시킬 수 없다는 이유로 무수히 많은 조직 의사 결정들이 곤란에 처하곤 한다. 나의 고객 기업들 중 하나가 급속히 성장하는 일본 시장에서 선도적인 위치를 잃게 됐다. 그 이유는 새로운 일본 파트너와 합작 사업을 하기로 하면서 놓친 부분이 있었기 때문이다. 제품 세부 명세서에 피트(feet)와 파운드(pound)가 아니라 미터와 킬로그램으로 적시했다는 사실을 구매 담당자에게 누가 알려줄 것인지를 명확히 하지 않았던 것이다. 실제로 아무도 그러한 정보를 제대로 전달하지 않았다.

결정 사항을 주기적으로 점검하는 것 또한 초기에 신중하게 합의하는 것 못지않게 중요하다. 그럼으로써 그릇된 의사 결정이

실제 피해를 야기하기 전에 수정될 수 있는 것이다. 이러한 점검 대상은 드러날 결과들을 비롯해 의사 결정 저변에 깔려 있는 가정들까지 포함할 수 있다.

이와 같은 점검은 중대하고도 난이도가 높은 의사 결정, 즉 사람을 채용하거나 승진시킬 때 특히 중요하다. 사람들에 관한 의사 결정을 연구한 결과에 따르면, 이러한 의사 결정들의 3분의 1 정도만이 성공적이었다고 한다. 다른 3분의 1은 성공도 아니고 실패도 아닌 어중간한 결정이었고, 나머지 3분의 1은 실패한 의사 결정이었다고 한다. 성과를 내는 경영 리더는 이러한 사실을 알고, 의사 결정의 결과를 6개월 내지 9개월 후에 점검해본다. 만일 의사 결정이 원하던 결과를 낳지 못해도, 당사자가 업무 수행을 제대로 하지 못했다고 결론짓지 않고 자신의 실수라고 결론 내린다. 잘 관리되는 기업의 경우 승진해 새로운 직무에서 일하게 된 직원이 실패하더라도 비난받을 일이 아니라고 여긴다.

경영 리더들은 중요한 직무에서 업무 수행 능력이 기대에 못 미친 직원을 참고 지켜봐주지 않는 동료 구성원들과 조직에게도 책임이 있다고 본다. 업무 수행 능력이 떨어지는 것은 그 직원의 잘못이 아닐 수 있고, 설령 그렇다 하더라도 그들은 그 직무에서 다른 직무로 전환되어야 한다. 새로운 직무에서 실패한 직원은 그 전에 맡았던 직무와 급여 조건으로 돌아가도록 선택권을 주어야 한다. 그러나 이러한 옵션은 행사되지 않고 있다. 미국 기업에서 이런 일이 벌어질 경우 대개 새로운 업무 수행에 실패한 직원이 자발적으로 이직하는 게 일반적이다.

중요한 직무 수행에서 성과를 내지 못한 직원에게 부정적인 대우를 하지 않는다는 조치는, 직원들이 편안한 직무에서 벗어나 리스크가 많은 새로운 직무를 선택하게 하는 강력한 효과를 낳는다. 조직의 업무 수행 성과는 직원들이 그러한 위험한 기회를 마다하지 않는 의지 여부에 달려 있다.

체계적인 의사 결정 점검은 자기 계발을 위한 강력한 도구가 될 수도 있다. 경영 리더는 기대와는 다른 의사 결정 결과를 확인하는 것으로 그들의 강점이 무엇인지, 개선해야 할 것이 무엇인지, 지식과 정보가 부족한 분야가 무엇인지 깨닫는다. 이를 통해 경영 리더는 자신이 어떤 편견을 가지고 있는지도 알 수 있다. 흔한 일이지만, 그 직무에 맞는 사람을 배치하지 않아 좋은 결과를 만들어내지 못했다는 것도 알게 된다. 적재적소에 최고 인재를 배치하는 것은 매우 중요하고 힘든 일인데, 최고의 인재들은 이미 다른 일로 바쁘기 때문에 적재적소 배치를 경시해버리곤 한다.

체계적 의사 결정 점검을 통해 경영 리더는 자신의 약점이 무엇인지, 특히 자신에게 있어서 역량이 미흡한 분야가 무엇인지 알 수 있다. 그러므로 현명한 경영 리더는 의사 결정을 하지 않거나 행동을 취하지 않고 다른 사람에게 위임한다. 누구나 그런 취약한 부분이 있기 마련이며, 만능의 천재 경영 리더란 없는 법이다.

의사 결정에 대한 대부분의 논의에서는, 고위 경영자들만 의사 결정에 참여하거나 그들의 의사 결정만 중요하다고 여기는 것을 볼 수 있다. 이것은 위험한 실수다. 의사 결정이란 개인 전문가로서 기여하는 사람과 현장의 일선 감독자들을 포함하는 모든 수준에서 행해진다. 누가 봐도 분명히 낮은 수준에서 행해지는 의사 결정들도 지식 기반 사회에서는 매우 중요하다.

지식작업자●들은 그들의 전문 분야, 예컨대 회계 업무, 디지털 업무 등에서 조직 내 누구보다도 잘 알아야 한다. 그래야 그들의 의사 결정이 임팩트를 갖고 영향을 끼칠 수 있다. 의사 결정을 잘하는 것은 모든 직위에서 매우 중요한 기술이다. 특히 지식을 기반으로 하는 조직에서는 더욱더 그렇다.

[2] 의사소통을 책임져라

성과를 내는 경영 리더들은 그들의 실행 계획과 정보가 전달되었는지 확인한다. 이는 그 계획을 모든 구성원, 즉 상사, 부하, 그리고 동료와 공유하며 그들로부터 의견을 구한다는 뜻이다. 동시에 사람들이 그 계획을 실행에 옮겨서 과업을 완수하려면 어떤 정보

● 자동화 시대, 정보화 시대, 지식 기반 경제 사회, 디지털 변혁 및 AI 시대로 급속히 진화 발전하면서, 노동의 형태와 작업의 방식이 변화해가고 있다. 이미 지식근로자란 용어는 산업 사회에서 일제 시대 잔재로 사용된 용어로 비판을 받게 되어, 지식노동자란 용어가 자동화와 더불어 생성된 준숙련 노동자들을 포함한 고용 인력을 포괄해 지칭하게 되었다. 그러나 정보회 지식 기반 시회가 고용 인력의 구성과 분포 비중에서 숙련직, 전문직, 관리직의 비율을 높여가고 있어, 그들을 표현하기에 적합한 용어를 모색하게 되었다. 지식 생산성 증진에 기여하는 지식학습, 창출, 적용, 통합을 주기능으로 하는 부류를 지칭할 용어로 그들의 작업 수준에 걸맞는 표현인 지식작업자를 모색하게 되었다. 더욱이 AI 디지털 변혁의 시대를 이끌고 나갈 미래 핵심 인력인 전문직, 숙련기술직, 관리직, 서비스직 등에 부합할 용어를 정립해가는 과정에서 지식작업자를 채택해 그들의 직무에 의미와 목적을 더하려는 경향을 반영하기 위해 여기선 지식작업자란 용어를 쓰기로 했다. 실제로 이 용어를 현장에서 쓰고 있는 기업들이 나타나고도 있기 때문이다. ─옮긴이

가 필요한지도 알려준다. 부하로부터 상사로 전달되는 정보 흐름은 보통 큰 주의를 끄는 것이다. 경영 리더는 동료나 상사의 정보 필요성에 대해 그들 못지않은 관심을 기울여야 한다.

우리 모두는 1938년 체스터 바너드(Chester Barnard)가 쓴 《경영자의 기능》이라는 고전 덕분에, "조직이란 소유나 지배에 따르기보다는 정보에 의해 한데 뭉쳐 일하게 된다"라는 사실을 알고 있다. 그런데 여전히 많은 경영 리더는 마치 정보와 정보 유통이 정보 전문가의 일, 이를테면 회계사 같은 사람들의 직무인 것처럼 행동한다. 그 때문에 경영 리더는 필요 없고, 쓰지도 않을 엄청난 양의 정보를 얻는데, 막상 필요한 것은 거의 없는 상태에 빠진다. 이 문제를 해결하는 가장 좋은 방법은 각 경영 리더가 자신이 어떤 정보가 필요한지 알아내어 그것을 얻을 때까지 지속적으로 정보 수집을 시도해나가는 것이다.

[3] 기회에 초점을 맞춰라

훌륭한 경영 리더는 문제가 아니라 기회에 초점을 맞춘다. 물론 문제는 살펴서 해결해야 할 것이며, 문제를 방석 밑에 덮으라는 것은 아니다. 문제 해결은 필요한 일이긴 하지만, 그것이 우리가 원하는 결과를 만들어내는 것은 아니다. 문제 해결은 손실을 막는 기능을 할 뿐이고, 기회를 탐색하는 것이 바로 우리가 원하는 결과를 낳는 것임을 유념할 필요가 있다.

무엇보다 경영 리더들은 변화를 위협이 아니라 기회로 다룬다.

그들은 변화를 기업의 안과 밖에서 체계적으로 관찰하고는 '우리는 회사를 위해 이 변화를 어떻게 기회로 전환해 활용할 수 있을까?'라는 질문을 한다. 특히 경영 리더는 다음의 7가지 상황을 면밀히 살피고 기회를 찾아내려 한다.

- 자기 회사나 경쟁사 또는 산업에서 나타난 예기치 못한 성공이나 실패
- 시장에 실제 있는 과정, 제품 또는 서비스와 시장에 있을 수 있는 것 간의 차이(예컨대 19세기 종이 산업은 펄프 목재로 생산되는 나무의 10퍼센트에 집중한 반면, 나머지 90퍼센트는 활용 가능성을 무시한 채 쓰레기로 폐기함)
- 자기가 속한 기업의 내부와 외부, 산업 분야 어디서든 과정, 제품 또는 서비스에서의 혁신 필요성
- 산업 구조와 시장 구조에서의 변화
- 인구통계학적 변화
- 사람들의 심리, 가치관, 지각, 기분 상태, 의미 부여 등에서의 변화
- 새로운 지식이나 기술

성과를 내는 경영 리더는 반드시 문제가 기회를 압도하거나 질식시키지 않도록 해야 한다. 대부분의 회사에서 월간 보고서 첫 페이지에 핵심 문제들을 나열한다. 그러나 첫 페이지에 기회를 나

열하고, 문제들은 두 번째 페이지에 기록하는 것이 훨씬 현명한 일이다. 실제 재앙이 닥치지 않고 있다면, 경영 회의에서는 기회를 분석하며 적절히 다룬 뒤 문제들을 논의해도 된다.

직원 채용은 기회에 초점을 맞추는 데 있어서 또 다른 중요한 측면이다. 성과를 내는 경영 리더는 최고 인재를 문제가 아닌 기회에 투입한다. 기회에 초점을 맞추고 직원을 채용하는 한 가지 방법은 경영진들에게 6개월마다 회사에서 최고 성과를 내는 인재 목록과 회사 전체에 걸쳐 기회라고 할 수 있는 것의 목록을 준비하라고 요구하는 것이다. 이것은 논의를 거친 다음 두 개의 마스터 목록으로 통합 정리하고, 최고 인재를 최고 기회에 매칭시키는 작업을 하게 한다. 일본에서는 이 연결 방식을 대기업 또는 정부 기관 인사팀의 주 업무로 삼고 있다. 이러한 실행 습관은 일본의 사업 운영에 있어서 핵심 강점들 중의 하나다.

[4] 회의를 생산적으로 하라

제2차 세계대전과 그 이후 미국의 정부 아닌 조직에서 일하는 사람들 중 가장 눈에 띄고, 강력하며, 이론의 여지 없이 성과를 내는 경영 리더는 사업가가 아니었다. 그는 뉴욕의 로마 가톨릭 교구의 대주교였으며 미국 대통령들의 고문을 지낸 프랜시스 스펠먼(Francis Spellman)이다. 그가 뉴욕 대교구를 맡았을 때, 대교구는 파산한데다 신도들의 사기는 완전히 땅에 떨어진 상태였다. 그의 재임 기간 동안의 노력으로, 그의 후임자는 미국 가톨릭 교구의 최고지도자로 임명되었다. 스펠먼은 아침에 일어나 그의 개인 기도실에서, 그리고 잠자리에 들기 전 저녁 기도를 할 때 25분씩 혼자 있는 시간을 가졌다. 그 외에는 언제나 가톨릭 조직 사람과 아침을 들면서 하루를 시작하고, 언제나 사람들을 만나고, 누군가와의 저녁 식사로 일정을 마쳤다.

최고경영자들은 가톨릭의 주요 대교구의 대주교처럼 빡빡한 일정에 갇혀 지내지 않는다. 그러나 경영 리더들의 하루 일과를 면밀히 조사한 바에 따르면 젊은 경영 리더들과 전문가들조차 여러 회의에 참여하느라 일과의 반 이상을 다른 사람들과 보내는 것으로 나타났다. 소수의 고위 연구원들만 예외였다. 단 한 사람과의 대화도 회의다. 따라서 성과를 내는 경영자가 되려면 회의를 생산적으로 해야 한다. 회의는 쓸데없는 소리를 하는 시간이 아니라 일하는 시간이 되도록 해야 한다.

성과를 내는 회의를 조성하려면 회의에 앞서 그것이 어떤 성격의 회의가 될지 결정해야 한다. 회의는 그 성격에 따라 준비 방법이 다르고 결과도 다르다.

- 선언문, 발표문, 보도자료 준비를 위한 회의: 이 회의가 생산적이 되려면 회의 진에 참석자 중 한 사람이 회의용 초안을 준비해야 한다. 그리고 회의가 끝나면 미리 정해놓은 회의 참석자가 최종 보고서를 나눠줘야 한다.
- 조직 변화와 같은 내용을 발표하는 회의: 이 회의는 발표 내

용에 집중하고 그것만 논의해야 한다.

- 한 사람이 보고하는 회의: 오직 보고서만 논의되어야 한다.
- 몇 사람 또는 전원이 보고하는 회의: 아예 논의를 하지 않거나 논의 내용을 명확히 해야 한다. 참석자 모두가 질문을 해도 되지만, 각 보고에 대해 짧게 논의해야 한다. 이런 형식으로 회의가 진행된다면, 보고서는 모든 참석자에게 미리 배포되어야 한다. 이런 종류의 회의에서 각 보고서는 제한된 시간, 예컨대 각 15분으로 제한하는 게 좋다.
- 경영자 소집 통지 회의: 경영자는 경청하고 질문해야 한다. 그는 요약하되 프레젠테이션을 하지 않아도 된다.
- 참석자들이 경영자의 출석을 요구하는 회의: 스펠먼의 아침과 저녁 회의들이 그런 종류였다. 이런 회의들을 생산적으로 만들 방법은 없다. 고위직이라면 피할 수 없는 의무와도 같은 것이다. 고위 경영자들은 그런 회의가 업무 시간을 축내지 않게 할 정도로 자신의 시간을 관리해야 한다. 예를 들어 스펠먼은 아침 식사와 저녁 식사 시간으로 회의를 한정해 나머지 대부분의 업무 시간을 회의로부터 자유롭게 만들었다.

회의를 생산적으로 하는 것은 많은 자기수련을 요한다. 경영 리더는 어떤 회의가 적절한지 결정하고, 회의 형식에 따라야 한다. 그리고 정해진 목표를 달성하면 곧바로 회의를 마쳐야 한다. 훌륭한 경영 리더들은 회의에서 정해진 것 말고 다른 문제를 논의

하자고 제기하지 않는다. 그들은 회의 목표를 달성하면 그 회의를 마무리하고 폐회한다.

좋은 후속 조치는 회의만큼이나 중요하다. 회의를 마친 다음 후속 조치를 잘하기로 알려진 대가는 앨프리드 슬론(Alfred Sloan)으로, 내가 아는 한, 그는 가장 성과를 잘 내는 훌륭한 경영 리더다. 슬론은 1920년대부터 1950년대까지 GM(General Motors)을 이끌었던 사람으로, 일주일에 6일을 회의로 보냈는데, 3일은 정해진 참석자들과 공식적인 정규위원회에 참석했고, 3일은 GM의 개별 경영자와의 현안 처리 회의나 경영진들과의 회의에 참석했다. 슬론은 공식적인 정규 회의 서두에 회의 목적부터 발표했다. 그러고는 경청했다. 그는 노트 필기를 하지도 않았으며, 단지 잘 이해되지 않는 부분을 명확히 하기 위해 몇 마디 말하는 게 고작이었다. 회의가 끝나면 참석자들에게 고맙다는 말을 한 다음 자리를 떴다. 그러고 나서 즉시 회의 참석자 한 사람에게 짧은 편지를 보냈다. 그 편지에서 토론 내용과 결론을 요약하고 회의에서 누가 무슨 일을 하기로 결정했는지 명확하게 설명했다. (편지에는 그 주제로 또 회의를 열어 의사 결정을 한다거나 어떤 이슈를 연구한다는 내용도 포함되었다.) 그는 데드라인과 누가 그 업무를 맡아야 할지 분명히 정했다. 그는 회의에 참석했던 사람 모두에게 이 편지를 복사해 보냈다. 이 편지가 바로 슬론 자신을 탁월한 성과를 내는 경영 리더로 만든 작은 걸작품인 것이다.

성과를 내는 경영 리더는 어떤 회의가 생산적이고, 또 어떤 회의가 시간 낭비인지 잘 안다.

'내'가 아닌 '우리'를 생각하고 말하라

마지막 실행 항목은 바로 '내'가 아닌 '우리'를 생각하고 말하라는 것이다. 성과를 내는 경영 리더들은 자신이 궁극적으로 책임을 지며, 이는 분담하거나 위임할 수 없다는 것을 안다. 그러나 그들은 조직의 신뢰를 받고 있기에 권한이 있다. 이 말은 그들이 자신에게 필요한 것과 기회를 생각하기 앞서, 조직에 어떤 기회와 무엇이 필요한지 먼저 고민한다는 뜻이다. 이것은 뻔한 말처럼 들리겠지만, 철저하게 지켜야 한다.

우리는 성과를 내는 경영 리더의 8가지 실행 항목을 모두 살펴봤다. 여기에 마지막 보너스로 항목 한 가지를 덧붙일까 한다. 이것은 너무 중요하므로 원칙이라고 말의 격을 높이고자 한다. '먼저 듣고, 나중에 말하라.'

성과를 내는 경영 리더는 성품, 강점, 약점, 가치관, 신념 등에서 천차만별이다. 공통점이 있다면 올바른 일을 완수한다는 것이다. 어떤 사람은 타고난 경영 리더다. 그러나 비범한 재능이 있다는 것으로만 만족시키기에는 그 수요가 너무 크다. 성과를 낸다는 것은 수련이다. 그리고 다른 수련과 마찬가지로 성과를 내는 능력은 배울 수 있고, 또 습득해야 한다.

PETER F.
DRUCKER

1장

성과 목표
달성 능력은
배울 수 있다

Effectiveness Can Be Learned

경영 리더의 직무는 성과를 내는 것이다. '성과를 낸다(to effect)'
와 '일을 해낸다(to execute)'라는 말은 결국 거의 동의어다. 경영
리더가 기업, 병원, 정부 기관, 노동조합, 대학, 군대 등 어디에서
일하든 사람들은 무엇보다도 그가 먼저 제대로 일을 완수할 것을
기대한다. 즉 간단히 말해서 그가 성과를 낼 것을 기대한다.

　그러나 높은 성과를 내는 경영 리더는 많지 않아서 그만큼 주
목받을 수밖에 없다. 높은 지능은 경영 리더들 사이에 충분히 공
통적이다. 지식수준이 높은 경향을 보인다. 그러나 성과를 내는
능력은 지능이나 상상력, 또는 지식과 별로 상관관계가 없다. 놀
랍게도 영특한 사람들이 별로 효과적이지 않을 수도 있다. 그들
은 영특한 통찰 자체가 성과로 연결되지 않는다는 것을 깨닫지
못한다. 그러한 통찰력이 성과를 내려면 체계적인 노력이 부단히
필요하다는 것을 모르는 것이다. 반면에 어느 조직에나 번뜩이는
영특함은 없지만 끈기를 보이며 성과를 내는 매우 효과적인 사람
들이 있다. 영리한 사람들이 흔히 창의성과 혼동되는 열정과 분

주함에 빠져 있는 동안, 끈기 있는 사람들은 우화 속의 거북이처럼 다른 사람보다 한 발자국 앞서 목표에 도달한다.

지능, 상상력, 지식은 필수 불가결한 자원들이지만, 그것들로 결과를 만들려면 성과를 내는 능력이 있어야 한다. 지능, 상상력, 지식 그 자체는 일이 어디까지 완수될 수 있는가, 즉 성과의 한계를 설정할 뿐이다.

성과를 내는 경영 리더가 왜 필요한가

너무도 당연한 말임에 틀림없다. 그런데 경영자의 직무와 관련한 책과 논문이 산더미처럼 쏟아지는 시대에 왜 성과를 내는 능력에는 주목하지 않는 것일까?

한 가지 이유는 성과를 내는 능력이 조직 내 지식작업자의 특수한 기술(specific technology)이라는 사실이다. 1960년대까지도 지식작업자들은 손에 꼽을 정도로 적었다는 점에 유의할 필요가 있다.

육체노동자의 경우 효율성만이 요구된다. 일만 제대로 하면 됐다. 올바른 일을 완수하는 능력이 아니라 주어진 일을 올바르게 할 수 있는 능력 말이다. 예를 들어 육체노동자는 '한 켤레의 구두를 생산했다'는 등 구체적으로 작업 수행 결과를 정할 수 있고, 또 개별적으로 산정할 수 있는 산출물의 양과 질을 기준으로 언제든지 평가할 수 있다. 우리는 지난 100년 동안 육체노동의 생산성을 파악하고 효율을 측정하는 방법을 배웠다. 그 결과 육체노동자 각자의 산출량을 크게 증대시킬 수 있었다.

과거에는 공장의 기계공이나 일선에 배치된 병사 등 모든 조직에서 육체노동자들이 압도적으로 많았다. 성과를 내는 능력을 갖춘 리더가 거의 필요 없었고, 육체노동자들이 수행할 명령을 내리는 최고위직 사람들만 일부 있었다. 명령을 내리는 사람들은 전체 노동 인구 가운데 극소수였기에, 맞든 틀리든 그들은 성과를 내는 능력을 당연히 갖추고 있다고 여겼다. 그러니 '타고난 재능'을 가진, 즉 어떤 영역에서 다른 사람들은 힘들게 배워야만 하는 것을 이미 잘 알고 있는 그 소수에게 의존하면 된다고 생각했다.

■ 회사나 군대에서만 그렇게 생각한 것이 아니다. 남북전쟁 당시 '미국 정부'에서는 지금이라면 도저히 믿기 어려울 만큼의 극소수 관리들만 일했다. 에이브러햄 링컨(Abraham Lincoln) 정부의 국방부에는 50명도 채 안 되는 민간 실무자들이 일하고 있었는데, 그들 대부분은 경영 리더와 정책 결정자가 아니라 통신병들이었다. 1900년경 시어도어 루스벨트(Theodore Roosevelt) 대통령 시절 워싱턴의 모든 행정부 건물은, 오늘날 백악관 앞으로 죽 늘어선 정부 청사 한 곳이면 충분했을 것이다.

과거 병원에는 오늘날 병원이 환자 100명당 250명 정도나 고용하고 있는 '의료 서비스 전문가들', 즉 X선 기사, 검사실 기사, 영양사, 물리치료사, 사회복지사들이 없었다. 다만 얼마 안 되는 간호사들 외에 청소부들, 조리사들과 잡역부들만 있었다. 지식작업자는 간호사들의 조력을 받는 의사들뿐이었다.

다시 말하자면 1960년대까지만 해도 조직에서 가장 중요한 문제는 지시받은 대로 일만 하는 육체노동자의 업무 효율성이었다. 지식작업자는 조직에서 두드러진 존재가 아니었다.

사실 과거의 지식작업자는 조직 내 소수 부류였다. 이들은 대부분 혼자서 일하거나, 기껏해야 사무원 한 명 정도만을 데리고 일하는 전문가들이었다. 성과 달성 능력의 유무는 오직 그 자신들만의 관심사였고, 자신들에게만 영향을 미치는 사안 정도에 지나지 않았다.

그러나 1960년대 중반 이후 지식 기반의 거대 조직은 실로 사회의 핵심이 되었다. 현대 사회는 거대한 조직 사회다. 군대를 포함해 모든 대규모 조직에서 힘의 중심이 지식작업자로 이동했다. 즉 조직의 중심이 근육의 완력이나 손재주로 일하는 육체노동자로부터 머리에 든 지식을 사용해 일하는 지식작업자에게 넘어갔다. 점점 더 조직의 대다수는 육체적 힘이나 수작업 기술보다는 지식과 이론 및 개념을 사용하도록 교육받은 사람들로 구성되고,

그들이 조직에 기여하는 한, 성과 달성의 구성원으로 유지될 것이다.

이제 성과를 내는 능력은 더는 당연한 것으로 여길 수 없다. 따라서 그냥 간과될 수 있는 것이 아니다.

산업공학을 비롯해 품질 관리에 이르기까지 육체노동 평가를 위해 개발된 그럴듯한 측정 시스템은 지식작업자에게는 적용할 수 없게 되었다. 불량품을 양산하는 멋진 설계도를 작성하는 엔지니어링 부서만큼 비생산적인 일도 없을 것이다. '올바른 일'에 노력을 기울이는 것만이 지식작업을 효과적이게 하는 것이다. 육체노동을 평가하는 척도로는 지식작업을 측정할 수 없다.

지식작업자들을 면밀하게 감독할 수는 없다. 그저 도움을 줄 수 있을 뿐이다. 그러나 지식작업자는 성과와 기여를 창출하기 위해 스스로 방향을 정하는, 즉 성과를 내는 목표 달성을 지향하며 일해야 한다.

■ 40여 년 전 〈뉴요커(The New Yorker)〉라는 잡지에는 이런 만화가 실렸다. 사무실 문에는 '에이잭스 비누 회사, 영업부장 찰스 스미스'라는 팻말이, 벽에는 '생각하라'는 말이 적힌 대형 액사가 걸려 있다. 사무실 안에서는 스미스 부장이 책상 위에 다리를 올려놓은 채 천장을 향해 동그라미 모양의 담배 연기를 내뿜고 있다. 그 앞을 지나가던 나이 든 두 사람 가운데 하나가 다른 사람에게 이렇게 말한다. "그런데

스미스 부장이 지금 비누 생각을 하고 있는지 우리가 어떻게 알 수 있지?"

정말이지, 우리는 지식작업자가 무슨 생각을 하고 있는지 알 도리가 없다. 그렇지만 생각이야말로 지식작업자의 고유 업무다. 생각하는 것이 곧 그의 '일'이다.

지식작업자에게 있어서 동기 유발은 성과를 내는 능력과 성취에 달려 있다. 만약 성과를 내는 능력이 결여되었다면, 그의 일에 대한 몰입과 충실도는 곧바로 시들게 된다. 결국 아침 9시부터 오후 5시까지 시간만 때우는 사람이 되어버린다.

지식작업자는 산출물 그 자체로 쓸모 있는 것을 생산하지 않는다. 다시 말해서 수도관 한 개, 구두 한 켤레, 기계 부품 같은 물리적인 제품들을 생산하진 않는다. 그는 지식, 아이디어, 정보를 생산하는 것이다. 지식작업자가 만든 이런 '생산물들'은 그 자체만으로는 쓸모가 없다. 누군가 다른 사람, 즉 다른 지식작업자가 그것을 자신의 작업에 투입해 그 전에는 없던 새로운 산출물로 바꿔줘야 한다. 실제 작업 활동과 행동에 적용되지 않는 위대한 지혜는 무의미한 데이터일 따름이다. 따라서 지식작업자는 육체노동자가 할 필요가 없는 일을 해야 한다. 그는 성과를 내는 능력을 보여주어야 한다. 지식작업자는 잘 만들어진 한 켤레의 구두가 제공하는 효용성처럼 자신의 산출물이 제공하는 효용성에 얽매여서는 안 된다.

지식작업자는 오늘날 고도 선진 사회와 경제, 즉 미국, 서유럽, 일본, 그리고 러시아 등이 경쟁력을 확보하고 유지하기 위해 필요로 하는 하나의 중요한 '생산 요소'다.

■ 이는 미국에서 더욱 현실이 되었다. 미국의 경쟁 우위를 낳은 자원은 교육이다. 개선할 부분이 많은 것은 사실이지만, 다른 가난한 나라에 비해서는 훨씬 앞서 있다. 우리가 아는 한 교육은 가장 돈이 많이 드는 투자다. 자연과학 분야의 박사학위자 한 사람당 10만~20만 달러의 사회적 투자가 필요하다. 전문 자격 없이 그저 대학을 졸업하는 사람에게도 5만 달러 이상의 돈이 든다. 아주 부유한 사회가 아니고서는 감당할 수 없는 금액이다.

따라서 교육은 가장 부유한 나라, 즉 미국이 진정한 경쟁 우위를 가질 수 있는 유일한 분야다. 단, 교육이 지식작업자를 생산성 있게 만들 수 있다면 말이다. 그리고 지식작업자에게 생산성이란 올바른 일을 완수하는 능력을 뜻한다. 그것이 성과를 내는 능력인 것이다.

경영 리더란 누구인가

현대 조직의 모든 지식작업자는 '경영 리더'다. 다만, 지식작업자의 직위와 지식을 활용해 조직에서 성과를 내는 조직 역량에 실질적 영향을 끼치는 위치에 있는 경우에 그렇다. 그것은 기업이 신제품을 출시하거나 기존 시장에서 시장 점유율을 높이는 능력일 수도 있고, 병원이 입원 환자에게 의료 서비스 등을 제공하는 능력일 수도 있다. 그런 일을 하는 사람은 스스로 의사 결정을 내려야 한다. 다른 사람이 내린 명령을 수행하기만 해서는 안 된다. 그리고 자신의 기여에 대한 책임도 져야 한다. 게다가 자신이 갖고 있는 지식을 활용해 조직 내의 다른 누구보다도 올바른 의사 결정을 할 수 있는 사람이어야 한다. 그가 내린 의사 결정이 완전히 무시당할 수도 있고, 그로 인해 강등되거나 좌천될 수도 있고, 해고될 수도 있다. 그러나 그가 어떤 일을 하고 있는 동안의 목표, 기준, 기여는 오로지 그의 손에 달려 있다.

모두 그렇다고 할 수는 없지만, 대부분의 관리자들은 지식작업자다. 현대 사회에서는 관리자가 아니더라도 많은 사람이 지식작업자가 되고 있다. 우리가 지난 몇 년간 경험했듯이, 지식 기반의 조직들은 책임, 의사 결정, 권한을 갖는 직위들에 관리자뿐 아니라 '개별적으로 기여하는 전문가'를 필요로 한다.

베트남 정글에서 임무를 수행하던 젊은 미 보병 대위의 신문 인터뷰 기사가 이를 잘 보여준다.

■ "이렇듯 혼란스러운 상황에서 당신은 어떻게 부대를 지휘하고 있습니까?" 기자의 질문에 젊은 대위는 다음과 같이

대답했다. "여기서는 책임질 사람이 저 혼자밖에 없어요. 만약 사병들이 정글 속에서 적군과 마주쳤을 때 어떻게 해야 할지 모른다고 생각해보세요. 멀리 떨어져 있는 제가 할 수 있는 일이 뭐가 있을까요? 제 임무는 그들이 해야 할 일을 분명히 알도록 하는 겁니다. 그들이 무엇을, 어떻게 해야 하는지는 오직 그들이 처한 상황에 달려 있어요. 물론 책임은 언제나 제게 있지만, 의사 결정은 현장에 있는 사람에게 달려 있지요."

결국 게릴라전에서는 모든 병사가 '의사 결정을 내리는 사람'이다. 관리자 가운데는 지식작업자가 아닌 사람들이 많다. 다시 말해서 많은 사람이 다른 사람들의 상사지만, 그리고 때로는 꽤 많은 부하를 거느리지만 조직의 성과에 그다지 영향을 미치지 못하는 사람들도 많다는 것이다. 제조 공장의 일선 감독들이 대부분 여기에 속한다. 그들은 문자 그대로 '감독'에 머물러 있다. 그들은 다른 사람들의 일을 관리한다는 점에서 '관리자'다. 그러나 그들은 일의 진행 방향, 내용, 업무 수행 방법에 대해서 아무런 책임도 권한도 없다. 대체로 일선 감독들은 여전히 과거의 평가 기준을 적용한다. 이는 과거 효율성과 품질을 기준으로 육체노동자들의 일과 성과를 측정하고 평가하려고 개발된 척도에 입각한 것이다.

반대로 지식작업자가 경영 리더인가 여부는 그가 다른 사람을 관리하는지와는 상관이 없다. 어떤 회사의 경우 시장 조사 책임자는 200명의 부하 직원을 데리고 있을 수도 있으며, 반면 그 회사와 가장 치열하게 경쟁하는 회사에서는 시장 조사 책임자 혼자서 겨우 한 명의 비서만 두고 일할 수도 있다. 직원 수가 차이 난다는 사실로 두 시장 조사 책임자에게 기대되는 기여도에 차이를 두어선 안 된다. 직원 수는 업무 관리 세부 사항에 지나지 않을 뿐이다. 물론 200명이 일한다면 한 명이 하는 것보다 엄청나게 많은 일을 할 수 있다. 그러나 200명이 더 많은 것을 생산하고 기여한다는 보장은 없다.

지식작업은 정량적으로 정의될 수 없다. 지식작업은 비용으로 설명되는 것도 아니다. 지식작업은 그 결과에 따라 정해진다. 지식작업에서는 직원 수나 관리 업무 규모가 그 효과성에 대한 어떤 지표로도 구실을 하지 않는다.

시장 조사 업무에 더 많은 사람을 투입해 기업의 급속한 성장과 성공 잠재력을 높여주는 통찰력, 상상력 그리고 업무 질을 높이는 결과를 얻을 수도 있을 것이다. 만약 그렇게 된다면 사실 200명을 투입해도 비용으로 보면 싼 것이다. 그러나 그 시장 조사 책임자는 200명이 일으키는 문제, 그리고 그들이 상호 작용하면서 일으킬 수 있는 문제들에 압도당할 위험도 그만큼 크다. 그는 부하 직원을 '관리'하는 일에 너무 바빠서 정작 본래 임무인 시장 조사나 근본적인 의사 결정을 할 시간이 없는 상황에 빠질 수도 있다. 그는 온갖 결재 서류의 숫자를 확인하느라 다음과 같은 중요한 질문을 못할 수도 있다. '우리 회사 시장이란 진정 무엇을 뜻하는가?' 그 결과 그는 끝내 회사의 몰락을 가져올 수도 있는 시장의 중요한 변화를 지각하지 못하게 될 수도 있다.

그러나 부하 직원 한 명도 두지 않은 개인 시장 조사 책임자라 해도 마찬가지로 생산적일 수도 있고, 그렇지 않을 수도 있다. 그는 어쩌면 회사에 번영을 가져다주는 지식과 비전의 원천일 수도 있다. 또는 학자들이 종종 리서치 활동으로 착각해 많은 각주를 다는 것처럼 세부적인 일에 시간을 소모한 나머지, 아무것도 보지도 듣지도 못하고, 심지어 생각하는 시간을 제대로 갖지 못할 수도 있다.

지식 기반 조직들을 통틀어서 볼 때, 한 사람의 부하 직원도 관리하지 않으면서도 관리자로서의 책임을 다하는 사람들이 있다. 극히 드문 일이긴 하지만, 베트남 정글 속에서 임무를 수행하는 병사들처럼 어느 순간이든 조직의 모든 구성원은 각자 조직 전체의 사활에 관계되는 의사 결정을 해야 하는 상황에 놓일 수도 있다. 그러나 다른 것은 제쳐놓고 특정 방식을 따르기로 결정한, 실험실에서 연구에 몰두하는 화학자는 기업의 장래를 좌우하는 기업가적인 의사 결정을 내리고 있는지도 모른다. 그는 연구 책임자일지도 모르고, 낮은 직급은 아니더라도 관리 책임이 없는 연구원일 수도 있다. 마찬가지로 기업 회계장부에 어떤 것을 하나의 '제품'으로 규정할지 결정하는 것은 전무, 부사장급에서 하는 것일 수 있다.* 또한 이러한 결정은 낮은 직급의 사람들에 의해 이뤄질 수도 있다. 이러한 일은 오늘날 큰 조직의 모든 영역에서 일어나고 있다.

경영 리더(Executive)는 그의 직책과 지식을 백분 활용해 업무 과정에서 조직 전체의 성과와 결과에 현저한 임팩트를 미치는 의사 결정을 내리는 사람을 일컫는다. 이들에는 지식작업자, 관리자, 또는 개별적인 전문가가 포함될 수 있다. 하지만 경영 리더의 대부분이 지식작업자라 할 수는 없다. 다른 영역들과 마찬가지로 지식작업에도 역시 숙련이 요구되지 않는 업무와 일상 업무 행태가 있기 때문이다. 그러나 이러한 경영 리더들은 모든 지식작업자 중에서 과거 어떠한 조직도에서 볼 수 있는 것보다도 더 큰 비율을 차지하고 있다.

이런 사실을 사람들이 깨닫기 시작했다는 증거로 관리자와 개별 전문가로서 기여하는 사람들을 인정하고, 그들에게 보상하도록 하는 많은 시도가 이뤄지고 있다.●● 그러나 아직 사람들은 오늘날 가장 일반적인 조직이라 할 수 있는 기업, 정부 기관, 연구소, 병원 등에 얼마나 많은 사람이 중요하면서도 번복이 불가한 의사 결정을 하고 있는지 깨닫지 못하고 있다. 지식으로 인한 권한은 직책에 따른 권한만큼 합법적이고, 더욱이 이들의 의사 결정은 최고경영자의 의사 결정과 유사하다는 점을 유념할 필요가

● 《피터 드러커, 창조하는 경영자(Managing for Results)》 2장 참조.
●● 1963년 9월 뉴욕에서 개최된 제13회 국제경영회의에서 당시 AT&T(벨 시스템의 모회사) 사장이었던 프레더릭 R. 캐펠(Frederick R. Kappel)이 한 말이 내가 알기론 가장 적합하다고 본다. 캐펠의 요점은 《피터 드러커, 창조하는 경영자》 14장에 인용되어 있다.

있다(이 점이 바로 앞 페이지 각주의 캐펠이 언급한 것의 핵심이다).

조직에서 가장 낮은 수준의 관리자도 회사의 최고경영자나 정부 기관의 책임자가 맡은 업무와 같은 종류의 일을 할 수도 있다는 것을 우리는 안다. 즉 계획하고, 조직하고, 통합하고, 동기 유발하고, 측정하는 등의 일들 말이다. 물론 그의 활동 범위는 매우 제한되어 있을 수 있지만 그의 재량 범위 내에서 그는 분명 경영 리더다.

마찬가지로 모든 의사 결정자는 회사의 최고경영자나 정부 기관의 책임자가 하는 것과 같은 종류의 결정을 할 수 있다. 그의 권한 범위는 상당히 제한돼 있을지 모른다. 그러나 그의 직책이나 이름이 조직도나 사내 전화번호부에 적혀 있지 않다고 하더라도 그는 경영 리더다.

최고경영자든 신입사원이든 간에 성과를 낼 수 있어야 한다.

이 책에 나오는 많은 사례는 정부 기관, 군대, 병원, 기업 등에서 일하는 최고경영자의 과업과 경험을 바탕으로 한 것이다. 최고경영자들의 사례가 접근하기도 쉽고, 또 실제로 공개 발표되기 때문이다. 게다가 아무래도 큰 조직이 작은 조직보다 눈에 띄고 용이하게 분석된다.

그러나 이 책은 최고 직위에서 일하는 사람들이 무엇을 하는지, 무엇을 해야만 하는지에 대해 쓴 것은 아니다. 이 책은 지식작업자로서 자신이 속한 조직의 업무 수행에 기여하는 행동과 의사 결정에 책임이 있는 모든 사람을 대상으로 쓴 것이다. 이 책은 내가 경영 리더라고 부르는 모든 사람을 위한 것이다.

경영 리더가 직면한 현실

경영 리더가 처한 현실은 그들에게 성과를 내는 능력을 요구할 뿐만 아니라 그 성과 목표를 달성하는 것을 매우 어렵게 만들기도 한다. 실제로 경영 리더들이 성과를 내고자 노력하지 않으면, 그들이 현실적으로 처한 상황들은 그들을 쓸모없게 만들어버릴 것이다.

'조직에 속하지 않은' 지식작업자의 현실을 한번 살펴보자. 개업의는 대체로 성과를 내는 것에 대한 압박감이 없다. 개업의가 가진 지식은 환자 치료라는 성과 목표를 달성하기에 충분해 환자가 가지고 오는 문제를 해결하게 된다. 환자를 진찰하는 동안 개업의는 당연히 환자를 돌보는 데 온 힘을 쏟는다. 그는 적어도 환자를 돌보는 동안 방해받는 것을 최소화할 수 있다. 개업의가 기여할 것은 분명하다. 무엇이 중요하고, 무엇이 중요하지 않은지는 환자를 괴롭히는 병에 따라 결정된다. 환자가 호소하는 고통에 따라 개업의는 자신이 해야 할 일의 우선순위를 결정하고, 그다음 목표가 정해진다. 예를 들어 환자를 근본적으로 치료하거나, 적어도 환자가 보다 평안하게 안정을 회복할 수 있도록 해준다. 개업의들은 스스로 어떤 과업을 수행할지 조직적으로 체계를 잡는 능력으로 주목을 받는 게 아니다. 성과를 내는 능력이 낮다는 이유로 어려움을 겪는 일도 거의 없다.

반면 '조직에 속한 경영 리더'는 전혀 다른 입장에 처해 있다. 경영 리더는 자신이 처한 상황에서 근본적으로 통제할 수 없는 네 가지 중요한 현실에 직면하게 된다. 그 현실들은 하나같이 조직 내에, 그리고 일상 업무 속에 뿌리 박혀 있다. 경영 리더는 '불가피한 현실과 타협하는 것' 외에는 선택의 여지가 없다. 게다가 이 네 가지 현실은 결과나 업무 수행 성과를 내지 못하게 압박을 가하고 있기도 하다.

1. 경영 리더는 다른 사람들을 위해 시간을 내주는 경우가 많다. 만약 누군가가 '경영 리더'를 그의 육체 활동에 입각해 정의를 내리려 한다면, 아마도 경영 리더는 조직에 얽매인 사람으로 규정할 것이다. 조직 내 모든 사람이 그의 시간을 빼앗을 수 있고, 또 실제로 그리하고 있다. 이 점에 대해 어떤 경영 리더가 할 수 있는 일이라곤 아무것도 없는 듯하다. 원칙적으로 경영 리더는, 의사가 문 밖으로 얼굴을 내밀고는 간호사에게 "앞으로 30분 동안 아무도 들여보내지 말아요"라고 말을 할 수 없다. 그렇게 말한다고 해도 그 순간 중요한 거래저, 자치 정부 기관의 고위 관리, 상사에게서 전화라도 걸려 오면 30분이 훌쩍 지나가버리게 된다.●

2. 경영 리더들은 자신이 살고 있고, 또 일하고 있는 현실을 바

꾸기 위해 적극적인 행동을 취하지 않으면 계속 쳇바퀴 돌듯 일해야 하는 상태에 처하게 된다. 미국의 최고경영자 또는 다른 고위 임원은 회사 전체를 총괄해야 하고, 자신의 시간을 쏟아야 하는데도 불구하고 과거 그가 했던 마케팅, 공장 관리 등의 업무들을 여전히 계속 챙긴다는 불평을 흔히 듣는다. 미국의 경영 리더들은 원칙적으로 특정한 기능적 업무와 작업들을 경험하고 고위직으로 승진했기 때문에, 그들이 회사의 전반적인 경영에 책임을 지는 지위에 올라서도 그동안의 일하던 습관을 버리지 못한다는 것에 대한 비난을 받곤 한다.

그러나 경력 경로가 미국과는 전혀 다른 나라에서도 똑같은 비판이 나오고 있다. 예를 들어 게르만족 계통의 나라에서는 최고경영진이 되려면 보편적으로 본사의 참모 부서로부터 출발하는데, 이 부서의 구성원들은 근무 내내 '제너럴리스트(generalist)'로서 일한다. 그런데도 독일, 스웨덴, 네덜란드 회사의 최고경영자들 역시 '운영 업무'에만 매달린다는 비판을 받고 있다. 이들 나라의 조직을 들여다보면, 그런 경향이 최고경영진에 한정되지 않으며 경영계 전체에 퍼져 있다는 사실을 알 수 있다. 그런 점에서 보

● 이 사례는 수네 카를손(Sune Carlson)의 〈경영진의 행동(Executive Behavior)〉이라는 논문에서 인용한 것이다. 이 논문은 대규모 조직에서 일하는 최고경영자들의 시간 사용 기록을 바탕으로 쓰여졌다. 이 연구에 따르면 가장 유능한 경영 리더들조차도 대부분의 시간을 다른 사람의 요구를 들어주는 데 빼앗기고 있으며, 성과 달성에는 별 도움이 되지 않는 일에 시간을 보낸다. 사실 경영 리더는 '다른 사람이 중요하게 여기는 사안들에 그들의 시간을 빼앗겨, 정상적으로 자기 일에 시간을 낼 수 없는 사람'이라고 정의를 내려도 지나치지 않다.

면 '운영 업무'에 매몰되어 있는 경향은 경력 경로의 문제나 고집스런 인간 성격 이외에 어떤 다른 이유가 있음이 틀림없다.

근본적인 문제는 경영 리더를 둘러싼 현실에 있다. 만약 경영 리더가 그런 근본적인 현실을 어떻게든 변화시켜보려 하지 않는다면, 흘러가는 양상에 따라 그전에 하던 일만 하게 될 것이다.

의사라면 그때그때 발생하는 일에 따라 일을 처리하는 것이 타당하다. 의사는 찾아오는 환자에게 "오늘은 어디가 아파서 왔어요?" 하고 물으면서 자신이 할 일이 무엇인지 환자가 말해줄 것으로 기대한다. 만약 환자가 "의사 선생님, 저는 잠을 잘 수가 없어요. 지난 3주 동안 한숨도 편히 못 잤어요"라고 한다면, 그 환자는 의사가 취해야 할 일을 가르쳐주는 셈이다. 비록 의사가 실제로 진단해본 결과 그 불면증이 한층 더 심각한 병의 작은 증상일 뿐이라고 판단했다 해도, 의사는 우선 환자가 며칠 푹 잘 수 있도록 조치할 것이다.

그러나 경영 리더가 맡은 일상 업무에선 실제 문제는커녕, 문제라고 여길 만한 어떤 단서도 알려주는 경우가 극히 드물다. 환자의 통증 호소는 의사가 진단하는 데 결정적인 정보라고 할 수 있다. 통증 그 자체가 환자에게 중요한 문제이기 때문이다. 그에 비해 경영 리더는 훨씬 너 복잡한 세계에 살고 있다. 어떤 일들이 중요하고, 어떤 조치를 취해야 하는지, 그리고 어떤 일이 사소한 것에 불과한지 일 자체는 아무것도 알려주지 않는다. 통증에 관한 환자의 설명이 의사에게 진단의 실마리가 되는 것과는 달리,

일상 업무에서의 사건들은 문제의 징후조차도 제공하지 않는다.

만약 경영 리더가 일이 굴러가는 데에 따라 그가 할 일이 무엇이고, 어떤 일을 하며, 무엇을 심각하게 받아들여야 할지를 결정하게 되면 그는 일상 업무에 치여 시간을 다 써버리게 될 것이다. 그는 뛰어난 사람일 수 있다. 그러나 그는 그의 지식과 능력을 낭비하고 있으며, 그가 조금이나마 달성할 수 있던 성과마저도 던져버리는 우를 범하게 되는 것이다. 경영 리더가 필요로 하는 것은 정말 중요한 일, 즉 조직에 기여하고 결과를 얻을 수 있는 일에 매진하도록 하는 평가 기준들이다. 비록 그 기준을 일상 업무 중에 찾을 수 없더라도 말이다.

3. 경영 리더가 성과를 내지 못하도록 몰아가는 세 번째 현실은 그가 '조직 내부'에서 존재하며 일하고 있다는 점이다. 이는 경영 리더가 기여한 바를 다른 사람들이 활용하는 경우에만 비로소 성과를 낼 수 있다는 걸 의미한다. 조직은 개인의 강점을 증폭시키는 하나의 수단이다. 조직은 구성원 각자의 지식을 취하고, 그것을 다른 지식작업자들을 위한 자원, 동기 유발, 비전으로 활용한다. 지식작업자들의 속성상 상호 관심사를 같이하는 경우는 매우 드물다. 왜냐하면 그들은 각자 자신만의 스킬과 주의를 기울이고 있는 사항들이 있는 개별적인 존재들이다. 사람에 따라 세무회계, 세균학, 또는 내일의 지방 정부를 이끌고 갈 간부 양성과 개발에 관심을 가질 수도 있다. 그러나 옆방 동료들은 원가 회계의 보다

세부적인 사항들, 병원 경제 분야, 또는 시의회가 정한 조례의 적법성 등에 관심과 주의를 기울인다. 그들 각자는 다른 사람들이 산출하는 것을 자기 일에 활용할 수 있는 능력을 가지고 있어야 한다.

통상적으로 경영 리더의 성과 달성에 가장 중요한 사람은 직속 부하 직원들이 아니다. 오히려 다른 분야에 있는 사람들, 즉 조직이라는 관점에서 보면 '외부인'이다. 또는 가장 중요한 사람이 그의 상사일 수도 있다. 경영 리더는 그런 사람들과 접촉해 협력할 수 있어야 하며, 그들이 성과를 내도록 기여할 수 있어야 한다. 그렇지 못하면 경영 리더는 자신의 성과 목표를 달성할 수 없게 된다.

4. 마지막으로 경영 리더는 조직 '내부'에 속해 있다. 그의 조직이 기업 또는 연구소, 정부 기관, 대학교, 군대 어디이든 간에 모든 경영 리더는 자신이 속한 조직의 내부를 가장 가깝고도 직접적인 현실로 인식한다. 그는 조직 외부를 두껍고 왜곡된 렌즈를 통해서만 본다. 조직 외부에서 일어나고 있는 일들을 대개 직접적으로 알지 못한다. 그것은 외부 현실이 반영된 보고서라는 조직의 필터를 통해서 입수된다. 다시 말해서 이러한 보고서는 외부 현실에 조직의 중요성에 입각한 기준을 적용한 그야말로 정제되고 매우 추상적인 형태를 취하게 된다.

조직 그 자체는 추상적인 존재다. 수학적으로 비유하면 조직은 크기도 넓이도 없는 한 점으로 표현할 수 있을 것이다. 규모가 가장 큰 조직이라 하더라도 그 조직이 존재하고 있는 환경 현실에 비하면, 그 조직은 실제로 존재하지 않는 것이나 다름없이 왜소하다.

구체적으로 말해 조직 내부에는 결과가 존재하지 않는다. 모든 결과는 조직 외부에서 드러난다. 예를 들어 유일한 사업 결과는, 고객이 자신의 의지로 제품이나 서비스를 구입해, 기업이 투입한 비용과 노력이 기업의 매출과 수익으로 전환될 때 나온다. 고객은 수요와 공급 관계를 바탕으로 하는 시장 경제에서 소비자로 의사 결정을 하는 경우가 있고, 기본적으로 비경제적인 가치 판단에 따라 수요와 공급을 규제하는 사회주의 정부 입장에서 의사 결정을 하는 경우도 있다. 어떤 경우가 되더라도 의사 결정자는 사업 주체의 내부가 아니라 외부에 존재한다.

마찬가지로 병원은 환자에게 제공하는 서비스로 결과를 만들어낸다. 그렇지만 환자는 병원 조직의 한 구성원이 아니다. 환자에게 병원이란, 입원하고 있는 동안에만 '현실로 존재하는 것'이다. 환자의 가장 큰 소망은 가능한 빨리 '병원이 필요 없는' 상태로 되돌아가는 것이다.

어떤 조직이든 간에, 조직 내에서는 노력과 비용이 발생한다. 우리가 항상 입버릇처럼 말하는 기업의 '이익 센터(profit center)'라는 것은 정중하게 표현한 것에 불과하다. 기업에는 '노력 센터(effort center)'만 있을 뿐이다. 어떤 조직이 결과를 만들어내기 위해 투입한 노력이 적으면 적을수록, 그 조직은 일을 더 잘하는 것이다. 시장 수요에 맞춘 자동차 또는 강철을 생산하기 위해 10만 명이나 되는 직원들이 필요하다는 것은 공학적으로 미흡하다는 것을 나타내는 것이다. 조직의 유일한 존재 이유, 즉 외부(시장) 환경에 대한 서비스라는 측면에서 볼 때 조직은 투입 구성원 수가 적을수록, 규모가 작을수록, 내부 활동이 적을수록 더 완벽해진다.

조직 외부, 즉 진정한 현실이라고 할 수 있는 외부 환경은 조직 내부에서는 효과적으로 통제할 수 없다. 전쟁을 예로 들면, 양쪽 군대의 군사 활동과 작전 결과가 승패로 이어지는 전쟁은 양쪽 군대가 공동으로 결과를 결정한다. 이러한 점을 감안하면 결과들은 기껏해야 공동 결정되는 것이 된다. 사업도 판촉과 광고 선전을 통해 고객 선호도와 판단을 바꾸려고 시도할 수 있다. 전시 경제와 같이 물자가 턱없이 부족한 시기를 제외하고, 고객은 여전히 최종 결정권과 강력한 거부권을 가진다. (이것이야말로 모든 공산주의 국가 경제가 극도의 궁핍 상태를 벗어나자마자, 그리고 정부 당국이 아니라 고객이 실제적인 최종 결정을 내리는 적절한 시장 경제가 정착되기 훨씬 전에 난관에 부딪히는 이유다.)

그러나 경영 리더의 눈에 가장 잘 띄는 것은 조직 내부다. 경영 리더가 급히 해결해야 하는 것들도 조직 내부에 있다. 조직 내부 곳곳에 인간관계와 접촉이 생기고, 문제와 도전이 등장하고, 대립과 뒷말이 들려와 그의 심기를 건드린다. 만약 외부 현실에 직접 접근하기 위해 각별히 노력하지 않는다면, 그는 점점 더 조직 내부에만 초점을 맞출 것이다. 조직에서 지위가 높이 올라가면 갈수록 그는 외부에서 일어나는 일들보다는 조직 내부의 문제와 도전에 주의를 기울인다.

■ 조직은 하나의 사회적 가공물로 생물학적 기관과는 전혀 다르다. 그러나 조직도 동식물의 구조와 크기를 결정하는 법칙들을 따른다. 표면의 크기는 반지름의 제곱으로 결정되지만, 부피는 세제곱으로 계산된다. 동물은 몸집이 커질수록 체력 유지 및 신진대사, 순환 기능 및 지각 기능, 신경 계통, 이 밖의 여러 활동을 위해 더 많은 자원이 필요하다. 아메바의 모든 부위는 외부 환경과 끊임없이 접촉하고 있다. 따라서 아메바는 특별한 기관이 없어도 외부 환경을 지각하거나 몸체를 유지한다. 그러나 인간처럼 덩치가 크고 복잡한 고등 동물은 몸을 유지하기 위해 골격이 필요하다. 인간은 음식물의 흡수와 소화, 호흡, 세포에 대한 산소 공급, 생식 활동 등을 하는 온갖 종류의 전문화된 기관들을 필요로 한다. 무엇보다도 인간에게는 두뇌와 수많은 복잡한 신경 조직들이 필요하다. 아메바의 몸체 대부분은 직접적으로 생존과 번식 문제를 다뤄야 한다. 그러나 고등 동물은 몸 내부 구조의 복잡성과 외부와의 단절 문제를 극복하고 해결하는 데 필요한 자원, 음식, 에너지 공급, 세포 조직을 얻고 유지하기 위해 활동한다.

조직은 존재 그 자체가 목적인 동물과는 다르며, 단순히 종의 영속적 보존 활동이 성공이라고 여기지도 않는다. 조직은 사회 기관으로서 외부 환경에 대한 기여를 통해 조직 자체의 완성도를 이뤄간다. 그렇지만 조직이 점점 더 비대해지고 눈에 띄게 성공할수록 조직의 내부 업무는 경영 리더의 관심, 활력, 능력을 더 많이 요구하므로 조직 외부에 대한 경영 리더 본연의 과업과 성과 목표 달성은 뒷전으로 밀려난다.

오늘날 컴퓨터의 등장과 새로운 정보 기술의 발달로 그 위험은 더욱 커지고 있다. 컴퓨터는 바보 기계에 불과하며, 정량화할 수 있는 자료만 처리할 수 있을 뿐이다. 컴퓨터는 자료를 신속하고 정확하고 정밀하게 처리한다. 즉 지금까지는 획득 불가능했던 정량화된 정보를 대량으로 생산한다. 그러나 정량화할 수 있는 정보는 비용, 생산량, 병원 환자 수 또는 훈련 보고서 등 조직 내부 정보에 국한된다. 조직 외부의 중요한 일에 대해서는 정량화된 정보 제공이 너무 늦어서 그 일에 대해 어떤 조치도 취할 수 없게 되는 경우가 많다.

이는 외부 사건들과 연관된 정보를 수집하는 인간의 정보 수집 능력이 컴퓨터의 연산 능력보다 뒤떨어져 있기 때문이 아니다. 그것만이 우리가 걱정해야 할 유일한 원인이라면, 우리는 통계적 처리 노력만 증대시키면 되고, 컴퓨터가 이러한 기계적 제약을 극복하는 데 큰 도움이 될 수 있을 것이다. 문제는 조직에 관련된 중요하고 의미 있는 외부 사건들은 종종 정량화할 수 없는 정성적인 것이라는 데 있다. 이들 사건은 정량화될 때까지 '사실들'이 아니다. 무엇을 사실이라고 할 수 있으려면, 누군가 정의를 내리고, 분류하고, 관련성과 중요성을 부여하는 일련의 과정이 필요하다. 무엇을 정량화하려면 우선 개념이 있어야 한다. 끝없이 복잡한 현상에서 구체적인 측면과 요소들을 추출해내고, 개념에 명칭을 붙이고, 숫자로 전환해 정량화할 수 있어야 한다.

■ 많은 기형아를 낳게 했던 탈리도마이드(thalidomide, 1950년대 후반 수면제, 임산부의 입덧 치료제로 사용되었으나 이 약을 복용한 산모에게서 팔다리가 결손되거나 짧은 신생아가 태어나는 등 심각한 결손을 유발하는 것으로 밝혀지면서 그 사용이 금지되었다.–옮긴이)의 비극이 전형적인 예다. 유럽 대륙의 의사들이 신생 기형아 수가 비정상적으로 많다는 사실, 그 수가 너무 많아 구체적이고 새로운 원인이 틀림없이 있다는 것을 알아차리는 데 필요한 통계를 충분히 확보했을 때는 이미 큰 피해가 일어난 다음이었다. 그러나 미국에선 한 공중보건의가 정성적 변화, 즉 탈리도마이드로 벌어진 사소하지만 그 자체로는 별문제가 없는 피부 통증이 몇 년 전 발생한 전혀 다른 질환과 연관되어 있다는 것을 알아차렸다. 그래서 탈리도마이드가 더 사용되기 전 경종을 울렸고 피해를 막을 수 있었다.

■ 포드자동차의 신형 모델 에드셀(Edsel)도 비슷한 교훈을 준다. 에드셀이 시장에 나오기 전에, 모을 수 있는 모든 정량적인 자료가 수집되었다. 그 모든 정량 자료에 따르면 에드셀은 목표 시장에 적합한 자동차로 판명되었다. 정성적 변화, 즉 자동차 구입에 대한 미국 소비자의 판단 기준이 소득이 아니라 취향을 바탕으로 시장이 세분화되었다는 사실은 통계 조사로는 전혀 알 수 없었다. 그런 변화를 통계 숫자로 파악했을 때는 이미 너무 늦은 때였다. 에드셀은 시장에 나왔으나 실패했다.

외부에서 일어나는 정말 중요한 사건은 트렌드가 아니다. 그것은 트렌드에 있어서의 변화들이다. 외부 트렌드의 변화는 궁극적으로 조직의 성공과 실패, 그리고 조직이 기울인 노력의 성공과 실패를 결정한다. 그러나 그러한 변화는 지각되어져야 한다. 그런 변화는 정량화하거나, 정의 내리거나, 분류될 수 없다. 에드셀에서처럼 그런 변화를 분류해 기대치를 계산해낼 수는 있다. 그렇다고 해도 기대치는 고객의 실제 행동을 반영하지는 못한다.

컴퓨터는 논리적인 기계다. 그것이 컴퓨터의 강점이자 한편으로는 한계인 셈이다. 외부의 중요한 사건은 컴퓨터 또는 어떤 논리 시스템이 다룰 수 있는 성질의 것이 아니다. 그러나 인간은 특별히 논리적이진 않지만 지각 능력이 있다. 바로 이것이 인간의 강점이다.

한 가지 주의할 것은 컴퓨터의 논리와 컴퓨터 언어로 나타낼 수 없는 정보와 자극을 경영 리더가 무시해버릴 수 있다는 것이다. 경영 리더는 그 사건 이후의 명확한 사실은 잘 알지만, 아직 실체가 드러나지 않은 사건의 지각 영역에 해당되는 것은 보지 못할 수도 있다. 그래서 방대한 양의 컴퓨터 정보가 (정성적인 측면의) 현실 접근을 막아버릴 수도 있다.

결국 가장 유용한 경영 관리 도구인 컴퓨터는 경영 리더들에게 그들이 외부 세계와 단절되어 있다는 것을 인지하도록 해주고, 외부 상황에 더 많은 시간을 사용하도록 해야 한다. 그러나 당장 '컴퓨터병'이라는 위험이 눈앞에 가로 놓여 있다. 그것은 심각한 질병이다.

컴퓨터는 그전부터 존재하는 상황만을 보여줄 따름이다. 경영 리더들은 필연적으로 조직 내부에서 일한다. 그들이 외부 세계를 인식하기 위해 의식적으로 노력하지 않으면, 조직 내부 세계의 힘이 그들이 외부의 실제 현실을 보지 못하게 만들 수도 있다.

지금까지 살펴본 네 가지 현실은 경영 리더가 바꿀 수 없다. 이들 현실은 경영 리더가 존재하기 위한 필요조건들이다. 그러므로 경영 리더는 성과를 내는 방법을 배우는 데 전력을 기울이지 않으면 무능한 존재가 될 수밖에 없다는 것을 염두에 두어야 한다.

성과를 내는 능력이 가져올 밝은 미래

성과를 내는 능력의 증진은 경영 리더의 성과, 성취, 만족 수준을 크게 높일 수 있는 유일한 영역이다. 물론 우리는 여러 분야에서 뛰어난 능력을 가진 사람을 쓸 수 있다. 또 보다 광범위한 지식을 가진 사람도 쓸 수 있다. 그러나 단언컨대 이 두 가지 영역에서는 아무리 노력을 쏟아부어도 큰 성과를 기대할 수 없다. 우리는 이미 본질적으로 불가능하거나, 최소한 아무런 이득도 생기지 않는 일을 시도하려는 수준까지 왔는지 모른다. 그렇다고 우리는 슈퍼맨 같은 새로운 종족의 인간을 배양할 수는 없다. 지금 있는 그대로의 사람들로 조직을 계속 운영할 수밖에 없는 것이다.

예를 들면 관리자 개발에 관한 책들은 '내일의 경영자 모습'을 그리면서 '모든 것을 갖춘 사람(man for all seasons)'을 제시한다. 고위 경영자는 분석가로서, 또 의사 결정자로서 남다른 능력을 가지고 있어야 한다는 말을 흔히 하곤 한다. 다른 사람들과 협력해서 일을 잘해야 하고, 조직과 권력 관계를 잘 파악해야 한다. 그리고 셈에도 밝아야 하고, 예술적 통찰과 창조적 상상력을 갖춰야 한다. 관리자들에게서 바라는 것은 뭐든 잘할 수 있는 천재의 모습인데, 만능 천재는 늘 공급이 딸리기 마련이다. 인류의 경험에 비춰볼 때 충분히 공급되는 인력은 모든 면에서 유능하진 못하다. 그러므로 우리는 여러 분야 가운데 한 분야에서만이라도 뛰어난 능력을 가진 사람을 채용할 수밖에 없다. 그렇게 하면 그들은 가장 평범한 자질들을 갖춘 인재이면서 자기 분야에서만큼은 탁월한 능력을 발휘할 것이다.

따라서 우리는 중요한 어떤 특정 분야에 강점을 지닌 사람이 그 강점을 잘 발휘할 수 있게 해주는 조직을 구축하는 방법을 배워야 할 것이다(4장에서 좀 더 깊이 다룰 것이다). 그러나 경영 리더가 만능의 영재가 되는 것은 차치하더라도, 그들의 능력 기준을 높이는 것만으로는 우리가 필요로 하는 경영 리더의 성과 달성을 기대할 수 없다. 따라서 인간의 능력을 갑자기 비약적으로 증대시키는 것이 아니라 인간이 일할 때 사용하는 도구를 개선함으로써 인간 능력의 범위를 확대해야 한다.

다소 차이가 있겠지만 같은 원칙이 지식에도 적용된다. 더 많은, 그리고 더 우수한 지식을 가진 사람이 필요할 수 있다. 그런 인재를 채용하기 위한 비용은, 확실한 성과는 제쳐두고라도 그들이 달성할 것으로 기대하는 어떤 성과보다 훨씬 커서 배보다 배꼽이 큰 경우가 될 수도 있다.

■ 1951년 오퍼레이션스 리서치(Operations Research. OR, 최적의 의사 결정을 끌어내기 위한 과학적 방법-옮긴이)가 처음 등장했을 때, 몇몇 우수한 젊은 연구원들이 '미래 OR 전문가'의 조건에 관한 책을 발표했다. 그들은 한결같이 온갖 분야의 지식을 알고, 모든 분야를 더 잘할 수 있으며, 독창적인 능력을 갖춘 다재다능한 인간을 요구했다. 그중 한 연구에 따

르면, OR 전문가는 62개에 이르는 주요 자연과학 및 인문 과학 분야의 첨단 지식이 필요하다고 한다. 만약 그런 사람이 있다면, 우수 인재들이 OR이 주로 다루는 재고 수준이나 생산 일정 관리 프로그래밍 연구에 그의 능력을 허비하고 마는 게 아닐지 우려된다.

경영자 개발을 위한 평범한 프로그램마저도 회계와 인적 자원 관리, 마케팅, 가격 결정과 경제 분석 같은 다양한 스킬들, 심리학과 같은 행동과학, 물리학에서 생화학, 지질학에 이르는 자연과학 등에 높은 지식을 갖출 것을 요구한다. 우리는 현대 기술의 역동성, 현대 세계 경제의 복잡성, 미로와 같은 정부 기구를 이해하는 사람들이 분명 필요하다.

앞에서 언급한 지식 분야들은 모두 범위가 매우 넓어서, 다른 분야는 관심을 두지 않고 오로지 그 분야에만 집중하는 사람에게조차 그 범위가 너무 넓다. 학자들도 각 분야 가운데 꽤 한정된 부분만 전공하고, 그 분야에 대해서도 겨우 제구실을 하는 사람 이상으로 자신을 포장하지 않는다. 이들 여러 분야에 대한 기초적인 지식을 이해하기 위해 노력할 필요가 없다고 말하려는 것은 아니다.

■ 기업, 병원 또는 정부 기관 등 어느 곳에서 일하든지, 오늘날 고등 교육을 받은 젊은이들의 약점 가운데 하나는 좁은

전문 분야의 지식에 만족하고 다른 분야는 경시한다는 점이다. 회계사라면 '인간관계론'의 세부적인 내용을 알 필요는 없고, 엔지니어라면 새로운 상표를 부착한 제품의 판촉에 대해 알 필요가 없다. 그러나 적어도 그 분야가 어떤 것이고, 왜 필요하며, 무엇을 하려고 하는지에 대해서는 알아야 할 책임이 있다. 우수한 비뇨기과 전문의가 되기 위해 정신의학에 통달할 필요는 없다. 그러나 정신의학이 무엇인지는 알아두는 것이 좋다. 농수산부에서 일을 잘하기 위해 국제변호사 자격을 가질 필요는 없다. 그러나 편협한 농업 정책 때문에 국제적인 피해가 일어나는 일이 없도록 국제 정치에 대해 충분한 지식을 가지고 있는 편이 낫다.

만능 천재처럼 모든 분야의 전문가가 되라는 뜻은 아니다. 그 대신 우리는 전문 영역에서 능력을 발휘하는 사람들을 더욱 잘 활용할 수 있는 방법을 배워야 할 것이다. 이것은 바로 성과를 내는 능력을 키우는 방법이다. 자원의 공급을 늘릴 수 없다면 자원의 생산성(산출물)을 높여야 한다. 그리고 성과를 내는 역량은 능력과 지식이라는 자원에서 더 많은, 더 좋은 결과를 얻을 수 있는 하나의 수단이다.

그러므로 성과를 내는 능력은 조직이 필요로 하는 역량 가운데 최우선순위인 게 당연하다. 이는 경영 리더의 필수 도구로서 그의 성취와 성과 목표를 달성하기 위한 수단으로 더 높은 우선순위를 점하는 것이 마땅하다.

성과를 내는 능력은 배울 수 있는가

만약 성과를 내는 능력이 음악적인 재능이나 그림에 대한 안목처럼 타고나는 신의 선물 같은 것이라면, 어쩔 도리가 없다. 특정 분야에서 뛰어난 재능을 타고나는 사람은 극소수에 불과하기 때문이다. 그렇다면 우리는 잠재력을 지닌 사람을 조기에 발견하고 최선을 다해 그 재능을 개발하도록 훈련시켜야 할 것이다. 그러나 이 같은 방법으로는 현대 사회에서 경영 리더의 과업을 수행할 만한 사람들을 충분히 확보하기 어렵다. 성과를 내는 능력이 정말 타고나는 것이라면, 우리의 현대 문명은 지탱할 수 없는 수준까진 아니더라도 매우 취약할 것이다. 현대 문명은 대규모 조직에 기반을 두고 있다. 그러므로 성과를 내는 능력을 지닌, 경영 리더가 될 수 있는 사람들을 얼마나 많이 공급하느냐가 관건이다.

만약 성과를 내는 능력이 학습될 수 있다면, 몇 가지 의문이 든다. (1)성과를 내는 능력은 무엇으로 이뤄지는가? (2)성과를 내는 능력을 갖추려면 무엇을 배워야 하는가? (3)학습의 유형은 어떤 것인가? (4)그것은 체계적이거나 개념적으로 배우는 지식인가? (5)도제 방식으로 배우는 기술인가? (6)기초적인 것들을 반복하며 터득하는 실행인가?

나는 컨설턴트로서 많은 조직에서 경영 리더들과 함께 일하며 이런 질문들을 제기해왔다. 성과를 내는 능력은 두 가지 면에서 중요하다고 본다. 첫째 컨설턴트는 원래 자신의 지식에 따른 권한 말고는 아무 권한이 없으므로 스스로 성과를 내야 한다. 그렇지 않으면 무용지물이 된다. 둘째, 가장 유능한 컨설턴트라도 무언가를 수행해 성과를 내게 하려면, 고객의 조직 내에 있는 사람들에게 의존해야 한다는 점이다. 그러므로 컨설턴트가 자신의 일에 기여하고 결과를 냈는지, 또는 경비만 축내는 '비용 센터'에 불과했거나 기껏해야 광대 노릇밖에는 하지 못했는지 여부를 판가름하는 최종 분석에서는 성과를 내는 능력이 결정적이라 해도 과언이 아니다.

나는 '성과를 내는 기질'이 따로 존재하지 않는다는 사실을 곧 알게 되었다.● 내가 알고 지내온, 성과를 내는 경영 리더들은 기질과 능력, 일과 일하는 방식, 개성, 지식, 관심사 등의 모든 면에서 굉장히 달랐다. 그들이 공통적으로 보여준 것은 다름 아닌 '올바른 일을 완수하는 능력'이다.

● 예일대학교의 크리스 아지리스(Chris Argyris) 교수가 컬럼비아대학교 경영대학원에서 발표한 내용에 따르면, '성공적인 경영 리더'는 10가지의 특성을 갖는다. 그것들 중에 '좌절에 대한 높은 인내력', '경쟁 법칙에 대한 이해', '동료 집단에의 동료의식(정체성)' 등이 포함된다. 만약 이것들이 우리가 진정 필요로 하는 경영 리더의 특성이라면 문제가 많다. 우리 주변엔 이런 특성을 갖춘 사람들이 흔치 않고, 아무도 이런 사람을 찾을 방법을 알지 못하기 때문이다. 다행히도 나는 아지리스 교수가 열거한 특성들을 대부분 갖지 않은 성공적인 경영 리더들을 알고 있다. 또한 아지리스 교수의 묘사에 부합하는 인물들이지만 이상하게도 무능한 경영 리더들도 많이 알고 있다.

나와 같이 일했으며 서로 알고 지내는 유능한 경영 리더들 가운데는 외향적인 사람, 내향적인 사람, 사교성이 없는 사람, 심지어 병적으로 수줍음을 타는 사람도 있다. 괴짜뿐 아니라 애처로울 만큼 꼼꼼한 순응주의자도 있다. 뚱뚱한 사람도 있고 홀쭉한 사람도 있다. 걱정이 많은 사람도 있고 천하태평인 사람도 있다. 술고래도 있고 보리밭에만 가도 취하는 사람도 있다. 매력 넘치고 포근한 사람이 있는가 하면, 냉동 고등어보다 더 차가운 사람도 있다. 그들 가운데에는 '리더'라고 부르기에 적합한 사람도 더러 있다. 반면 여러 사람 가운데 있으면, 전혀 주의를 끌지 못하는 특색 없는 사람도 있다. 진지한 학자 같은 사람도 있고 제대로 공부하지 않은 사람도 있다. 어떤 사람은 다양한 분야에 관심을 가지고 있고, 어떤 사람은 자기만의 좁은 영역 밖의 것은 전혀 모를뿐더러 다른 것에는 전혀 관심을 두지 않는다. 이기주의자까지는 아니라 해도 자기중심적인 사람도 있다. 반면 가슴과 마음이 따뜻한 사람도 있다. 자기 일밖에 모르는 사람도 있고 주로 바깥일에만 관심을 두는 사람도 있다. 지역 사회, 교회, 중국 한시 연구, 또는 현대 음악에 관심이 많은 사람도 있다. 내가 만난 유능한 경영 리더들 가운데에는 논리적이고 분석적인 사람도 있고 주로 지각과 직관에 의존하는 사람도 있다. 모든 것을 쉽게 결정하는 사람도 있고 생각을 행동으로 옮길 때마다 고민하는 사람도 있다.

　다시 말해서 성과를 내는 경영 리더들은 의사, 고교 교사, 바이올리니스트의 성격이 각기 다른 만큼이나 천차만별이다. 그들은 인간 유형, 개성, 재능 등에서 성과를 내지 못하는 사람들과 잘 구별되지 않는다.

성과를 내는 경영 리더들의 공통점은 그들이 가지고 있는 능력이 무엇이든, 어떤 위치의 인물이든 간에 그들을 효과적이도록 하는 건 실행이라는 점이다. 이 실행들은 그들이 일하는 곳이 기업이든 정부 기관이든 또 맡은 일이 병원 원무 담당이든, 대학 학장이든 상관없이 동일하다. 지능, 근면성, 상상력, 지식 등이 아무리 뛰어나도 실행을 갖추지 못한 사람은 성과를 내지 못한다.

성과를 내는 능력은 일종의 습관이다. 즉 실행들의 집합체(a complex of practices)다. 실행들은 언제든 배워 터득할 수 있는 것이다. 실행은 믿을 수 없을 정도로 단순하다. 심지어 일곱 살짜리 아이도 그것을 이해할 수 있다. 그러나 실행을 잘 유지하는 것은 쉽지 않다. 구구단을 익힐 때처럼 그것을 몸에 익혀야 한다. 다시 말해 '6×6=36'이 무의식적이며 조건반사적으로 확실히 몸에 밸 때까지 지겹도록 반복해야 한다. 실행은 연습과 반복으로만 익힐 수 있다.

내가 어렸을 때 나이 든 피아노 선생이 언짢은 기색으로 해준 말은 모든 실행에 적용된다. "네가 모차르트(Mozart) 곡을 아르투루 슈나벨(Artur Schnabel)처럼 연주할 수는 없을 거야. 그렇다고 해도 그가 하는 방식으로 연주해선 안 될 이유는 세상 어디에도 없단다." 그리고 그녀는 이렇게 덧붙였다. "아무리 위대한 피아니스트일지라도 악보를 보고 꾸준히 반복해서 연습하지 않았다면 지금처럼 모차르트를 연주하지 못했을 거야."

다시 말해서 보통 인재라 해도 실행을 통해 일정 수준의 역량을 획득할 수 있다는 말이다. 그 분야에서 대가가 되기는 어려울지 모른다. 대가가 되려면 특별한 재능을 타고나야 할지도 모르니까. 그러나 성과를 내는 능력을 갖는 데 필요한 것은 역량(competence)이다. 또 필요한 것은 바로 음계(scale)다.

다음은 성과 목표를 달성하는 경영 리더가 되기 위해 가져야 할 다섯 가지 습관들, 바로 근본적으로 필요한 실행들이다.

1. 성과를 내는 경영 리더들은 자신의 시간이 어디에 사용되고 있는지 안다. 그들은 자신이 통제할 수 있는 시간이면, 아주 적은 시간이라도 체계적인 관리를 통해 활용한다.

2. 성과를 내는 경영 리더들은 외부 기여에 초점을 맞춘다. 자신의 노력을 업무 그 자체가 아니라 결과에 연결시킨다. 그들은 '내가 만들어야 하는 결과는 무엇인가?'라는 질문에서 출발하지, 일하는 기법과 도구 내지는 '해야 할 일이 무엇인가'라는 질문에서 시작하지 않는다.

3. 성과를 내는 경영 리더들은 강점을 바탕으로 성과를 낸다. 그들 자신의 강점과 상사, 동료, 부하의 강점, 그리고 상황에서의 강점, 즉 그가 무엇을 할 수 있는지에 입각한다. 약점에 입각해 성과를 낼 수는 없다. 그들은 그들이 할 수 없는 일부터 시작하지 않는다.

4. 성과를 내는 경영 리더들은 탁월한 업무 수행이 출중한 결과로 이어질 몇 가지 주요 영역에 집중한다. 그들은 우선순위를 정한 뒤 그것에 충실한다. 우선순위가 높은 중요한 일을 먼저 하는 것 외에 달리 선택의 여지가 없음을 잘 안다. 후순위의 일은 결코 하지 않는다. 이렇게 하지 않으면 아무것도 이룰 수가 없다.

5. 성과를 내는 경영 리더들은 효과적으로 의사 결정을 한다. 그들은 그 의사 결정이 체계적인 단계를 밟아야 한다는 것을 너무도 잘 안다. 효과적 의사 결정은 '사실에 대한 만장일치'라기보다는 언제나 '다양한 의견'을 바탕으로 하는 판단이라는 것을 안다. 그리고 성급하게 많은 의사 결정을 내리는 것은 잘못된 결정이라는 것도 알고 있다. 필요한 것은 수는 적어도 근본적인 의사 결정들이다. 거듭 강조하지만, 의사 결정에서 필요한 것은 현란한 전술이 아니라 올바른 전략이다.

이 다섯 가지가 성과 목표를 달성하는 경영 리더가 갖춰야 할 핵심 요소들이며, 이 책의 주제들이기도 하다.

PETER F.
DRUCKER

2장

당신의
시간을 알라

Know Your Time

경영 리더의 과업(task)에 대한 논의는 대개 그의 업무를 계획하라는 조언으로부터 시작한다. 이 말은 정말 그럴듯하게 들린다. 그런데 문제는 그게 뜻대로 잘되지 않는다는 것이다. 계획은 언제나 서류상으로만 남고 좋은 의도에 그친다. 업무 계획에 대한 조언이 성취로 이어지는 경우는 그리 많지 않다.

지금까지 내가 관찰한 바에 따르면, 성과를 내는 경영 리더는 맡은 과업들로부터 착수하는 것이 아니라 그들의 시간을 먼저 생각한다. 그리고 계획 수립부터 시작하는 것이 아니라 실제 시간이 어디에 할애되는지부터 파악한다. 그러고 나서 시간 관리를 시도하게 되며, 우선적으로 그의 시간에서 비생산적인 것들을 제거해나간다. 마지막으로 그렇게 해서 확보한 '가용 시간'을 가능한 가장 큰 연속 단위로 통합한다. 이는 다음 3단계 프로세스로 요약할 수 있다.

① 시간을 기록한다.

② 시간을 관리한다.

③ 시간을 통합한다.

이 세 가지는 경영 리더가 성과를 내는 데 근간이 된다. 성과를 내는 경영 리더는 시간이 제약 요소임을 안다. 모든 프로세스에서 산출량의 한계는 가장 희소한 자원에 의해서 결정된다. 우리가 어떤 프로세스를 진행하면서 '성과 달성'이라고 말한다면, 이는 시간 내에 일을 성공적으로 완수했다는 걸 의미한다.

시간은 독특한 자원이다. 자금(money)은 중요한 자원이지만 실제로 꽤 풍부하다. 경제 성장과 경제 활동에 제약을 가하는 것은 자금의 공급이 아니라 수요라는 것을 우리는 오래전에 익히 알았다. 세 번째 제약 자원인 사람(people)의 경우, 비록 유능한 사람을 충분히 고용하기는 어렵지만 가능하긴 하다. 그러나 시간은 빌리거나 고용하거나 구매하거나 더 많이 소유할 수 없다. 시간 공급은 완전히 비탄력적이다. 아무리 수요가 커도 시간 공급은 증가하지 않는다. 시간에는 가격도 없고 한계효용곡선이라는 것도 없다. 게다가 철저히 소멸되므로 저장도 불가능하다. 어제의 시간은 결코 되돌아오지 않는다. 그러므로 시간은 언제나 심각한 공급 부족 상태에 있다.

시간은 대체 불가능하다. 다른 자원도 한계가 있긴 하지만 대체할 수는 있다. 예를 들면 알루미늄 대신 구리를 사용할 수 있는 식이다. 인간의 노동을 줄이는 대신 자본을 더 사용할 수도 있다.

지식작업자를 더 많이 활용할 수도 있고 육체노동자를 더 많이 활용할 수도 있다. 그러나 시간만은 대체재가 없다.

모든 일에는 시간이 필요하다. 시간이야말로 진정 유일무이하게 보편화된 조건이다. 모든 일은 시간 속에서 일어나고 시간이 소요된다. 그런데도 사람들은 이 독특하고 대체 불가능한 필수 자원을 당연한 것으로 여긴다. 성과를 내는 경영 리더와 그렇지 않은 사람을 구별하는 특성으로 시간을 정성껏 관리하는 것을 꼽을 수 있다.

그런데도 사람들은 자기 시간을 잘 관리할 태세가 잘 되어 있지 않다.

■ 다른 생물과 마찬가지로 사람에게도 '생물학적 시계'가 있다(누구든 비행기를 타고 대서양을 횡단해보면 안다). 그러나 심리학적인 실험 결과에서 밝혀졌듯이, 사람의 시간 감각은 그리 믿을 것이 못 된다. 바깥의 빛과 어둠을 인지할 수 없는 방에 갇힌 사람은 시간 감각을 급속히 잃어버린다. 사람들은 대부분 전혀 보이지 않는 상태에서도 공간 감각을 유지한다. 그러나 전등이 켜 있는 상태라도 몇 시간 동안 밀폐된 방 안에 있으면, 시간이 얼마나 지났는지 알 수 없게 된다. 경과한 시간을 과대평가하거나 과소평가하기도 한다.

따라서 기억만으로는 시간을 어떻게 보냈는지 알 수 없다.

■ 나는 기억력이 좋다고 자랑하는 경영 리더들에게 시간을 어떻게 사용하는지 적어보도록 요청하곤 한다. 그런 뒤 나는 그 기록을 몇 주일 또는 몇 달간 보관해둔다. 그사이 경영 리더들은 일하면서 실제로 그들이 사용한 시간을 기록한다. 결과를 비교해보면, 자신이 사용했다고 추측한 시간과 실시간으로 기록한 시간이 일치하는 경우가 거의 없다.

어느 기업의 회장은 자기의 시간을 크게 세 부분으로 나누어 사용한다고 확신했다. 3분의 1은 회사 고위 간부들과 보내고, 3분의 1은 중요한 고객을 만나는 데 사용하고, 나머지 3분의 1은 지역 사회 활동을 위해 쓴다고 여겼다. 그런데 6주 동안 실제로 기록한 결과, 이 세 가지 부분에 시간을 거의 사용하지 않은 것으로 드러났다. 이 세 가지는 그가 시간을 꼭 내야 한다고 마음만 먹은 일들에 불과했다. 그러므로 기억이란 무의식적으로 그런 일들에 실제로 시간을 보내고 있는 것처럼 느끼게 하는 것에 불과하다.

실제 기록에 따르면 그는 대부분 실무자들에게 독촉하는 일을 하며 보냈다. 예를 들면 개인적으로 잘 아는 고객의 주문이 어떻게 처리되고 있는지 실무자에게 알아보고, 공장에 독촉 전화를 걸어 귀찮게 간섭하며 보냈던 것이다. 어쨌든 주문은 대체로 잘 처리되고 있었으며, 그의 간섭으로 오히려 일이 지연되기도 했다. 처음에 비서가 자신의 시간 기록을 가져왔을 때 그는 그것을 믿지 않았다. 그는 두세 번 정도 시간 기록을 더 해보고 나서야 기억보다는 기록을 믿어야 한다는 사실을 겨우 받아들였다.

성과를 내는 경영 리더들은 시간을 관리하려면 실제로 시간이 어떻게 사용되고 있는지 먼저 파악해야 한다는 것을 잘 알고 있다.

경영 리더에게 요구되는 시간

시간을 비생산적인 일에 쓰거나 낭비하게 만드는 압박이 끊임없이 가해지고 있다. 관리자든 아니든 어떤 경영 리더는 전혀 성과를 올리지 못하는 일에 꽤 많은 시간을 빼앗기고 있다. 많은 시간이 어쩔 수 없이 낭비된다는 말이다. 지위가 높아질수록 조직은 더 많은 시간을 요구한다.

- 어느 날 어떤 대기업 사장이 들려준 이야기다. 그가 사장이 되고 나서 2년 동안 크리스마스와 정월 초하루를 제외하고는 매일 저녁 외식을 했다고 한다. 모든 저녁 식사는 회사 일과 관계된 공식 행사로 몇 시간씩 계속되었다. 그렇다고 참석 안 할 도리도 없었다. 50년 근속 사원의 퇴직 기념 모임이든, 사업과 관련된 시청 고위 관료를 위한 만찬이든 사장으로서 빠질 수 없었던 것이다. 의전 행사는 분명 그가 해

야 할 일 가운데 하나다. 그는 저녁 모임이 회사와 자신의 즐거움 그리고 자기 계발에 어떤 도움이 된다는 환상을 갖고 있지는 않았다. 그런데도 그는 그 자리에 참석해 우아하게 식사할 수밖에 없었다.

모든 경영 리더의 하루를 보면 이와 비슷한 시간 낭비 요소가 많다. 회사의 주요 고객으로부터 전화가 왔을 때 영업부장은 "죄송합니다만, 지금 바쁜데요"라고 말할 수 없다. 그는 진지하게 응대해야 한다. 비록 고객이 지난주 토요일 브리지 게임에 관해 너스레를 늘어놓거나 "제 딸이 좋은 대학에 입학할 수 있을까요?" 하는 등의 말을 하고 싶어 해도 말이다. 병원장은 병원 내의 모든 분과 회의에 참석해야 한다. 그렇지 않으면 의사, 간호사, 의료 기사 그리고 그 밖에도 많은 사람이 자신이 무시당했다고 느낄 것이다. 국회의원이 전화를 걸어 전화번호부나 세계 연감을 보면 즉시 알아낼 수 있는 어떤 정보를 요구해도, 정부 관료는 정중히 대할 수밖에 없다. 경영 리더에게도 이와 같은 일이 하루 종일 이어진다.

관리자가 아닌 사람이라고 해서 나을 게 없다. 일반 직원들 또한 생산성에 아무런 도움이 되지 않지만, 그렇다고 무시할 수도 없는 일들에 그들의 시간을 내도록 수없이 요구받는다. 그래서 모든 경영 리더의 직무에서 성과 달성에 전혀 도움이 안 되거나 가치 없는 일들에 그들은 시간을 할애할 수밖에 없다.

경영 리더의 과업들은 최소한의 성과를 달성하는 데도 상당히 많은 시간이 필요할 때가 많다. 일을 수행하는 데 최소 요구 수준 이하의 시간을 투입한다는 것은 순전히 낭비다. 그는 아무것도 달성하지 못하고 다시 모든 걸 시작해야 하는 것이다.

■ 예를 들면 보고서 초안 작성만 하더라도 6~8시간이 걸린다. 한 번에 15분씩, 하루에 두 번, 또는 3주 동안 7시간을 투입하는 것은 아무 의미가 없다. 매번 돌아오는 것은 낙서만 가득한 메모지뿐이다. 그러나 문을 걸어 잠그고 전화를 꺼놓은 채, 방해받지 않고 연속으로 5~6시간 동안 보고서 작성에 집중하면, 내가 '제로 드래프트(Zero Draft)'라고 부르는 것을 완성할 확률이 높다. 제로 드래프트란 초안을 완성하기 직전의 원고를 말한다. 그다음부터는 비교적 짧은 시간 단위로 나누어 장, 절, 문장 등을 다시 쓰고, 교정과 편집 작업을 할 수 있다. 실험도 마찬가지다. 실험 장비를 갖추고 적어도 한 가지를 마무리하려면 한 번에 5~12시간을 연속으로 써야 한다. 그렇지 않고 도중에 다른 일로 방해를 받으면 처음부터 다시 시작해야 한다.

성과를 내기 위해서는 지식작업자, 특히 경영 리더는 시간을 상당한 양의 단위로 할애해 사용할 수 있어야 한다. 가용 시간이 짧은 단위로 나뉘어 있다면 전체 시간량이 아무리 많아도 항상 부족하게 된다.

사람들과 관련된 일에 시간을 보내는 경우 특히 그런 경향이 있다. 물론 이 같은 일들은 경영 리더가 해야 할 업무 가운데 핵심 과제에 속한다. 사람들은 시간의 소비자다. 그러면서도 대부분은 시간 낭비자이기도 하다.

다른 사람들과 충분한 시간을 함께 보내지 못한다는 것은, 단적으로 말해 비생산적이다. 다른 사람들에게 자신의 뜻을 전달하려면 꽤 긴 시간을 내야 한다. 관리자가 부하 직원과 함께 계획, 방향, 성과에 대해 논의하면서 15분 만에 끝낼 수 있다고 생각하면(많은 관리자들이 그렇게 할 수 있다고 믿고 있지만), 자신을 속이는 셈이다. 부하 직원들에게 의미 있는 영향을 줄 정도로 논의하고 싶다면 적어도 한 시간 또는 그 이상의 시간이 필요하다. 인간관계를 맺으려 한다면 한없이 많은 시간이 필요하다.

특히 다른 지식작업자와 관계된 일의 경우 시간 소모가 상당하다. 지식작업에서 상사와 부하 사이에 직급이나 권위라는 장벽이 없기 때문이든, 반대로 그것이 장애가 되기 때문이든, 또는 단순히 상대방이 너무 심각하게 사물을 바라보기 때문이든 간에 지식작업자는 육체노동자보다 동료와 상사에게 훨씬 많은 시간을 할애한다. 게다가 지식작업은 육체노동과 같은 방식으로 측정할 수 없기 때문에 그가 올바른 일을 하고 있는지, 얼마나 잘하고 있는지를 몇 마디 말로 간단히 파악할 수 없다. 육체노동자에게는 "우리의 작업량 기준은 한 시간에 50개인데 당신은 겨우 42개밖에 못 했군요"라고 말할 수 있다. 그러나 지식작업자의 경우에는 무릎을 맞대고 앉아 그가 무엇을 해야 하는지, 그것을 왜 하는지 곰곰이 살펴가며 함께 생각해나가야만 한다. 그가 만족스럽게 직무를 처리하고 있는지, 아닌지를 감이라도 잡으려면 말이다. 이런 일은 시간을 많이 잡아먹는다.

지식작업자는 스스로 방향을 정해 일을 해나가야 하기에, 자신에게 어떤 성취가 기대되고 있는지, 기대되는 이유는 무엇인지 이해해야 한다. 또한 그의 지식산출물을 활용해야 하는 사람들이 하는 일을 이해해야 한다. 이를 위해 그는 많은 정보 공유와 토론 및 지도를 필요로 하게 되는데, 이 모두가 시간이 걸리는 일이다. 그리고 일반적으로 생각하는 것과는 달리, 이러한 시간할애 필요성은 상사에게뿐만 아니라 동료들에게도 해당된다.

지식작업자가 조금이라도 더 많은 결과를 얻고 성과를 내려면 조직 전체의 결과와 성과 목표에 초점을 맞춰야 한다. 즉 지식작업자가 자신의 비전을 일에서 결과로, 그리고 전문 분야에서 성과가 드러나는 외부 세계로 전환하기 위해서는 시간을 충분히 확보해야 한다는 뜻이다.

■ 지식작업자가 큰 조직에서 성과를 잘 내면, 고위 경영자들이 정기적 일정으로 시간을 내서 지식작업자와 마주앉아 대화를 나누게 되는데, 때로는 갓 입사한 신출내기 젊은이들과도 만나 다음과 같은 질문을 한다: '이 조직의 최고경

경영자가 당신이 하는 일에 대해 알아둬야 할 것이 무엇인가? 이 조직에 대해 당신이 하고 싶은 말은 무엇인가? 우리가 진출하지 않은 사업 가운데 가능성이 있는 분야는 어디라고 보는가? 우리가 미처 보지 못하고 있는 위험은 어디에 있다고 보는가? 그리고 전반적으로 우리 조직에 대해 듣고 싶은 게 있는가?'

이런 여유 있는 대화는 정부 기관, 일반 기업, 연구소, 군대의 참모 조직에서도 똑같이 필요하다. 그런 대화가 없다면 지식작업자는 의욕을 상실하고 시간 때우는 식으로 일하게 되고, 아니면 자신의 전문 분야에만 에너지를 집중하게 된다. 결과적으로 그는 점점 조직이 제공하는 기회와 조직의 필요성과는 거리가 먼 일들만 하게 된다. 의견 교환에는 많은 시간이 든다. 그래도 서두르지 말고 여유를 갖고 진행해야 한다. 사람들은 '우리는 세상의 모든 시간을 갖고 있어'라는 느긋함을 견지해야 한다. 이렇게 하는 것이 많은 일을 빨리 해치우는 지름길이다. 또한 상당히 긴 시간을 방해받지 않고 연속적으로 사용할 수 있어야 한다는 뜻이다.

사적인 인간관계와 업무상의 관계가 섞이면 많은 시간이 소모된다. 만약 서두르면 그때는 마찰이 생긴다. 그렇지만 모든 조직에서는 그런 섞임이 있다. 함께 일하는 사람이 많으면 많을수록 더 많은 시간이 상호 교류에 소요된다. 당연히 작업, 성취, 결과를 위해 투입되는 시간은 그만큼 줄어들게 될 것이다.

■ 경영 문헌에는 '통제의 폭(span of control)'이라는 이론이 나오는데, '한 사람의 관리자가 적절히 관리할 수 있는 사람의 수'를 밝힌 것이다. (이를테면 회계사, 판매 관리자, 생산 관리 담당자 등은 어떤 결과를 창출하기 위해 함께 일해야 한다는 뜻이다.) 반면 다른 도시에 있는 연쇄점의 지역 담당 책임자는 서로 관계없이 일하므로, 아마도 해당 지역 담당자들은 몇 명이 됐건 '통제의 폭'이라는 원칙의 적용을 받지 않고도 지역 총괄부 사장에게 보고서를 제출하면 될 것이다. 이 이론이 타당하든 그렇지 않든, 함께 일해야 할 사람이 많으면 많을수록 더 많은 시간을 일이나 성과가 아니라 '상호 작용'에 할애해야 한다는 것은 의심할 여지가 없다. 대규모 조직은 경영 리더의 시간을 아낌없이 활용함으로써 강점을 만든다.

조직 규모가 커지면 커질수록 경영 리더가 실제로 사용할 수 있는 시간은 줄어든다. 그러므로 자신의 시간이 어떻게 쓰이는지 알고 자기가 재량으로 사용할 수 있는 한정된 시간을 잘 관리하는 것은 경영 리더에게 점점 더 중요해질 것이다.

조직 구성원이 많을수록 인사 문제에 대한 의사 결정은 더 자주 생긴다. 그러나 인사 문제에 관한 성급한 의사 결정은 대체로 잘못될 확률이 높다. 올바른 인적 자원 관리의 의사 결정을 내리는 데는 놀랄 정도로 많은 시간이 필요하다. 인사 결정에 포함되는 요소들은 같은 상황을 여러 번 경험한 뒤에야 비로소 윤곽이 잡히기 시작한다.

내가 관찰할 기회가 있었던 경영 리더들 가운데는 의사 결정을 빨리 하는 사람도 있었고, 시간을 두고 천천히 하는 사람도 있었다. 그러나 인적 자원 관리에 관한 의사 결정은 경영 리더 모두 예외 없이 천천히, 그리고 최종 결정을 내리기 전에 몇 번이고 숙고하며 검토했다.

■ 세계 최대 자동차 제조 회사 GM의 최고경영자였던 앨프리드 슬론 2세는 인적 자원 관리에 관한 결정을 즉석에서 내린 적이 없다고 한다. 그는 잠정적으로 판단을 내렸는데, 그마저도 대체로 오랜 시간이 걸렸다. 그러고 나서도 며칠 또는 몇 주 뒤, 그 문제를 마치 한 번도 검토한 적이 없었던 것처럼 다시 검토했다. 그 후보자가 두세 번 거듭 적임자라는 생각이 들 때야 비로소 그 인사를 진척시켰다. 슬론 2세의 인사 정책은 항상 옳았다는 평판을 들을 만했다. 비결을 묻는 질문에 그는 다음과 같이 대답했다고 한다. "비결 같은 건 없다. 첫 번째로 떠오르는 사람은 대체로 잘못된 것일 수 있다는 사실을 받아들일 따름이다. 따라서 나는 결정을 내리기 전에 전반적인 생각과 분석 과정을 몇 차례 반복한다." 그러나 슬론 2세는 인내심이 강한 사람과는 거리가 멀었다.

이런 훌륭한 인사 결정을 내리는 최고경영자들은 많지 않다. 그러나 내가 지켜봤던 유능한 경영 리더들의 경우, 인사 문제에 있어서 올바른 결론에 도달하기를 바란다면 몇 시간 동안 방해받지 않고 여러 번 이것에 대해 숙고해야 한다는 것을 알고 있었다.

■ 중간 규모의 정부 연구소 소장은 휘하의 상급 관리자 가운데 한 명을 직위 해제할 때 그렇게 해야 한다는 것을 깨달았다. 그 상급 관리자는 이미 50대에 들어섰고, 이 연구소에 평생을 바친 사람이었다. 그는 오랫동안 일을 잘해왔는데, 어느 날 갑자기 업무 능력이 떨어졌고 더는 업무를 수행할 수 없었다. 비록 공무원의 인사 규정에 따라 해고시킬 수 있다고 해도 그렇게 하고 싶지는 않았다. 그를 강등할 수도 있었다. 그러나 연구소 소장은 그러면 그 당사자는 파멸할 것이며, 그 상급 관리자가 몇 년간 생산적이고도 충성스럽게 일한 데 대해 배려와 신의를 보여줘야 한다고 생각했다. 그러나 관리직을 유지하게 할 수는 없었다. 그가 가진 문제가 너무나 분명해 자칫하면 연구소 전체를 취약하게 만들 수 있었다.

소장과 부소장은 이 문제를 두고 여러 차례 검토했지만 대책이 서지 않았다. 어느 날 저녁, 두 사람은 조용히 앉아 그 문제에 대해 서너 시간 동안 아무 방해도 받지 않고 검토했는데, 갑자기 '확실한' 해결책이 떠올랐다. 정말이지 그 해결책은 너무도 간단해서 소장은 왜 진작 그런 생각을 못했던 것인지 어이없어 했다. 그 해결책이란 상급 관리자를 직위 해제한 후 그가 잘할 수 있는, 관리 업무와는 상관없는 직무로 보내는 것이었다.

특정 문제를 해결하기 위한 태스크포스팀에 누구를 배치할 것인지를 결정하기 위해서는 방해받지 않는 긴 시간을 할애해야만 한다. 예를 들어 새로운 조직의 책임자에게 어떤 책임을 부여할 것인지, 또는 오래된 조직의 새로운 책임자에게 어떤 책임을 부여할 것인지, 또 빈 자리가 하나 있는 경우 그 자리에 필요한 마케팅 지식은 있으나 기술적인 훈련 능력이 부족한 사람을 승진시킬 것인지, 아니면 마케팅 지식은 모자라도 최고 기술력을 갖춘 기술자를 발령할 것인지 등을 결정하려면 꽤 긴 시간이 요구된다.

사람에 관한 결정은 시간이 오래 걸리기 마련이다. 신이 인간을 조직의 '자원'으로 창조하지 않았기 때문이다. 인간은 조직에서 수행해야 할 과업에 알맞은 크기와 모양으로 태어나지 않는다. 인간을 그런 일에 맞게 조립하거나 다시 만들 수도 없다. 사람은 언제나 기껏해야 '대체로 적합한' 수준에 그친다. 따라서 사람들로 하여금 성과를 내게 하는 데는 많은 시간과 생각과 그리고 판단이 필요하다.

동유럽 슬라브계 농부들 사이에는 다음과 같은 속담이 있다. "육체적인 자원이 미흡하고 결여되었다면, 지적 기량으로 보완해야 한다." 이 속담은 에너지 보존 법칙을 멋지게 바꿔 표현한 것으로 생각해도 된다. 그런데 오히려 '시간 보존 법칙'에 더 흡사하다. '육체적으로 하는 일'의 시간을 줄일 수 있으면 있을수록 '머리를 사용해 하는 일'에 더 많은 시간을 내야 할 것이다. 다시 말해 물리적, 육체적 노동을 줄이고 지식작업을 늘려야 한다. 현장 노동자들, 기계정비 관리공들, 그리고 사무원들의 업무가 쉬워지면 질수록 지식작업자들의 일거리는 더 늘어나게 될 것이다. 누구도 '일에서 지식을 제거'할 수는 없다. 지식은 어딘가에 다시 적용되어야 한다. 그리고 용이해지고, 줄어드는 노동을 대체할 지식 생산성의 제고를 위해 훨씬 더 많이, 응집력 있는 형태로 적용되어야 한다.

지식작업자가 사용할 시간량은 줄지 않는다. 기계공은 현재 주당 40시간 일한다. 그리고 곧 35시간으로 단축될 것이고, 그들은 과거 어떤 사람들보다도 더 잘살게 될 것이다. 그들이 과거에 아무리 많은 일을 했든, 아무리 부유했건 상관없이 말이다. 그러나 기계정비 관리공의 여가 시간 증대는 지식작업자의 노동 시간 증가 때문에 가능한 것이다. 오늘날 선진 산업국에서 여가 시간을 다 쓰는 데 곤란을 느끼는 사람들은 지식작업자가 아니다. 반대로 지식작업자는 세계 어디에서나 점점 더 많은 시간 일하고, 또 그들에게 요구되는 시간은 더 커지고 있다. 시간 부족은 개선되기는커녕 더욱 악화된다.

이런 사태의 중요한 원인 가운데 하나는, 그들이 누리는 높은 생활 수준이 혁신과 변화로 야기되는 경제를 전제로 하고 있기 때문이다. 그러나 혁신을 추구하고 변화에 적응하려면 언제나 경영 리더가 엄청난 시간을 할애하고 투입해야 한다. 사실 단시간 내에 생각하고 행동하려면, 모두가 이미 다 알고 있는 것을 생각하거나 누군가 이미 하고 있는 것을 하는 수밖에 없다.

■ 제2차 세계대전 후 영국 경제의 침체 원인에 대한 토론이 활발하게 진행되었다. 그 이유 가운데 하나는, 구세대에 속하는 영국의 기업인들이 노동자들과 마찬가지로 혁신과 변화에 안이하게 대처했고, 노동자들처럼 짧은 시간만 일했기 때문이라는 사실이 분명히 드러났다. 영국의 기업인과 노동자의 태도는 기업이나 산업계 전체가 오래된 기존 관습을 고수하고, 혁신과 변화를 피해왔기에 그리되었던 것이다.

조직의 요구, 사람들의 요구, 변화와 혁신의 요구 등으로 인해 경영 리더들의 시간 관리 능력은 점점 더 중요해질 것이다. 그러나 우선 자기 시간이 어디에 쓰이고 있는지 모르면, 시간 관리는 생각할 엄두조차 낼 수 없다.

실제 사용 시간을 진단하라

시간을 어떻게 사용하고 있는지 파악하고, 시간을 관리하려는 생각을 하기 전에 사용 시간을 먼저 기록해야 한다. 이는 거의 1세기 전부터 알려져 있었다. 즉 1900년경 과학적 관리법을 이용해 육체노동의 구체적인 활동 시간을 기록하기 시작한 이래, 우리는 육체노동을 하는 숙련 및 비숙련 노동자와 관련된 시간 관리 방법을 알게 되었다. 오늘날 육체노동자의 활동 시간을 체계적으로 기록하지 않을 정도로 제조업 생산 방법에서 후진성을 벗어나지 못하고 있는 국가는 거의 없다.

우리는 시간이 큰 문제가 되지 않는 일에 시간 관리 지식을 적용해왔다. 시간 사용과 시간 낭비 간의 차이를 주로 능률과 비용에 적용했다는 뜻이다. 정작 시간 관리가 점점 더 중요한 의미를 갖는 일에는 적용하지 않았으며, 시간이 문제 해결의 관건인 분야, 즉 지식작업자와 특히 경영 리더의 직무에는 이 지식을 적용하지 않고 있다. 지식작업자와 경영 리더에게 있어서 시간 사용과 시간 낭비 사이의 차이는 성과 달성과 결과에서 큰 차이를 낳게 된다. 그러므로 경영 리더가 성과를 내기 위한 첫 번째 단계는 실제로 사용한 시간을 기록해야 한다는 것이다.

- 시간을 기록하는 구체적인 방법을 열거하는 것은 우리가 여기서 나루고자 하는 것이 아니다. 스스로 시간운영표를 작성하는 경영 리더들도 있다. 앞서 언급한 회장처럼 비서에게 지시하는 사람도 있다. 중요한 것은 '실제' 시간을 기록하는 것, 즉 나중에 기억에 의존해 기록하는 것이 아니라

실제로 일을 한 그 시간에 즉시 기록해야 한다는 것이다.

성과를 내는 경영 리더들은 시간운영표를 지속적으로 기록해두고 그 결과를 매달 정기적으로 살펴본다. 그들은 최소한 1년에 연속적으로 2회에 걸쳐, 1회에 3~4주씩 정해진 스케줄에 따라 시간운영표를 스스로 기록한다. 그런 뒤 각 시간운영표를 분석하고 일정을 다시 생각하고 또 수정한다. 그러나 6개월만 지나면, 시간을 쓸데없는 일에 낭비하면서 그저 '흘려보내고' 있다는 사실을 반드시 깨닫게 된다. 시간 사용은 실행을 통해서 개선된다. 시간 관리에 대한 지속적인 노력만이 시간 낭비를 막을 수 있다.

그러므로 시간 기록에 이어 두 번째 단계에서 할 일은 체계적인 시간 관리다. 우리는 비생산적이며 시간을 낭비하는 활동을 찾아내 그것들을 가능한 제거해야 한다. 이를 위해서는 자기 진단을 위한 몇 가지 질문을 할 필요가 있다.

1. 전혀 필요 없는 일, 즉 어떤 결과도 얻을 수 없는 완전한 시간 낭비형 업무를 찾아서 제거해야 한다. 이런 시간 낭비형 업무를 찾아내려면 시간운영표에 나타난 모든 활동에 대해 다음과 같이 질문한다. '이 일을 시작하지 않았더라면 어떤 일이 일어났을까?' 만약 그 대답이 '별일 없었을 거야'라고 한다면, 그 일은 그만둬야 한다.

바쁜 사람들이 하지 않아도 아무런 문제가 없을 일을 얼마나 많이 하는지 알면 놀랄 것이다. 예를 들면 바쁜 사람들의 시간을 터무니없이 많이 빼앗아가는 무수히 많은 연설, 만찬, 위원회 및 이사회 참석 등은 경영자들에게는 조금도 즐거운 일이 아니다. 또 잘하는 일도 아니며, 마치 고대 이집트 시대에 하늘이 내리는 재앙처럼 해마다 반복되고 견뎌야만 하는 일들이다. 어떤 활동이 자신의 조직, 자신 또는 그 활동의 수행으로 혜택을 보게 될 것으로 기대된 다른 조직들에 아무런 기여를 하지 못한다면, '아니오'라고 거절하는 방법을 배워야 한다.

■ 앞서 소개한, 매일 저녁 외식에 참석해야 했던 사장이 분석한 결과, 자신이 참석했던 만찬 가운데 적어도 3분의 1은 회사 고위 임원이 참석하지 않아도 되는 것이었다. 더욱이(유감스럽게도) 그가 참석한 몇 곳의 만찬에서는 주최 측이 자신의 참석을 실제로 달가워하지 않았다는 사실도 알게 되었다. 주최 측은 그를 단지 의례적으로 초대했던 것이다. 게다가 주최 측은 그가 당연히 불참할 것으로 여겼으며, 그의 참석을 오히려 난감하게 받아들이는 경우도 있었다.

나는 경영 리더 가운데 직위 또는 부서에 관계없이, 자기 시간의 4분의 1 정도를 써야 하는 잡무들을 처리하지 않은 채, 사람들 역시 눈치 채지 못하게 잡무를 무시하는 사람을 한 명도 본 적이 없다.

2. 그다음 해야 할 질문은 '시간운영표의 활동 중에 다른 사람이 썩 잘하진 못해도 최소한 나만큼 잘할 수 있던 일은 무엇인가'이다.

- ■ 매일 저녁 만찬에 참석해야 했던 그 사장은 공식 만찬 행사의 3분의 1은 회사의 고위 임원이면 아무나 참석해도 된다는 사실을 알았다. 이들 행사에는 참석자 명부에 회사명을 적으면 그만이었다.

과거 수년간에 걸쳐 경영에서의 '권한 위임'에 대해 많은 논의가 이뤄졌다. 기업, 정부 기관, 대학, 군대 등 조직의 종류를 가리지 않고 모든 경영 리더는 좀 더 나은 '권한 위임자'가 되도록 권고를 받았다. 실제로 규모가 큰 조직의 관리자들은 한두 번쯤 그런 설교를 했다. 그러나 나는 지금까지 이런 가르침이 어떤 결과를 가져왔다는 사례를 본 적이 없다. 아무도 귀를 기울이지 않는 이유는 간단하다. 일반적인 표현대로, '권한 위임'이라는 말 자체가 의미가 없기 때문이다. 만약 권한 위임이 다른 누군가가 '나의 일' 중 일부를 대신해야 한다는 뜻으로 이해한다면, 그것은 틀렸다. 사람이 보수를 받는 이유는 자신이 해야 할 일을 하기 때문이다. 그래서 '권한 위임'이라는 말을 가장 게으른 경영자가 최상의 경영자라는 식으로 오해한다면, 그 말은 허튼소리에 그치지 않고 부도덕한 것으로 여겨질 것이다.

그러나 내가 봐온 바에 따르면, 자신의 시간운영표를 검토한 경영 리더들은 모두 자신이 직접 할 필요가 없는 일을 다른 사람에게 맡기는 습관이 몸에 배어 있었다. 일단 시간운영표를 한번 보기만 해도 스스로 중요하다고 생각한 일, 하고 싶은 일, 그리고 자기 책임하에 꼭 해야 할 일 모두를 진행할 시간이 충분하지 않다는 사실이 너무나 명확해진다. 중요한 일에 집중할 시간을 확보하려면 다른 사람이 할 수 있는 일은 다른 사람에게 맡기는 수밖에 없다.

■ 다른 사람에게 일을 맡기는 것에 대한 한 가지 좋은 예로 경영 리더의 해외 출장을 들 수 있다. 노스코트 파킨슨(C. Northcote Parkinson) 교수가 유쾌한 풍자를 통해 지적한 것처럼, 성가신 상사로부터 벗어나는 가장 빠른 길은 그를 해외로 출장 보내버리는 것이다. 제트 항공기는 경영 관리 도구로 과대평가되고 있다. 많은 사람들이 출장을 간다. 그러나 출장은 젊은 관리자들이 대신할 수 있다. 낮은 직위의 관리자에게 해외 여행은 새로운 경험이다. 젊기 때문에 낯선 호텔 방에서도 숙면을 취할 수 있다. 피로도 더 잘 견딜 수 있다. 그러므로 경험이 더 많고, 훈련도 더 잘 받았지만 피로가 쌓인 나이 많은 경영자보다 훨씬 더 일을 잘할 수 있을 것이다.

또한 다른 사람이 해결하지 못할 일이 하나도 발생하지 않는 회의에 참석하는 일도 있다. 토의에 부칠 초안조차 없는 상태에서 자료를 검토하느라 몇 시간씩 낭비하기도 한다. 연구소에서도 마찬가지인데, 예컨대 선임 물리학자 가운데 한 사람은 자신의 연구에 대해 '대중의 관심'을 끌 만한 보도자료를 작성하는 데 많은 시간을 보낸다. 그러나 그 선임 물리학자는 오직 고등수학을 사용해 설명하는 반면, 연구소에는 그 물리학자가 표현하고자 하는 내용을 이해하기 쉽게 전할, 충분한 과학 지식과 수려한 문장력을 지닌 하급 연구원들이 많다. 전반적으로 볼 때 경영 리더가 수행하고 있는 일 가운데 상당 부분은 다른 사람들이 쉽게 할 수 있는 일이기 때문에 다른 사람들에게 맡겨야만 한다.

일상적으로 사용되는 '권한 위임'이라는 용어는 잘못 이해되고 있다. 그것은 진정 사람들을 그릇된 방향으로 안내하고 있다. 다른 사람이 할 수 있는 어떤 일을 자신에게서 분리해내는 일은, 다른 사람에게 위임하려는 것이 아니라 반드시 자신이 직접 수행해야 할 일에 집중하려는 것이다. 권한 위임이야말로 성과 달성을 위한 중요한 진전을 의미한다.

3. 시간 낭비의 공통된 원인은 대체로 경영 리더가 스스로 통제할 수 있고 또 제거할 수도 있는 것들이다. 자신이 하지 않아도 될 일을 함으로써 다른 사람들의 시간을 낭비하는 셈이다. 시간 낭비에 대한 어떤 징후 같은 것은 하나도 없다. 그러나 그 징후를 발견

하는 간단한 방법이 있다. 그것은 다른 사람에게 물어보는 것이다. 성과를 내는 경영 리더는 체계적이고 거리낌 없이 다음과 같이 질문하는 법을 터득하고 있다. '내가 하는 일 가운데 당신이 성과를 내는 데 아무런 도움이 되지 않으면서 시간만 낭비하게 하는 일은 없는가?' 이렇게 질문할 수 있다는 것, 그리고 어떤 솔직한 대답이 나와도 두려워하지 않고 질문한다는 것은 성과를 내는 경영 리더들의 징표다.

경영 리더가 생산적인 업무를 수행하는 방식이 때로는 다른 사람의 시간을 낭비하는 주된 요인이 될 수도 있다.

- 어느 대기업의 재무 담당 고위 임원은 그의 사무실에서 열리는 각종 회의가 시간만 낭비하고 있다는 사실을 너무나 잘 알고 있었다. 그는 의제에 상관없이 직속 부하들을 모든 회의에 참석시켰다. 그 결과 회의 규모가 지나치게 커져버렸다. 그리고 참석자들은 저마다 회의에 관심을 갖고 있음을 나타내려고 최소한 몇 마디 질문을 해야 했다. 당연히 회의와 전혀 관계없는 질문이 쏟아져 나왔다. 결과적으로 회의는 끊임없이 늘어지곤 했다. 그러나 그 고위 임원은 앞서 소개한 질문을 하기 전까지는 부하들 역시 회의를 시간 낭비로 생각하고 있다는 사실을 몰랐다. 그는 조직 내 모든 사람이 지위에 걸맞게 대우를 받는 것 그리고 '나도 알고 있어'라는 정보 공유 심리의 중요성에 대해 알고 있었다. 따라

서 회의에 초대받지 못한 사람들이 무시당했다거나 소외감을 느낄까 걱정했던 것이다.

그러나 지금 그는 다른 방법으로 부하들의 소속감을 만족시키면서 시간을 낭비하지 않고 있다. 그는 회의 전에 다음과 같은 내용의 메모를 복사해 배포한다. "수요일 오후 3시, 4층 회의실에서 내년도 자본 지출 예산 논의를 위해 스미스와 존스, 그리고 로빈슨에게 회의를 요청했습니다. 참석 예정자와 관계없이 회의 내용을 알고 싶다거나 회의 참석을 바라는 사람은 누구나 참석할 수 있습니다. 어떤 경우라도 회의가 끝나면 즉시 전체 토의 내용과 결과를 알릴 것이며, 동시에 그에 대한 당신의 의견도 요청하는 바입니다."

예전에는 12명이 참석해 오후 시간 내내 끌었던 회의가, 지금은 지명된 세 사람과 기록 담당 비서 한 사람만으로도 한 시간 전후에 흡족한 결론을 얻고 있다. 그리고 누구도 소외감을 느끼지 않는다.

많은 경영 리더들이 이 같은 비생산적이고도 불필요한 시간 요구에 대해 잘 알고 있다. 그러나 동시에 그런 낭비 시간의 제거를 두려워한다. 혹시 실수로 중요한 것을 놓쳐버리는 건 아닌지 걱정하는 것이다. 그러나 설령 그런 실수가 있다고 해도 신속히 고칠 수 있다. 만약 너무 서둘러 낭비 시간을 제거했다고 해도, 그런 실수는 항상 사람들이 신속히 발견하곤 한다.

미국 대통령들은 취임 초, 지나치게 많은 초대에 응하게 된다. 그러나 시간이 조금 지나고 나면 할 일이 따로 있고, 또 대부분의 초대는 대통령의 직무 수행에 도움이 되지 않는다는 것을 깨닫는다. 따라서 예정된 초대 일정을 대폭 정리하고 외부 인사의 접근을 어렵게 만든다. 몇 주일 또는 몇 개월이 지나면 신문이나 TV를 통해 대통령은 '대중과의 접촉'을 기피한다는 지적이 쏟아진다. 그러면 그는 직무를 수행하지 못할 정도로 시간을 빼앗기는 일과 국가 행사에 공개적으로 등장하는 일 사이에 적절한 균형을 유지한다.

사실 경영 리더가 외부로부터의 시간 요구를 지나치게 정리해버리는 데 따른 위험은 그리 많지 않다. 대체로 우리는 자신의 중요성을 과소평가하기보다는 과대평가해, 지나치게 많은 일을 오직 자신만이 할 수 있다고 오해하는 경향이 있다. 심지어 성과 달성에 뛰어난 경영 리더마저도 불필요하고도 비생산적인 일들을 여전히 많이 하고 있다.

자신에게 요구되는 시간을 지나치게 많이 제거함으로써 오히려 문제를 불러올 위험이 있다는 생각은 망상에 불과하다. 이는 중병을 앓고 있는 환자 또는 중증 장애인이 놀랄 정도로 성과를 내는 것을 봐도 기우임이 드러난다.

■ 한 가지 좋은 예로, 제2차 세계대전 당시 프랭클린 루스벨트 대통령의 측근 참모였던 해리 홉킨스(Harry Hopkins)에

관한 일화를 들 수 있다. 죽음을 앞두고 걷는 것조차 고통
스러울 정도로 거의 빈사 상태에 있었던 그는 하루 건너 겨
우 몇 시간 정도 일할 수 있을 뿐이었다. 따라서 정말 중요
한 일 말고는 모두 제거할 수밖에 없었다. 그러나 그의 업무
수행 능력은 조금도 떨어지지 않았다. 윈스턴 처칠(Winston
Churchill)이 "중요한 일만 처리하는 도사"라고 극찬했듯이,
그는 전쟁 내내 워싱턴의 어느 누구보다 많은 일을 했다.

물론 이는 극단적인 예다. 그러나 이 일화는 진정으로 노력하면
자기 시간을 효과적으로 통제할 수 있다는 것과, 효과성을 상실
하지 않으면서 수많은 시간 낭비 요인들을 제거할 수 있음을 잘
보여준다.

시간 낭비 요인을 제거하라

이 같은 세 가지의 자기 진단 질문은 모든 경영 리더가 어느 정도
통제할 수 있는, 비생산적이고도 시간 낭비적인 업무 활동에 관
한 것이다. 모든 지식작업자와 경영 리더는 이 세 가지 질문을 해
야 한다. 한편 경영 리더들이 그에 못지않게 관심을 기울여야 하
는 것은 부실한 경영 및 조직 결함에서 비롯된 시간 낭비. 부실
한 경영은 모든 사람의 시간을 낭비하게 한다. 그러나 무엇보다도

경영 리더 자신의 시간을 낭비하게 한다는 것을 유의해야 한다.

1. 시스템의 결함 또는 통찰력 부족에 따른 시간 낭비 요인을 파악해야 한다. 살펴봐야 할 징후는 해마다 되풀이되는 '거듭 발생하는 위기'다. 같은 위기가 두 번 일어난다면 결코 다시 일어나게 해서는 안 된다.

- 매년 발생하는 재고 관리 위기가 여기에 속한다. 오늘날 재고 관리는 컴퓨터로 과거보다 훨씬 더 '훌륭하게' 해결되고 있지만 과거에 썼던 것보다 더 많은 비용을 들여 처리하고 있다. 이는 결코 바람직한 개선이라 할 수 없다.

반복해서 일어나는 위기는 언제나 예견할 수 있다. 그러므로 이에 대해 예방 조치를 취하거나, 아니면 사무 직원들이 처리할 수 있도록 '일상적 업무'로 전환시켜야 한다. 일상적 업무로 전환한다는 것은, 지금까지 그 일을 하는 데 천재급 인재가 필요했지만, 이제는 미숙련 노동자가 별다른 판단 없이 처리할 수 있도록 하는 것을 의미한다. '일상적'이란 말은 대단히 유능한 사람이 과거의 위기를 극복하는 과정에서 배운 것을 체계적이고 단계적인 접근 방식으로 집행하는 과정을 뜻하기 때문이다. 반복되는 위기는 조직의 하부 계층에서만 일어나는 것은 아니다. 반복되는 위기는 모든 계층에서 일어난다.

■ 비교적 규모가 큰 어느 기업이 여러 해에 걸쳐 12월 초만 되면 다음의 위기들 중 하나에 직면하곤 했다. 계절 변동이 매우 심한 사업이어서, 연말이면 대체로 영업 실적이 가장 낮기 때문에 4/4분기 매출액과 이익을 쉽게 예측할 수 없었다. 그러나 최고경영자는 수익 계획을 작성해 매년 2/4분기 말에 제출하는 중간 보고서에서 발표했다. 이 때문에 매년 4/4분기에 들어설 때마다 회사는 최고경영자의 예측에 실적을 맞추기 위해 아주 바빴고, 회사 전체가 비상 근무에 들어갔다. 3~5주간 경영진의 어느 누구도 제대로 일하지 못하고 전전긍긍했다. 그러나 이 같은 위기를 해소하는 데는 볼펜을 한 번 사용하는 것으로 충분했다. 지금은 4/4분기 연말 예측을 단정적인 숫자로 나타내는 대신, 최고경영자가 일정 범위를 정해 예상 결과치를 발표하고 있다. 이를 통해 이사회, 주주, 그리고 금융 기관까지 충분히 만족시킬 수 있었다. 따라서 몇 해 전만 해도 위기였던 것에 대해 이제는 회사 내의 누구도 관심을 두지 않는다. 게다가 4/4분기 예상 수치에 실적을 맞추느라 고위 임원들이 시간을 낭비하지 않게 되어 실적도 과거보다 훨씬 좋아졌다.

로버트 맥나마라(Robert McNamara)가 미 국방부 장관으로 취임하기 전, 매년 봄만 되면 이와 비슷한 마지막 순간의 위기가 회계연도 말인 6월 30일을 앞두고 국방부를 뒤흔들곤 했다. 국방부의 모든 관료는 의회의 승인을 받은 지출 예산을 쓸 곳을 찾기 위해 5월과 6월을 엄청나게 바쁘게 보냈다. 예산 불용액을 반납해야 할 상황이 올까 두려웠던 것이다. (이런 식의 막판 돈 잔치는 구소련 계획 경제의 고질병이기도 했다.) 맥나마라 장관이 즉각 알아챈 것처럼 이런 위기는 전혀 필요 없는 것이었다. 예산 관련법에는 필요한 경우 보류해둘 수 있도록 하는 조항이 마련되어 있었던 것이다.

말하자면, 반복해서 일어나는 위기는 우둔함과 나태의 징후들에 불과한 것이다.

■ 수년 전 내가 처음으로 컨설턴트 일을 시작했을 무렵의 이야기다. 나는 생산 공정에 대한 지식도 없이, 잘 관리되고 있는 공장과 그렇지 못한 공장을 구별하는 방법을 배워야만 했다. 잘 관리되고 있는 공장은 아주 조용하다는 사실을 곧 알게 되었다. '인상적인' 공장과 '산업의 표상'으로 알려진 공장은 방문객들의 눈에 띄긴 했으나, 실제로는 형편없이 관리되었다. 잘 관리되는 공장은 언뜻 봐선 주목할 만한게 없고 지루해 보였으나, 위기에 대한 예측을 항상 하고 있고, 대저 방안은 이미 일상적인 업무로 전환되어 있기에 소란스런 일이 발생하지 않았다.

마찬가지로 잘 관리되고 있는 조직은 어떤 의미에선 '둔감한

(dull)' 조직이다. 잘 관리되는 조직에서 발생하는, 이른바 '인상적인(dramatic)' 일들은 과거를 획기적으로 정비하는 것이 아니라 미래를 만들어가는 기본적인 의사 결정 활동들이다.

2. 시간 낭비는 종종 인력 과잉의 결과다.

■ 초등학교에 다닐 때 1학년 산수 교과서에 이런 문제가 있었다. "하수구를 파는 데 두 사람이 이틀 걸렸다면, 네 사람으로는 며칠이 걸릴까?" 교과서에서 요구하는 정답은 물론 '하루'다. 그러나 경영 리더에게는 그 정답이 '나흘'이거나 '언제 끝날지 모름'이 될 것이다.

어떤 일을 추진할 때 인력이 모자랄 수 있다. 그러면 일의 진행에 차질이 불가피하다. 그러나 이는 일반적인 상황이 아니다. 오히려 인원이 너무 많아 능률이 떨어지는 경우가 좀 더 일반적이다. 인원이 너무 많은 경우 그들은 일보다는 '상호 작용'에 더 많은 시간을 쓴다.

인력 과잉에 따른 시간 낭비에 대해서는 꽤 믿을 만한 징후가 있다. 만약 조직 내 상급자들, 특히 관리자들이 자신의 적지 않은 시간, 어쩌면 업무 시간 중 10분의 1 이상을 불화와 마찰, 관할권 다툼, 부서 간 협력에 관한 문제 등 '인간관계 문제' 처리에 할애한다면, 그 조직은 인력이 너무 많은 게 거의 확실하다. 그런 조직에서 직원들은 다른 직원이 할 일을 서로 중복해서 하고 있다. 성과를 내는 데 사람이 도움이 되는 것이 아니라 방해가 되는 것이다. 군살 없는 조직에서는 서로 충돌하지 않고 일할 수 있으며, 또 자신이 하는 일을 굳이 길게 설명할 필요도 없다.

■ 인력 과잉에 대한 변명은 언제나 다음과 같다. "하지만 우리에게는 열역학 전문가(또는 특허 전문 변호사나 경제 전문가)가 필요하다." 그러나 그런 전문가는 많이 활용되지 않는다. 전혀 활용되지 않을지도 모른다. 그렇지만 "유사시에 대비해 그런 사람은 있어야 한다." 그리고 그는 항상 "우리 문제에 익숙해져 있어야 하고, 처음부터 우리 회사의 일원이 될 필요가 있다"라고 역설한다. 팀을 구성할 때는 날마다 발생하는 수많은 일을 처리하는 데 필요한 지식과 기술을 지닌 사람들만 고용해야 한다. 가끔 필요한 특수 분야의 전문가 또는 이런저런 일에 대해 자문해주는 전문가는 언제나 조직 외부에 두어야 한다. 이 같은 전문가들의 경우 고용해서 조직 내에 두기보다는 외부에 둔 채 자문을 구하는 것이 훨씬 경제적이다. 지나칠 정도로 고도의 기술을 보유하고 있지만 할 일은 별로 없는 사람이 조직의 성과 달성 능력을 손상시키는 문제는 제쳐놓고라도 말이다. 그런 사람을 정규직으로 두는 것은 조직에 손해만 끼치게 될 뿐이다.

3. 조직의 결함에 의한 시간 낭비 징후는 과도하게 빈번한 회의들이다. 회의는 원칙적으로 한 번에 한 가지밖에(모이든 아니면 일하든 둘 중 하나) 할 수 없다는 조직 구조상의 결함에 대한 일종의 절충이다. 회의 참석과 일을 동시에 할 수는 없다. 이상적으로 설계된 조직(변화하는 세계에서 이는 물론 꿈에 불과하다)에서는 회의 같은 것은 필요 없다. 누구나 자신의 업무 수행에 무엇이 필요한지 잘 알고 있고, 필요한 자원도 갖고 있다. 회의를 하는 이유는, 저마다 다른 일을 하고 있는 여러 사람이 특정한 공통 과업을 완수하는 데 서로 협력하기 위해서다. 구체적인 상황에 필요한 지식과 경험이 한 사람에게서 나올 수 없기에 여러 사람의 지식과 경험에서 얻을 수 있는 것을 통합해야 한다.

회의는 언제나 필요 이상으로 많이 열리게 마련이다. 조직은 항상 여럿이 함께 해야 할 일들이 너무 많아서, 조직에서 '협력' 기회를 만들기 위해 행동과학자들이 추진하는 좋은 의도의 노력은 어쩌면 필요 없을지도 모른다. 그러나 만약 조직의 경영 리더들이 회의에 많은 시간을 써야 한다면 이는 조직 결함을 보여주는 명백한 증거라고 할 수 있다.

모든 회의는 소규모의 많은 후속 회의들을 요구한다. 공식 회의든 비공식 회의든 둘 다 시간을 질질 끌게 된다. 따라서 회의는 정해진 방향대로 목적에 입각해 진행될 필요가 있다. 정해진 방향이 없는 회의는 귀찮은 것이 될 뿐만 아니라 위험한 일이 된다. 그러나 어쨌든 회의는 통상적인 규칙 준수 차원의 활동이 아니라 예외적인 것을 다루는 일정이어야 한다. 모든 사람이 끊임없이 회의만 하는 조직은 무엇 하나 제대로 업무를 완수하는 사람이 없는 조직이 되고 만다. 시간운영표가 회의로 가득한 조직, 예를 들면 구성원들이 자기 시간의 4분의 1 또는 그 이상을 회의로 보내는 조직이라면 시간을 낭비하는 결함이 많은 조직이다.

- 예외도 있다. 목적 자체가 회의인 특수 기관을 들 수 있다. 일상 업무에는 전혀 관여하지 않고, 문제 심의와 문제 제기만 하는 최종 심의 기관으로 존재하는 듀퐁과 뉴저지의 스탠더드오일 이사회 같은 기구들을 예로 들 수 있다. 그러나 오래전부터 이 두 회사에서는 이사들에게 이사회 참석 말고는 아무 일도 못 하게 했는데, 판사가 여가 시간을 활용해 변호사 노릇을 하지 못하도록 한 것과 같은 이유에서다.

두말할 필요 없이 회의가 경영 리더의 주 업무가 되거나 일정의 주요 부분을 구성해서는 절대 안 된다. 지나치게 많은 회의는 직무 구조가 잘못되어 있다는 것, 그리고 조직 구성 요소에 결함이 있다는 뜻이다. 너무 자주 열리는 회의는 하나의 직무 또는 하나의 구성 요소에 포함되어야 할 과업들이 여러 직무나 조직의 여러 부서에 분산되어 있음을 시사하는 것이다. 책임이 분산되어 있고 필요한 사람에게 정보가 전달되지 않는다는 사실을 드러내는 것이기도 하다.

■ 어느 대기업의 경우, 그 기업에 만연하던 회의병의 근본 원인은 전통적인 에너지 사업 부문 때문이었다. 1900년 이래 이 회사의 전통적인 사업인 대형 증기기관 분야는 별도의 경영진이 직접 운영하고 있었다. 그러나 제2차 세계대전 중 이 회사는 비행기 엔진 사업에도 진출했으며, 그 결과 대형 제트 엔진을 다루는 항공 및 방위 산업과 관련된 별도 사업부를 만들었다. 궁극적으로 이 회사는 핵 발전 사업에도 진출하게 되었는데, 이는 연구소가 발전해 독립한 것으로서 지금도 여전히 다른 부문들과 어느 정도 조직적으로 연결되어 있다.

그러나 지금 이 3개의 동력 사업 부문은 더는 각 사업부의 독자적인 시장으로 분리되어 있지 않다. 이들 세 부문은 차츰 서로 상호 보완적 또는 대체적이 되기도 했다. 각 사업 부문은 일정한 조건 아래에서 가장 경제적이고도 효과적인 발전 설비다. 그런 점에서 세 부문은 서로 경쟁적이다. 그러나 세 설비 가운데 둘을 한꺼번에 설치하면 하나의 설비만으로는 제공할 수 없는 성능을 얻을 수 있다.

분명 이 회사가 필요한 것은 에너지 전략이었다. 이 회사는 의사 결정을 내려야 할 단계에 왔다. 각 발전 설비 모두를 살려 서로 경쟁하도록 하느냐, 셋 가운데 하나를 주 사업으로 택하고 나머지를 보완 제품으로 할 것이냐, 또는 셋 가운데 두 개를 묶어 하나의 '에너지 패키지'로 다룰 것인지 여부를 결정해야 한다. 이 회사는 세 부문에 대해 가용 자본을 배분하는 방법을 결정할 필요도 있었다. 그러나 무엇보다도 에너지 사업은 같은 최종 제품, 즉 발전 설비를 생산해 같은 고객들에게 공급하는 하나의 에너지 시장이라는 현실을 대변하는 조직이 필요했다. 그런데도 각기 다른 3개의 사업 부문으로 구성되어 있었다. 각 사업 부문은 나름 조직 특유의 방어막들, 예컨대 독자적인 관행, 업무 방식, 그리고 자기만의 경력 경로 등을 통해 다른 부문들과는 교묘하게 서로 단절되어 있었다. 그리고 각 부문은 서로 자신 있게 다음 10년 내에 에너지 시장에서 독자적인 점유율을 75퍼센트까지 끌어올리겠다고 장담했다.

그 결과 세 사업 부문은 수년간 줄기차게 회의를 거듭했다. 각 부문은 다른 경영진들에게도 보고서를 보냈기 때문에, 회의에는 경영진 모두가 참석했다. 결국 세 부문은 본래의 경영진들 관할 체제에서 벗어나 한 명의 최고경영자 아래 하나의 조직으로 통합되었다. 그러나 아직도 여전히 내분은 지속되고 있으며, 전략적인 최종 의사 결정은 내려지지 않고 있다. 그러나 이 와중에 무엇을 결정해야 하는지에 대해서는 이해하고 있는 상태다. 적어도 최고경영자는 이제 회의를 주재하거나, 중재자 역할을 맡지 않는다. 그리고 전체 회의 시간은 과거에 비하면 아무것도 아니게 느껴질 만큼 짧아졌다.

4. 정보 관련 기능 장애를 제거해야 한다.

- 어떤 큰 병원의 원장은 의사들의 전화에 몇 년 동안 시달렸다. 꼭 입원시켜야 할 환자를 위해 빈 병상을 마련해 달라는 요구였다. 입원 업무를 맡고 있는 원무과 직원은 빈 병상이 '없다'고 보고했다. 그러나 병원장은 언제나 빈 병상 몇 개를 찾아내곤 했다. 환자가 퇴원해도 원무과 직원이 그 사실을 즉시 통보받지 못했기 때문이다. 물론 병동의 간호사는 환자의 퇴원 사실을 알고 있었다. 그리고 퇴원 환자에게 청구서를 발급하는 창구 직원도 마찬가지로 그 사실을 알고 있었다. 그러나 입원 담당 직원들은 매일 오전 6시에 '빈 병상'에 대해 조사했다. 반면 대부분의 환자는 의사의 오전 회진이 끝난 뒤 정오가 되기 전에 퇴원했다. 이런 상황을 개선하는 데 천재가 필요하지 않다. 담당 간호사가 창구 직원에게 보내는 전표 사본을 한 장 더 만들어 원무과에 보내면 해결될 문제다.

마찬가지로 공통적인 것이긴 하나, 더 사태를 악화시키는 것은 잘못된 형태로 전해지는 정보다.

- 전형적으로 제조 업체들은 생산 현장에서 일하는 사람들이 활용하는 생산 관련 숫자 때문에 골머리 썩는 경우가 많

다. 보고서에는 '평균'이라고 적혀 있는데, 그것은 경리부 직원들에게 필요한 숫자다. 현장 사람들의 경우 일반적으로 평균이 아니라, 범위와 극단적 사안들(extremes)이 필요하다. 제품 구성(product mix)과 생산 일정 변동(production fluctuations), 가동 시간(length of time) 등과 같은 것 말이다. 그들은 필요한 자료를 얻기 위해, 평균이 무슨 뜻인지 파악하기 위해 매일 몇 시간씩 소비하거나 그들만의 '비밀' 경리 조직을 만들기도 한다. 경리 직원들은 모든 정보를 갖고 있지만, 대개는 그 누구도 그 정보를 활용하려 하지 않는다.

인력 과잉, 조직 구조상의 결함, 또는 제 기능을 하지 못하는 정보 등 시간 낭비를 불러오는 경영 관리상의 결함들은 종종 신속히 시정될 수 있다. 그렇지만 어떤 경우에는 오랜 시간 인내심을 가지고 작업해야 시정되기도 한다. 그러나 이러한 개선 작업의 결과는 엄청나다. 특히 시간 절약이란 차원에서 더더욱 그렇다.

'자유 재량 시간'을 통합하라

시간을 기록과 분석으로 관리하는 경영 리더는 자신의 중요한 일에 투입할 수 있는 시간이 얼마나 되는지 파악할 수 있다. '자유 재량 시간(Discretionary time)', 다시 말해 진정으로 조직에 기여할 수 있는 큰 과업에 투입할 수 있는 시간은 얼마나 될까? 자유 재량 시간은 경영 리더가 아무리 단호하게 시간 낭비 요소를 제거한다고 해도 충분하지가 않다.

■ 내가 만난 사람들 가운데 시간 관리를 가장 훌륭하게 수행한 인물은 내가 컨설팅을 맡았던 대규모 은행의 은행장이었다. 나는 2년 동안 한 달에 한 번씩 그를 만났다. 면담 약속 시간은 언제나 1시간 30분이었다. 그는 늘 토론 주제를 준비하고 있었다. 그리고 나 또한 숙제하듯이 미리 준비했다. 상담 주제는 한 가지로 한정했다. 1시간 20분쯤 되면, 그는 "드러커 박사님, 이제 이야기를 요약 정리해주시고 다음 달에 우리가 토론할 주제가 무엇인지 설명해주시겠습니까?"라고 말했다. 내가 그의 사무실로 안내된 지 정확히 1시간 30분 뒤, 그는 문간에 서서 나와 악수를 하고 작별 인사를 했다.

약 1년이 지난 뒤, 내가 "왜 언제나 1시간 30분입니까?"라고 묻자 그는 이렇게 대답했다. "간단합니다. 제 주의력의 한계가 1시간 30분쯤이라는 걸 알고 있기 때문입니다. 만약 한 가지 문제로 그 이상의 시간을 보내면 제 스스로 같은 말을 되풀이하기 시작합니다. 또 상담 시간이 1시간 30분보다 짧으면 중요한 문제에 몰입할 수 없다는 것을 깨달았지요. 시간이 너무 짧으면 다른 사람이 말하는 주제에 대해 충분히 파악할 수 없으니까요."

한 달에 한 번씩 1시간 30분가량 면담하는 동안 외부 전화가 걸려온 적도 없었고, 비서가 얼굴을 들이밀고 중요한 사람이 급히 만나길 원한다고 전하는 경우 또한 한 번도 없었다. 어느 날 이것에 대해서도 물어보았다. 그는 이렇게 대답했다. "비서에게 미국 대통령과 제 아내 이외에는 외부 전화를 연결하지 말라고 단호하게 말해뒀거든요. 대통령이 저에게 전화할 일은 없을 것이고, 아내는 제가 하는 일을 더 잘 알고 있고요. 그 밖에 다른 일들은 비서가 막아주지요. 면담이 끝난 뒤 30분 동안은 걸려왔던 모든 전화에 답하고, 또 그들이 남긴 메시지를 빠짐없이 확인하고 있습니다. 지금까지 90분을 기다리지 못할 정도로 급한 위기에 처한 적은 없습니다."

그 은행장은 한 달에 한 번 만나는 면담을 통해 다른 유능한 경영자들이 한 달 동안 열린 회의들에서 이룬 일보다 더 많은 것을 성취했다.

그러나 이런 수련이 잘된 사람조차 자기 시간의 절반 정도를 그다지 중요하지 않고 별 가치도 없는, 그렇다고 해서 하지 않을 도리도 없는 일에 빼앗기고 있었다. 그저 '지나는 길에 들른' 중요한 고객을 만나고, 본인이 없어도 잘 진행될 회의에 참석하고, 자기에게까지 올라오지 않아도 잘 해결될 회사의 일상 문제에 대해서까지 일일이 결정하는 일 등이 그 예들이다.

자기 시간의 절반 이상을 스스로 통제하고 있다고, 그리고 그 것이 실제로 자유 재량 시간이어서 자신의 판단에 따라 그 시간을 투자하고 또 사용한다고 단언하는 고위 경영 리더를 볼 때마다, 나는 그가 자기 시간이 어디에 쓰이는지 모르고 있다는 것을 확신하곤 했다. 고위 경영 리더들이 중요한 업무, 그가 기여할 수 있는 업무, 자신들이 보수를 받는 그 업무 등에 자기 뜻대로 사용하고 투입할 수 있는 시간은 전체 시간의 4분의 1이 채 안 된다. 이 같은 일은 모든 조직에서 해당된다. 그래도 예외가 하나 있다면, 정부 기관이다. 정부 기관의 고위 임원이 임해야 하는 비생산적인 시간은 다른 큰 조직보다도 훨씬 더 많은 게 사실이다.

경영 리더의 지위가 높아질수록 스스로 통제할 수 없는 시간과 아무런 기여도 하지 못하는 시간의 비율도 더욱 커진다. 조직이 크면 클수록 조직이 제 기능을 하고 결과를 생산하는 데보다는, 조직이 한데 뭉쳐서 작동하게 하는 데 더욱더 많은 시간을 쏟는다.

따라서 성과를 내는 경영 리더는 자유 재량 시간을 통합해야 한다는 사실을 알고 있다. 그들은 방해받지 않는 상당히 연속적인 시간이 필요하며, 짧게 분할된 자투리 시간은 아예 쓸모가 없다는 사실을 안다. 심지어 근무 시간의 4분의 1만이라도 길게 연속으로 쓸 수 있게 사용할 수만 있다면, 중요한 일을 하기에 대체로 충분하다. 그러나 비록 하루의 4분의 3이라 해도 여기 15분,

저기 30분 하는 식으로 쪼개서 써야 한다면 아무 쓸모가 없다.

그러므로 시간 관리의 마지막 단계는, 정상적으로 사용할 수 있고 또 경영 리더의 통제 아래 있는 시간을 연속적으로 통합하는 일이다. 시간을 연속적으로 사용하기 위한 방법은 여러 가지가 있다. 보통 나이 든 사람들은 일주일 가운데 하루는 집에서 일한다. 특히 편집자들이나 연구자들이 이런 식으로 시간을 통합하곤 한다. 또 다른 사람들은 회의, 검토, 문제점 토론 등의 모든 일상 업무를 일주일에 두 번씩, 예를 들면 월요일과 금요일에 하고, 나머지 날 오전에는 중요한 일에 연속적으로 집중한다.

- 이는 앞서 소개한 은행장이 자기 시간을 사용하는 방법이다. 월요일과 금요일에는 실무 관계자들과 회의를 열어 고위 간부들과 당면 문제에 대해 토의하고, 중요한 고객을 만나기도 했다. 화요일, 수요일, 목요일 오후는 예기치 못한 일을 위해 일정을 비워둔다. 물론 바로 처리해야 할 인사 문제, 해외로부터 은행의 임원이 갑자기 방문하거나, 중요한 고객의 내방, 또는 자신의 워싱턴 출장 등의 일도 있다. 그렇더라도 같은 요일의 오전에는 중요한 문제들을 다루기 위해 90분씩 일정을 잡아둔다.

또 한 가지 꽤 보편적인 방법으로, 하루 일과 중 일부는 아침 시간을 이용해 집에서 일하는 방법을 들 수 있다.

■ 수네 카를손(Sune Carlson) 교수의 연구에 따르면, 성과를 내는 경영 리더 중 한 사람은 매일 아침 출근하기 전에 90분씩 전화 연결도 안 되는 서재에서 일했다고 한다. 제시간에 출근해야 하는 것을 감안하면 아침 일찍부터 일해야 한다는 뜻이지만, 중요한 일을 처리하는 데는 가장 좋은 방법이다. 중요한 일을 집에 가지고 와서 저녁 식사를 한 뒤에 3시간을 끙끙거리는 것보다는 훨씬 효과적이다. 저녁 식사를 한 후 대부분의 경영 리더들은 너무 피곤해서 맑은 정신으로 일하기가 쉽지 않다. 확실히 중년의 경영자들과 나이 많은 경영자들은 일찍 자고 일찍 일어나는 편이 더 낫다. 그리고 저녁 늦게 집에서 일하는 것을 선호하는 이유는 나쁜 습관 때문이다. 즉 그렇게 밤에 일하면, 낮 동안 자기 시간을 확보하고 관리하려 애쓰지 않아도 되니까 그렇게 하는 것이다.

그러나 자유 재량 시간을 연속적으로 통합하는 구체적인 방법은, 시간 관리에 대한 전체적인 전략에 비하면 별로 중요하지 않다. 대부분의 사람들은 부차적이고 생산성 낮은 일을 한꺼번에 뒤로 미루어, 즉 일정을 말끔히 비움으로써 시간을 관리하려고 한다. 그러나 이런 방법은 그다지 좋은 결과로 이어지지 못한다. 그 사람은 여전히 마음속으로, 그리고 일정상 다음으로 미뤄놓은 중요도 낮은 일, 즉 기여도는 낮지만 하지 않을 수 없는 일에 우선권을 주기 때문이다. 그 결과 새로운 일이 생겨 처리 시간을 요할 때 그들이 자유 재량 시간에 수행해야 했던 일과 자유 재량 시간을 희생시키는 일이 야기된다. 그러다 보면 며칠 또는 몇 주일 후에는 자유 재량 시간이 모두 소진되고, 새로운 위기, 새로운 긴급 사항, 새로운 사소한 일들이 그 시간을 차지하고 만다.

성과를 내는 경영 리더들은 실제 자신들의 시간이라 여길 수 있는 자유 재량 시간이 얼마나 되는지부터 계산한다. 그다음 적당한 연속 시간을 확보한다. 만약 또 다른 중요한 일들이 확보한 시간을 갉아먹고 있다는 사실을 깨달으면, 시간운영표를 다시 속속들이 검토해 비생산적인 활동 시간을 좀 더 덜어낸다. 경영 리더들은, 앞서 말한 대로 시간을 지나치게 가지치기한다는 말은 있을 수 없다는 걸 잘 알고 있다.

그리고 성과를 내는 경영 리더라면 누구나 지속적으로 시간을 관리한다. 그들은 연속으로 업무를 처리할 뿐만 아니라, 연속으로 처리해야 할 업무 내용을 정기적으로 분석한다. 자신의 자유 재량 시간에 대한 자신의 판단에 입각해 중요한 업무 활동에 대해 스스로 마감일을 정한다.

■ 내가 아는 사람 중에 성과를 내는 능력이 뛰어난 사람이 있는데, 그는 두 가지 목록을 갖고 있다. 하나는 긴급한 것, 그리고 다른 하나는 내키지 않지만 해야 할 일의 목록인데, 둘다 마감일을 정해두고 있다. 만약 마감일을 지키지 못하면,

자신도 모르게 또다시 자기 시간이 낭비되었다는 것을 깨닫고 더욱 주의하게 된다.

시간은 가장 희소한 자원이므로 그것을 관리하지 못하면 아무것도 관리하지 못한다. 게다가 자기 시간을 분석하는 것은, 자신의 업무에서 정말 중요한 것이 무엇인지 생각하게 하는 간단하면서도 체계적인 한 가지 방법이다.

'너 자신을 알라'와 같은 지혜로운 처방은 죽음을 피할 수 없는 우리 인간에게는 거의 불가능할 정도로 어려운 것이다. 그러나 모든 사람은 자신이 원한다면 '너 자신의 시간을 알라'라는 명제를 얼마든지 따를 수 있고, 조직에 대한 기여와 성과 달성 능력을 향한 여정을 잘 이어갈 수 있게 된다.

PETER F.
DRUCKER

3장

내가 기여할 수
있는 것은 무엇인가

What Can I Contribute

성과를 내는 경영 리더들은 기여에 초점을 맞춘다. 자신이 지금 하고 있는 일에서 보다 높은 곳을 바라보며, 목표를 달성하기 위해 외부로 눈을 돌린다. 그들은 다음과 같이 질문한다. '내가 일하고 있는 조직의 성과를 내는 데 있어서 내가 기여할 수 있는 것은 무엇인가?' 성과를 내는 경영 리더들이 강조하는 것은 바로 책임이다.

■ 기여에 초점을 맞추는 것은 성과 달성의 관건이다. 자신이 하고 있는 일, 즉 그 업무 내용, 수준, 기준, 영향력에 있어서 그렇고, 또 상사, 동료, 부하와의 협력적 관계에 있어서도 마찬가지다. 또한 회의, 보고서 등 지식작업자의 수단들을 활용하는 데 있어서도 그러하다.

대다수의 경영 리더들은 눈높이를 낮추어 초점을 맞춘다. 그들은 결과보다는 노력에 집중한다. 조직과 상사가 자신들에게 해주었으면 하는 것과 해줄 일에 신경을 쓴다. 그리고 무엇보다도 '당연히 가져야 할' 권한을 먼저 의식한다. 그러다 보니 결국 그들은 성과를 내지 못한다.

■ 어느 대규모 경영 컨설팅 회사 사장은 신규 고객과 일할 때는 언제나 그 회사의 고위 임원들과 한 사람씩 개별 면담을 하는 것으로 시작한다. 그는 컨설팅 과제와 고객 회사의 조직, 조직의 역사와 직원들에 관해 이야기를 나눈 뒤 이렇게 묻는다. "그렇다면 당신은 이 회사에서 월급을 받는 대가로 어떤 일을 하고 있습니까?" 그 사장의 말에 따르면, 관리자들은 대부분 "저는 경리부를 책임지고 있습니다" 또는 "영업 부서 책임자입니다"라거나, 가끔은 "850명의 부하를 데리고 있습니다"라고 대답한다. 단 몇 사람만이 "다른 관리자들이 올바른 결정을 내리는 데 필요한 정보를 제공합니다" 또는 "고객들이 앞으로 원할 제품이 무엇인지를 찾아내는 것이 제 책임입니다", "가까운 시일 내에 사장이 내려야 할 의사 결정에 대해 깊이 생각하고 준비합니다"라고 대답한다.

직함과 지위가 아무리 높더라도, 자기 노력을 기울이는 일에만 초점을 맞추고, 부하들에 대해 갖는 권한에 초점을 맞추고 있는 사람은 누군가의 부하에 지나지 않는다. 그러나 기여에 초점을 맞추고 결과에 대한 책임 의식을 가지고 일하는 사람은 아무리 하위 관리자라도, 진정한 의미에서 '최고경영자'다. 조직 전체의 성과에 대해 스스로 책임지는 사람이기 때문이다.

경영 리더의 자기 헌신

기여할 부분에 초점을 맞추면 경영 리더는 자신의 전문 분야, 그 한정된 기술과 자신의 부서에만 관심을 두는 것에서 조직 전체의 성과로 관심을 넓히게 된다. 이는 경영 리더로 하여금 조직 내부가 아니라 외부로 관심을 돌리게 해 결과들이 나타나는 현장에 주목하게 한다. 따라서 그는 자신의 기술과 전문 분야, 소속 부서 등이 조직 전체와 어떤 관계에 있으며, 조직의 목적과는 어떤 관계에 있는지 숙고하기 시작한다. 그러다 보면 그는 소비자, 고객 (client), 환자의 입장에서 생각한다. 그들이야말로 조직이 무엇을 생산하든, 그것이 경제적인 재화나 정부 정책, 의료 서비스든 간에 조직이 존재하는 궁극적 이유다. 결국 그가 하는 일과 일하는 방식은 실질적으로 달라질 수밖에 없다.

■ 몇 년 전 미국 정부 산하의 대규모 과학 연구소에서 있었던 일이다. 어느 나이 많은 출판국장이 퇴직하게 되었다. 1930년대 이 연구소 설립 당시부터 일해왔으나, 그는 과학자도

숙련된 작가도 아니었다. 그가 발행하는 출판물들은 종종 전문가다운 세련미가 부족하다는 비판을 받기도 했다. 후임으로 아주 유능한 과학 기자가 기용되었다. 간행물들은 즉시 전문지다운 모양을 갖췄다. 그런데 그 간행물들의 주 독자층인 과학자들이 구독을 중단하기 시작했다. 이 연구소와 오랫동안 긴밀하게 협력 관계를 맺고 있던, 매우 존경받는 어느 대학 소속 과학자는 연구소장에게 다음과 같이 말했다. "예전 출판국장은 '우리들을 위해' 글을 썼는데, 신임 국장은 '우리들에게' 글을 쓰고 있습니다."

퇴임한 출판국장은 스스로에게 다음과 같이 질문했다. '이 연구소가 성과를 내는 데 내가 어떤 기여를 할 수 있을까?' 이에 대한 그 스스로의 대답은 '나는 외부의 젊은 과학자들이 우리 연구소에 관심을 갖게 하고, 그들이 우리와 함께 일하려는 마음이 생기도록 할 수 있다'였다. 그는 연구소 내부의 주요 문제나 결정, 그리고 심지어 논쟁까지도 비중 있게 다뤘다. 이 같은 편집 방침은 몇 번이나 연구소 소장과 정면 충돌을 일으키기도 했다. 그러나 그는 조금도 양보하지 않았다. "우리가 만드는 출판물의 존재 가치는 연구소 내부 사람들의 입맛에 달려 있는 게 아니라, 이 간행물을 읽고 얼마나 많은 젊은 과학자들이 이곳에 지원하는지, 그리고 그들이 얼마나 유능한 과학자인지에 달려 있습니다"라고 주장했다.

'내가 기여할 수 있는 게 무엇인가?'라고 스스로 질문하는 것은 지금까지 직무상 사용되지 않았던 잠재력을 찾으려는 것이다. 그리고 많은 직책에서, 뛰어난 성과라고 여겼던 것들이 자신이 가진 최대 기여 잠재력 가운데 극히 일부분만 발휘된 것에 불과하다는 것을 우리는 자주 발견한다.

■ 미국의 대규모 상업은행의 증권부는 수익을 올리고 있으나 업무는 따분한 것으로 여겨지고 있었다. 이 부서는 수수료를 받고 여러 회사의 증권을 보관하고 주식 이체 업무를 대행했다. 이 부서는 주주 명부 관리, 배당금에 대한 수표 발행 및 우송, 그리고 각종 비슷비슷한 잡무를 하고 있었다. 모든 업무 처리는 빈틈이 없어야 했고 업무 효율도 높아야 했지만, 상상력은 그다지 필요 없었다.

적어도 뉴욕의 한 대규모 은행 증권부에 새로 부임한 부사장이 '증권부는 어떤 기여를 할 수 있는가?'라고 스스로에게 질문하기 전까지는 그랬다. 그 뒤 신임 부사장은 증권부 업무가 은행의 주요 업무, 즉 예금, 대출, 투자, 연기금 관리 등에서 '구매 결정권'을 가진 거래 기업의 재무 담당 임원과 직접 만나는 기회를 제공한다는 사실을 깨달았다. 물론 증권부 일은 효율적으로 운영되어야 한다. 그러나 신임 부사장이 파악한 대로, 증권부의 가장 큰 잠재력은 은행의 모든 서비스를 판매하는 영업력이었다. 따라서 전에는 효율적인 단순 사무 처리만 했던 부서가, 신임 부사장의 지휘로 은행 전체를 통틀어 가장 막강한 마케팅 부서가 되었다.

'내가 기여할 수 있는 게 무엇인가?'라고 스스로 묻지 않는 경영 리더는 분명히 목표를 너무 낮게 정할 가능성이 있을 뿐만 아니라, 잘못된 목표를 정하기 쉽다. 무엇보다도 그들은 자신들이 할 수 있는 기여 범위를 너무 좁게 정할지 모른다.

앞의 두 사례에서 봤듯이 '기여'는 여러 의미를 담고 있다. 모든 조직은 세 가지 주요 영역에서 성과를 낼 필요가 있기 때문이다. 첫째, 직접적인 결과를 만들어내고, 둘째, 가치를 구축하고 재확인하며, 셋째, 내일을 위한 인재를 육성하고 개발한다. 만약 이 세 영역 가운데 하나라도 성과를 내지 못하면 조직은 사라지고 말 것이다. 그러므로 세 영역 모두는 경영 리더들의 기여 활동에 내재되어야 한다. 그러나 세 영역의 상대적인 중요도는 조직의 필요성에 따라, 그리고 경영 리더의 개성과 지위에 따라 매우 달라진다.

먼저, 조직의 직접적인 결과들은 대부분 명확히 알 수 있다. 기업의 경우 매출이나 이익과 같은 경제적 결과로 나타난다. 병원에서는 환자의 치료 등으로 결과를 확인할 수 있다. 그러나 앞에서 살펴본 신임 부사장의 경우와 같이, 때로는 직접적인 결과들이 아주 명백하지 않을 수도 있다. 직접적인 결과가 무엇이어야 하는지 혼동이 생기면 결과를 산출할 수도 없다.

■ 영국 국영 항공사의 경우를 예로 들 수 있다. 국영 항공사라 해도 기업처럼 운영되어야 한다. 나아가 영국의 국가 정책 및 영연방의 결속 수단으로 운영되어야 한다. 그러나 국영 항공사들은 주로 영국의 항공 산업을 유지하기 위해 운영되고 있다. 이처럼 세 가지 서로 다른 목표 사이에서 갈등을 빚은 결과, 국영 항공사들은 세 가지 목표 가운데 어느 것 하나 제대로 충족하지 못했다.

직접적인 결과는 늘 가장 중요하다. 조직을 돌보고 먹여 살린다는 점에서 인간이 섭취하는 영양분의 칼로리와 같은 역할을 한다. 그러나 사람에게 비타민과 미네랄이 필요하듯, 모든 조직은 두 번째 영역인 가치 창출에 전념할 필요가 있고, 가치를 지속적으로 재확인할 필요가 있다. 조직에는 항상 '우리 조직의 존재 이유는 이것이다'라고 말할 수 있는 분명한 목적이 있어야 하며, 그렇지 못하면 조직은 해체, 혼란, 마비로 이어지며 쇠퇴할 수밖에 없다. 기업 차원에서 가치에 대한 몰입은 기술적인 면에서 선두 자리를 차지하는 것으로 나타날 수도 있고, 또는 시어스 로벅(Sears Roebuck, 1893년 시카고에 설립된 미국 최초의 통신 판매 회사-옮긴이)처럼 미국 일반 가정에 맞는 제품과 서비스를 파악해 가장 싼값으로 최고의 품질을 제공하는 것으로 나타날 수도 있다.

가치에 대한 전념(commitment)은 결과에 대한 기여와 마찬가지로 분명히 나타나지 않는다.

■ 미국 농무부는 양립할 수 없는 두 가치관 사이에서 오랫동안 고민하고 있었다. 하나는 농업 생산성 향상이고, 다른 하나는 '나라의 중추'로서 '가족 농장'의 유지였다. 전자는 미국을 산업적 농업 국가로 만들자는 것으로, 고도로 기계화되고 산업화된 대규모의 상업적 농업을 지향하는 것이었다. 후자는 향수를 불러일으켜 비생산적인 농민 프롤레타리아를 지원한다는 계획이었다. 어쨌거나 적어도 최근까지는 농업 정책이 이 서로 다른 두 가치관 사이에서 갈피를 잡지 못하고 있는 이유로, 농무부는 방대한 예산만 성공적으로 지출하고 있다.

마지막으로, 조직이란 크게 보면 반드시 사라질 수밖에 없는 한계를 극복하기 위해 어떤 사람이라도 기여할 수 있도록 조성해야 한다. 지속 능력이 없는 조직은 그 자체로 실패작이다. 그러므로 조직은 내일의 조직을 운영할 사람들을 오늘 준비해둬야 한다. 조직은 인적 자본을 쇄신해야 한다. 조직은 인적 자원의 수준을 꾸준히 향상해야 한다. 다음 세대는 현세대가 축적해놓은 고된 작업과 헌신을 인정하고 계승해야만 한다. 그들은 선배의 어깨 위에 올라서서, 다음 세대의 기반이 될 새로운 '최고'를 만들어나가야 한다.

단지 현재 수준의 비전, 우수성, 그리고 실적만 유지하는 조직은 적응 능력을 잃게 된다. 그리고 인간과 관련된 일들에서 단 한 가지 확실한 것은 변화뿐이므로, 현재에 머물러 있는 조직은 변화된 내일에는 살아남지 못할 것이다.

경영 리더가 기여에 초점을 맞추는 것 자체가 인재를 육성하는 강력한 동력이다. 직원들은 자신에게 부여된 요구 수준에 맞추려 한다. 자신의 시각과 관점을 회사에 대한 기여에 맞추는 경영 리더는 함께 일하는 모든 직원의 시야와 기준을 높이게 된다.

■ 새로 부임한 어느 병원장이 첫 번째 간부 회의를 주재하던 중에 일어난 일이다. 다소 까다로운 문제가 하나 있었는데, 참석자들 모두가 만족하는 선에서 해결되었다. 그런데 바로 그때 한 참석자가 불쑥 다음과 같이 질문했다. "이 같은 결과에 대해 브라이언 간호사도 만족할까요?" 즉각 다시 논쟁이 벌어지기 시작하더니 그 문제에 대해 새롭고도 한층 더 야심적인 해결책이 나왔다.

병원장이 나중에 안 사실이지만, 브라이언 간호사는 이미 은퇴한 간호사였다. 그녀는 특별히 뛰어난 간호사도 아니었고, 사실 관리자가 되지도 못했다. 그러나 그녀는 담당 병동에서 환자 간호에 대한 새로운 결정을 내려야 할 일이 생길 때마다 다음과 같이 질문했다. "우리가 이 환자를 간호할 때 최선을 다하고 있나요?" 브라이언 간호사가 근무하는 병동의 환자들은 좀 더 쾌적하게 지낼 수 있었으며 회복도 빨랐다. 차츰 세월이 흐르면서 병원 전체가 이른바 '브라이언 간호사의 규칙'을 채택해야 한다는 사실을 배웠다. 달리 말해 다음과 같은 질문을 하는 것 말이다. '우리는 이 병원의 목적에 부합하는 최선의 기여를 하고 있는가?'

정작 브라이언 간호사는 약 10년 전에 은퇴했으나, 그녀가 정한 기준은 그녀보다 높은 자리에 있는 사람들에게 하나의 지침이 되고 있는 것이다.

기여에 전념한다는 것은 책임감을 가지고 성과를 내는 데 전념한다는 것이다. 이런 것이 없다면 사람은 자신을 속이고, 조직을 쇠퇴시키고, 함께 일하는 사람들을 기만하는 셈이 된다. 경영자가 실패하는 가장 일반적인 원인은 새로운 지위에 따른 변화를 수용하는 능력이 미흡하거나 기꺼이 변신하겠다는 의지가 부족한 탓이다.

현직으로 옮기기 전의 직위에서 성공적으로 해왔던 것과 같은 방식으로 일을 계속하는 경영 리더는 대부분 실패하게 마련이다. 자신이 기여해야 할 목표 자체가 변하기 때문만이 아니다. 앞에서 설명한 세 가지 성과 영역 사이의 상대적인 중요성이 변했기 때문이다. 이 점을 이해하지 못하는 경영 리더는 잘못된 일을 잘못된 방법으로 처리한다. 비록 그가 전의 직무에서 했던 것처럼 올바른 일을 올바른 방법으로 계속했다고 해도 새로운 직무에서 요구하는 바를 올바르게 실행하지 못하는 것이다.

■ 이는 또한 제2차 세계대전 중 워싱턴의 유능한 고위 간부들이 실패한 이유이기도 하다. 워싱턴이라는 도시가 '정치적'이기 때문이라든가, 또는 항상 독자적으로 일하던 사람들이 워싱턴에 차출되어 갑자기 '큰 기계의 톱니바퀴 신세'가 되었기 때문이라고 하는 건 변명에 불과하다. 전시에 워싱턴에서 일한 많은 사람은, 비록 두 사람만 달랑 일하는 법률 회사보다 더 큰 어떤 조직에서 일해본 적이 없고, 정치적 감각이 없어도 성과를 충분히 낼 수 있다는 것을 증명했다. 육군 정보국이라는 대규모 조직에서 매우 유능했던 로버트 셔우드(Robert E. Sherwood)는 실제 '권력의 힘'을 다룬 뛰어난 책들 가운데 하나를 집필한 작가이기도 했는데, 그가 과거에 일했던 '조직'이라고는 책상과 타자기 한 대뿐이었다.

전시 워싱턴에 근무하면서 성공한 사람들은 모두 기여에 초점을 맞추고 있었다. 그 결과 그들은 과거에 했던 일과 그 일들에 내재된 가치 요소들에 대한 상대적 비중 두 가지를 모두 변화시켰다. 많은 경우 전시 워싱턴에서 일하면서 목표 달성에 실패한 사람들이 훨씬 더 열심히 일했던 사례들이 많다. 그러나 스스로를 바꾸려고 노력하지 않았으며, 방향을 바꿀 필요가 있다는 사실도 깨닫지 못했다.

■ 가장 뛰어난 성공 사례 중의 하나로, 60대에 접어든 사람이

전국 규모의 소매 연쇄점 사장이 된 이야기를 들 수 있다. 그는 20년 이상 한 회사의 2인자 자리에 있었다. 그는 그보다 몇 살 아래인 외향적이고 적극적인 성격의 사장 밑에서 나름대로 만족하며 일했다. 그는 자신이 사장이 되리라고는 전혀 생각하지 못했다. 그런데 어느 날 50대 나이의 사장이 사망하면서, 충실한 보좌관이었던 그가 사장 자리를 이어받게 되었다.

그는 경리 사원으로 직장 생활을 시작했고 원가 계산, 구매와 재고, 새 점포에 대한 융자, 수송 문제 등에 관한 장부를 가지고 퇴근 후 집에서도 일했다. 따라서 인사 부문은 그에게 대체로 흐릿한 그림자 같은 추상적인 존재였다. 그러나 갑자기 사장이 된 그는 '남들은 할 수 없으나 나는 할 수 있는 일, 그것도 잘하면 회사를 크게 바꿀 수 있는 것이 무엇일까?'라고 자문했다. 그가 스스로 내린 결론은 단 하나의 의미 있는 기여는 내일을 위한 경영자 육성이었다. 이 회사는 이미 오래전부터 해온 간부 양성 정책에 자부심이 높았다. 그러나 신임 사장은 '계획만으로는 아무것도 되지 않는다. 내가 할 일은 계획이 실제로 실행되도록 하는 것이다'라고 다짐했다.

그 후 그는 재직 기간 내내 일주일에 세 번씩, 점심 식사 후 인사부에 들러 젊은 간부들의 인사기록부를 무작위로 8~10개씩 꺼냈다. 사무실로 돌아온 그는 첫 번째 사람의 기록을 재빨리 살펴보고는 그의 상사에게 전화를 걸었다. "로버트슨? 뉴욕 본사 사장입니다. 당신 지점에 있는 조 존스라는 젊은이 말인데, 6개월 전에 이 사람을 판촉부 일을 경험할 수 있는 곳으로 옮기도록 추천하지 않았나요? 그런데 왜 아무런 조치가 없습니까?" 로버트슨은 자세를 낮출 수밖에 없었다.

사장은 다음 인사기록부를 보고는 다른 지점장에게 전화를 걸었다. "스미스, 딕 로라는 젊은 간부를 지점에서 회계 일을 배울 수 있는 곳으로 배치하겠다고 추천한 것으로 알고 있습니다. 당신이 추천한 대로 일이 잘 처리된 것을 지금 알았어요. 당신이 젊은 간부들의 육성에 힘쓰고 있다는 것이 고마워 전화했습니다."

그는 겨우 2~3년간 사장으로 일한 뒤 은퇴했다. 그러나 10~15년 이라는 긴 세월이 지난 오늘날, 그를 한 번도 만난 적이 없었던 경영 리더들은 그 후 회사가 거둔 엄청난 성장과 성공을 그의 업적으로 돌리는 데 주저함이 없다.

- '내가 기여할 수 있는 것이 무엇인가?'라는 질문의 중요성은 전 미국 국방부 장관 로버트 맥나마라가 거둔 뛰어난 목표 달성 능력으로 설명할 수 있을 듯하다. 1960년 가을 존 F. 케네디(John F. Kennedy) 대통령이 포드 자동차에서 일하

던 그를 발탁해 각료 중 가장 힘든 국방부 장관 자리에 앉혔을 때는, 정말이지 그는 아무 준비도 안 된 상태였다.

맥나마라는 포드 자동차에서 일할 때 완벽한 '내부 관리자'였다. 따라서 정치에 대해서는 전혀 몰랐기 때문에 의회 관계 업무를 부하들에게 맡기려 했다. 그러나 몇 주가 지난 뒤, 맥나마라는 국방부 장관 직무를 수행하려면 의회의 이해와 지지가 필요하다는 사실을 깨달았다. 곧 그는 자신과 같이 외부에 나서기 싫어하고 비정치적인 사람에게는 어렵기도 하지만 자칫 실패할 수도 있는 그런 일을 하기로 결정했다. 의회와 좋은 관계를 쌓고, 의회의 각종 위원회 유력자들과 얼굴을 익히고, 의회를 장악하는 낯선 기술을 터득하려고 마음먹은 것이다. 분명 맥나마라는 의회와 협력하는 데 완전히 성공했다고 할 수는 없었지만, 어떤 전임자들보다도 의회와의 관계 개선에 성공했다.

맥나마라의 예는 공직자의 지위가 높으면 높을수록, 그가 할 기여에 있어서 외부 세계가 차지하는 비중이 더욱더 커진다는 사실을 보여준다. 일반적으로 조직에서 외부 세계를 그렇게 자유롭게 넘나들 수는 있는 사람은 고위직밖에 없다.

- 아마도 오늘날 미국 대학 총장들의 가장 큰 문제는 내부 행정, 모금 활동, 그리고 수많은 대학 내부의 업무 처리에 지나

치게 얽매여 있다는 것이다. 그러나 대규모 대학의 관리자 가운데 '고객'인 학생들과 자유롭게 접촉할 수 있는 사람은 총장 말고는 없다. 학생들을 대학 행정에서 소외시킨 것이 학생들의 불만과 불편을 야기해 결국 폭력 사태로 나타난 경우도 있었다. 예를 들어 1965년 UC버클리(캘리포니아 주립대 버클리 캠퍼스)에서 일어난 폭동이 그 대표적인 사례다.

어떻게 전문가들이 성과를 내게 할 것인가

지식작업자가 기여에 초점을 맞추는 것은 특히 중요하다. 그래야만 지식작업자들이 조직에 기여할 수 있기 때문이다.

지식작업자는 '어떤 물건'을 생산하지 않는다. 아이디어, 정보, 그리고 개념들을 창출한다. 더욱이 지식작업자는 대개 전문가들이다. 사실 그들은 한 가지 일만 잘할 수 있도록 배울 때, 즉 어느 한 분야에 전문화되었을 때 성과를 낼 수 있다. 그러나 전문적인 지식 그 자체는 단편적인 것이고 또 그 자체만으로 쓸모없는 것에 불과하다. 전문가는 결과를 내기 전에 자신의 산출물을 다른 전문가의 산출물과 통합해야 한다.

그러려면 '제너럴리스트'를 양성해서는 안 된다. 전문가로서 그 자신과 전문 지식을 활용해 성과를 낼 수 있어야 한다. 또한 전문가는 자신의 산출물을 누가 사용할 것인지 생각하고, 또 자신의 산출물을 활용해 어떤 완성품을 만들려면, 그 사용자가 꼭 알아야 할 점이 무엇인지 숙고해야 한다.

■ 오늘날 현대인들은 흔히 사람들이 '과학자' 아니면 '평범한 사람'으로 나뉜다고 믿는 듯하다. 따라서 평범한 사람들은 과학자의 지식, 전문 용어, 도구 등을 어느 정도는 배워야 한다는 말을 쉽게 한다. 그러나 만약 사회가 그런 식으로 나뉘어야 했다면, 그것은 100년 전의 일이다. 현대 조직에 몸담고 있는 거의 모든 사람은 높은 수준의 전문화된 지식을 소유한 전문가들이고, 각자 필요한 도구를 가지고 있으며, 고유의 관심 분야가 있으며, 자신만의 전문 용어를 구사한다. 반면 과학자들은 모두 세분화되어 있어서, 특정 분야의 물리학자는 다른 분야에 특화된 다른 물리학자의 관심사를 이해하기 어려울 정도가 되었다.

원가 계산 담당자도 그 나름대로 품고 있는 가정(假定)과, 자신만의 관심 분야, 그리고 특별한 용어를 알아야 이해가 가능한 특수 지식 영역을 가지고 있다는 점에서 생화학자나 진배없는 '과학자'다. 같은 논리로 시장 조사 전문가, 컴퓨터 전문가, 정부 기관의 예산 담당자, 병원의 정신질환 사례 연구자도 과학자다. 그들이 성과를 내려면 다른 사람들에게 자신을 이해시킬 수 있어야 한다.

지식을 갖춘 사람은 언제나 자신이 아는 것을 남에게 이해시킬 책임이 있다. 평범한 사람이 전문가를 이해하기 위해 노력할 수 있거나 그리해야 한다고 가정해버리거나, 전문가는 동료인 소수의 전문가들과 말이 통하면 충분하다고 전제하는 것은 야만적인 오만이다. 유감스럽게도 심지어 대학이나 연구소 내부에서조차 이런 태도가 너무 흔해서 전문가를 쓸데없는 존재로 만들고, 그의 지식을 유용한 학식이 아니라 장식용 현학으로 변질시키고 있다. 특히 지식작업자가 되고 싶은 사람, 즉 자신의 기여할 바에 책임 의식을 가진 사람으로 대접받고자 하는 사람이라면 자기가 창출하는 '산출물', 즉 지식의 유용성에 관심을 가져야 한다.

성과를 내는 경영 리더는 이 점을 알고 있다. 그들은 다른 동료들에게 무엇이 필요한지, 그들이 무엇을 보고 있는지, 또 무엇을 이해하고 있는지를 파악하려는 높은 목표 지향성에 따라 거의 무의식적으로 행동하기 때문이다. 성과를 내는 경영 리더들은 부지불식간에 상향 지향적인 속성에 마음이 움직여서, 조직 내의 상사, 부하, 그리고 무엇보다도 다른 분야에서 일하는 동료들에게 언제나 다음과 같은 질문을 한다. '당신이 우리 조직에 기여할 수 있도록 하기 위해 내가 당신에게 어떤 기여를 하길 기대하는가? 당신은 언제, 어떻게, 그리고 어떤 형태로 나의 기여가 필요한가?'

- 예를 들어 원가 계산 담당자가 위와 같은 질문을 한다면, 그는 자신에게 너무도 당연한 가정이 무엇이며, 그가 쓰는 수

치들을 이용해야 하는 다른 부문 관리자들에게 무엇이 낯설지 바로 알게 될 것이다. 그는 자신에게는 중요한 통계 숫자이지만 현장에서 일하는 사람들에게는 그다지 의미 없는 것이 무엇인지, 그리고 자신에게는 별로 중요하지 않거나 보고할 필요조차 없는 것이지만 현장에서 일하는 사람들에게는 매일 필요한 숫자가 어떤 것인지를 알게 된다.

이런 질문을 던지는 제약 회사의 생화학자는, 자신이 발견한 신물질이 생화학자가 사용하는 용어가 아니라 임상 의사가 사용하는 용어로 표현되어야만 그것이 제대로 활용될 수 있다는 사실을 곧 알게 될 것이다. 그런 노력을 기울인다 해도, 생화학자의 연구 결과가 신약으로 나올지 결정하는 것은, 생화학자가 발견한 그 신물질을 임상 실험에 적용해 보느냐 여부를 판단하는 임상의일 것이다.

기여에 초점을 맞추고 있는 정부 기관의 과학자라면, 어떤 연구 개발 계획을 추진하기 위해서는, 그 과학 발전이 어떤 결과를 가져올 수 있을지 정책 입안자들에게 설명해야만 한다는 것을 곧 깨닫게 된다. 또한 일반적으로 과학자들에게는 금기 사항으로 되어 있는 어떤 노력을 해야 한다는 것, 즉 일련의 과학적 질문에 대한 답을 미리 예상해둬야 한다는 사실을 알게 된다.

'제너럴리스트'에 대한 유일하게 의미 있는 정의는 '자신이 가진 좁은 분야의 지식을 모든 영역의 지식에 연결할 수 있는 전문가'일 것이다. 아마 몇몇 사람은 좁은 분야의 지식만이 아니라 여러 분야의 지식을 가진 전문가일 것이다. 그렇다고 해서 그들이 제너럴리스트라는 것은 아니다. 그들은 몇 가지 분야에 걸친 전문가다. 게다가 어떤 사람이 세 가지 분야에서 전문가라 해도, 세 분야 모두에서 편견을 가진 고집쟁이일 수도 있다. 자신의 기여에 책임지는 사람은 자신의 한정된 전문 분야를 조직 전체로 연결할 수 있는 사람이다. 혼자서 수많은 분야의 지식을 하나로 통합하는 일은 불가능할지 모른다. 그러나 그는 다른 사람들이 자신의 기여를 활용할 수 있도록 하기 위해 그들의 필요, 방향, 한계, 그리고 지각 방식을 충분히 터득해야 한다는 사실은 알고 있어야 한다. 이렇게 하면 그가 다양성의 풍성함과 열정적 분위기를 충분히 실감하진 못할지라도, 학구적인 사람들이 보이는 오만에 빠지지 않을 것이다. 오만은 지식을 파괴하고, 지식이 갖는 미학과 실효성을 앗아가는 퇴행성 질병이다.

올바른 인간관계란 무엇인가

조직의 경영 리더들은 '인간관계에 타고난 재능'을 지녀서 인간관계가 좋은 것은 아니다. 그들이 좋은 인간관계를 유지하는 까닭은 자신들이 항상 조직에 어떻게 기여할지에 초점을 맞추고,

나아가 다른 사람들과의 관계에서 기여할 부분에 초점을 맞추고 있기 때문이다. 그 결과 그들은 생산적인 관계를 형성한다. '생산적'이라는 것이야말로 올바른 인간관계에 대한 유일하게 타당한 정의다. 어떤 일 또는 특정 과업과 관련해 형성된 인간관계에서 아무런 성과를 내지 못한다면, 따뜻한 감정이나 유쾌한 농담은 아무 의미가 없다. 상호 기만의 가면극에 지나지 않게 된다. 반면 연관된 모든 사람이 결과를 얻게 되고 성취감을 맛볼 수 있다면, 가끔 거친 말을 주고받는다고 해도 그 인간관계를 파괴하지는 않을 것이다.

■ 인간관계에서 개인적으로 가장 좋은 관계를 맺은 사람을 꼽으라 하면 나는 다음 세 사람을 들겠다. 제2차 세계대전 당시 미 육군참모총장이었던 조지 마셜(George Marshall) 장군, 1920년대 초부터 1950년대 중반까지 GM의 최고경영자였던 슬론 2세, 그리고 슬론 2세보다는 나이가 많지만 동료 임원으로서 대공황이 한창이던 시절 캐딜락을 고급차 시장에 성공적으로 진입시킨 니콜라스 드레이슈타트(Nicholas Dreystadt)를 들 수 있다. (드레이슈타트가 만약 제2차 세계대전 직후 갑자기 죽지 않았더라면 1950년대에 GM의 사장이 되었을 것이다.)

이 세 사람은 서로 너무 달랐다. '직업군인' 그 자체였던 마셜은 엄격하고 헌신적이었으며, 훌륭한 면모에 수줍음을 타는 매력적인 사람이었다. '행정가'의 전형이었던 슬론 2세는 내성적이고 정중했지만 매우 냉정한 사람이었다. 마지막으로 드레이슈타트는 온화하고 정력이 넘치면서 쾌활한 성격의 '그 옛날 하이델베르크'의 전통을 잇는 전형적인 독일 장인(匠人)이었다. 세 사람 모두 한결같이 부하들이 진정으로 헌신하도록 영감을 불어넣었고, 진심에서 우러난 애정으로 대했다. 그들은 모두 자기 나름의 기여를 통해서 상사, 동료, 부하들과 인간관계를 맺었다. 사람들과 긴밀히 일했고 그들을 진심으로 배려했다. 세 사람 모두 중대한 '사람'에 관한 의사 결정들을 해야 했다. 그러나 세 사람 가운데 어느 누구도 '인간관계'로 고민하는 일은 없었다. 그들은 사람에 관한 의사 결정에 부담을 느끼는 게 아니라, 그것을 당연한 일로 여겼다.

기여에 초점을 맞추는 활동 자체가 생산적인 인간관계에 필요한 네 가지 기본 조건을 충족하는데, 그것은 다음과 같다.

- 의사소통
- 팀워크
- 자기 계발
- 인재 육성

1. 의사소통은 지난 20년 이상 경영의 중심 과제였다. 기업, 공공 기관, 군대, 병원, 다시 말해 현대 사회의 모든 주요 기관이 의사 소통에 큰 관심을 기울여왔다.

그렇지만 지금까지의 결과는 보잘것없다. 현대 조직에서 적절한 의사소통이 필요하다는 것, 그리고 그만큼 그것이 부족하다는 것을 처음 알게 된 20~30년 전과 마찬가지로 지금도 의사소통은 여전히 미흡하다. 그러나 우리는 의사소통을 위해 쏟고 있는 방대한 노력이 성과를 내지 못하는 이유를 이해하기 시작했다.

그동안 우리는 의사소통이 최고경영자로부터 구성원으로, 상사로부터 부하로 향하는 하향식 의사소통에 관해서만 연구해왔던 것이다. 만약 의사소통이 실제로 하향식 관계로만 이뤄진다면, 소통은 불가능하다. 이 같은 사실은 인식과 의사소통에 관한 연구 결과를 통해 충분히 밝혀졌다. 상사가 부하에게 무언가 말하려고 노력하면 할수록, 부하는 '잘못 이해할' 위험이 훨씬 더 커진다. 부하는 상사가 하는 말 가운데 자신이 원하는 것만 골라 들을 것이다. 그러나 자신의 과업에 대해 기여할 책임을 느끼고 있는 경영 리더는 일반적으로 부하들에게도 스스로 책임질 것을 요구한다. 그들은 부하들에게 다음과 같은 질문을 하곤 한다. '조직이, 그리고 상사인 내가 당신이 기여할 수 있도록 하려면 어떻게 도와야 할까? 우리가 당신에게 기대해야 할 것은 무엇인가? 당신의 지식과 능력을 최대한 활용할 수 있는 방법은 무엇인가?'

이렇게 하면 의사소통이 가능하고 훨씬 쉬워진다. 일단 부하 직원이 스스로 어떤 기여를 해야 할지 충분히 생각하게 한 다음에는, 당연히 상사는 부하가 생각하고 제안한 그 기여의 타당성을 판단할 권한과 책임을 갖는다.

- 우리 모두가 경험하는 일이지만, 부하들 스스로 정한 목표는 상사가 생각하는 것과는 늘 다르다. 달리 말하면 부하 또는 하급 직원들은 현실을 아주 다르게 본다는 뜻이다. 그리고 그들이 유능할수록, 책임지겠다는 의지가 강할수록 현실과 객관적인 기회, 그리고 필요에 대한 그들의 인식은 상사 또는 조직이 인식하는 것과는 훨씬 달라진다. 게다가 부하 직원들이 내린 결론과 상사의 기대 사이에 생기는 견해 차이는 뚜렷이 드러난다.

이 같은 견해 차이가 발생했을 때 누가 옳은지 따지는 것은 그리 중요하지 않다. 왜냐하면 이미 의미있는 효과적 의사소통이 상당히 이뤄졌기 때문이다.

2. 기여에 초점을 맞추게 되면 다양한 방식의 의사소통들을 가능케 해 팀워크가 가능하다. '나의 산출물이 성과와 연결되려면 누가 이것을 활용해야 하는가?'라는 질문을 하면 상향식이든 하향식이든 구애받지 않고, 그리고 직위와 상관없이 지식작업자에 이르기까지 그것을 활용할 사람들의 중요성이 부각된다. 이것이 바

로 지식 조직의 현실을 나타내는 것이다. 어떤 일에서 성과를 내려면 다양한 지식과 기술을 가진 사람들로 구성된 팀이 일을 추진해야 한다. 팀을 구성하는 사람들은 조직의 공식적인 규정과 권한 구조에 따르기보다는, 상황 논리와 과업의 요구에 따라 일하고 자발적으로 협력해나가야 한다.

- 아마도 현대 지식 조직 가운데 가장 복잡한 조직이라 할 수 있는 병원의 간호사, 영양사, 물리치료사, 의료 및 엑스선 영상 기사, 약제사, 병리 학자 그리고 기타 여러 의료 서비스 전문가들은 어떤 사람의 명령이나 통제를 의도적으로 최소화하고, 환자와 함께 일해야 한다. 그렇게 하면서도 그들은 공통의 목적과 일반적 행동 계획, 즉 의사의 처방에 따라 서로 협력하며 일해야 한다. 조직 구조상 이들 의료 서비스 전문가는 각자 자신의 상사에게만 보고한다. 그들은 자신의 고도로 전문화된 분야의 지식에 따라, 즉 '전문가'로서 일한다. 그러나 그들은 개별 환자의 구체적 상황, 환자의 상태, 그리고 환자의 필요에 대해 알아야 할 다른 모든 전문가들에게도 정보를 제공해야 한다. 그렇지 않으면 그들의 노력은 환자를 호전시키기보다는 악화시키기 십상이다.

  각자의 기여에 초점을 맞춰 일하는 게 습관이 된 병원에서는 그런 팀워크를 이루는 데 어려움이 거의 없다. 그렇지 못한 병원에서는 전문가들 사이의 수평적인 의사소통, 즉 적절한 과업 중심팀으로의 자발적인 자기조직화가 이뤄지는 게 순탄치 않다. 온갖 종류의 위원회, 간부 회의, 게시판 공고문, 설득 등의 온갖 방법을 동원해 의사소통과 조정을 강구해보려 각고의 노력을 기울여도 별수가 없게 된다.

오늘날의 전형적인 대규모 조직은 전통적인 개념이나 이론이 전혀 적용되지 않는 조직 문제를 안고 있다. 지식작업자는 자신의 지식 분야에 임하는 태도에 있어서 '전문가'가 되어야 한다. 그들은 전문가답게 자신의 역량을 보이고 업무 기준에 부합한 일을 해낼 책임을 져야 한다. 공식 조직의 관점에서 그들은 전문적인 기능 조직에 '속해 있다고' 인식할 것이다. 그 기능 조직이 생화학이든, 병원 간호사든 말이다.

그들은 개별 지식에 기초한 기능에 따라 자신들과 관련된 인적 자원 관리 업무, 즉 훈련이나 인사 기록, 그리고 인사고과와 승진 등이 결정된다. 그러나 자기 일에 관해서는 무엇보다도 당면한 구체적인 과업을 해결하도록 조직된 팀에서 다른 지식 분야의 사람들과 함께 책임 있는 팀원으로서 일해야 한다.

상향식 기여에 초점을 맞추는 것 자체로는 조직 문제에 대한 해결책을 제공할 수 없다. 그러나 그것은 불완전한 조직이 업무를 수행할 수 있도록 하기 위해 과업과 의사소통을 이해하는 데에는 기여할 것이다.

■ 정보 분야에서 일어나는 컴퓨터 혁명으로 인해 지식작업자 집단 사이의 의사소통이 중요한 이슈가 되고 있다. 인류 역사를 통해 모든 문제는 항상 '정보'로부터 어떻게 (의미있는) '의사소통'을 이끌어낼 것인가라는 것이었다. 정보는 사람들의 손으로 가공되고 전달되어야 하는 것이다. 그것은 항상 의사소통에 의해 왜곡되었기 때문이다. 다시 말해 자신의 의견, 자신이 받은 인상, 덧붙인 설명, 나름의 판단, 그리고 편견 등에 의해 왜곡되곤 한다. 오늘날 우리는 갑자기 정보가 대폭 비인격화하는 상황에 맞닥뜨리게 되었고, 그리하여 의사소통 내용이 결여된 상황에 빠지게 되었다. 정보는 말 그대로 순수한 정보에 그치고 있다.

이제 우리는 서로 이해하고, 서로의 필요, 목표, 인식, 일하는 방식 등을 알 수 있게 하는 데 필요한 최소한의 의사소통을 구축해야 하는 문제에 직면해 있다. 정보는 이런 것들을 제공하지 않는다. 말로 하든 글로 하든 간에 직접 접촉을 해야만 의사소통이 가능하다.

정보 처리 과정이 자동화되면 될수록, 효과적인 의사소통 기회를 보다 더 많이 만들어야 할 것이다.

3. 각자의 자기 계발도 기여에 초점을 맞추는 활동에 좌우된다. '조직의 성과를 높이기 위해 내가 할 수 있는 가장 중요한 기여는 무엇일까?'라고 스스로 질문하는 사람은 사실상 다음과 같이 묻

는 것이다. '나는 어떤 분야의 자기 계발이 필요한가? 내가 마땅히 해야 할 기여를 하려면 습득해야 할 지식과 기술은 무엇인가? 나는 업무에 있어서 내 어떤 강점을 활용해야 하는가? 나는 스스로 어떤 기준을 세우고 적용해야 하는가?'

4. 기여에 초점을 맞추는 경영 리더는 부하, 동료 또는 상사를 가릴 것 없이, 그들도 자기 계발에 힘쓰도록 자극한다. 자신의 개인적인 기준이 아니라 과업이 요구하는 바에 바탕을 둔 기준을 설정한다. 동시에 그 기준은 우수성을 달성하기 위한 기준이어야 한다. 기준은 높은 의욕, 야심 찬 목표, 그리고 영향력이 큰 업무를 수행해야 하기 때문이다.

우리는 자기 계발이 무엇인지에 대해 그다지 아는 바가 없다. 그런데 한 가지는 알고 있다. 일반적으로 인간, 특히 지식작업자는 스스로에게 설정한 기준에 따라 성장한다. 사람은 자신이 성취하고 쟁취할 수 있다고 생각하는 바에 따라 성장한다. 만약 어떤 사람이 자신이 되고자 하는 기준을 낮게 잡으면, 그는 더는 성장하지 못한다. 만약 자신이 되고자 하는 목표를 높게 잡으면, 보통 사람들과 다름없는 노력만으로도 그는 위대한 존재로 성장할 것이다.

성과를 내는 효과적인 회의

회의, 보고서 작성, 발표회는 경영 리더의 전형적인 업무 환경이다. 이는 경영 리더 고유의 일상 업무 도구들이며 그의 시간을 엄청 빼앗는다. 심지어 자신의 시간을 분석하고 또 통제 가능하게 해 무엇이든 제어할 수 있다고 해도 그러하다.

성과를 내는 경영 리더들은 회의, 보고서, 발표회로부터 무엇을 얻어야 할 것인지, 그런 상황이 전개된 목적이 무엇인지, 또는 무엇이어야만 하는지 안다. 그들은 '우리가 회의를 여는 이유가 무엇인가? 의사 결정을 하려 하는가? 아니면 무슨 정보를 알리려 하는가? 또는 우리가 해야 할 일을 스스로 확인하려는 것인가?'라고 스스로에게 묻는다. 그들은 회의를 소집하기 전, 보고서를 제출하기 전, 또는 발표회를 갖기 전에 그 목적에 대해 철저히 생각하고 일일이 검토해보라고 주장한다. 그들은 회의가 자신들이 전념하고 충실히 해야 할 기여에 반드시 도움이 되어야 한다고 주장한다.

- 성과를 내는 사람은 언제나 회의를 시작하면서 회의의 구체적 목적과 회의를 통해 달성해야 할 기여가 무엇인지에 대해 설명한다. 그는 회의가 그 목적에 맞게 진행되도록 유념한다. 그는 정보를 알려주려는 목적으로 소집된 회의가 참석자 모두의 멋진 아이디어를 소개하는 '자유 토론'으로

변질되는 것을 허용하지 않는다. 그러면서 다른 사람들의 생각과 아이디어를 듣기 위해 소집한 회의가 참석자들 가운데 어느 한 사람의 단순한 발표회가 되지 않도록 주의를 기울이고, 참석자 모두에게 도전 의식을 불러일으킬 수 있도록 진행해야 한다고 믿는다. 회의가 끝날 무렵에는 항상 회의 서두에서 밝힌 목적을 재확인하고, 최종 결론을 본래 회의 목적에 부합하도록 연계한다.

회의를 생산적으로 만드는 규칙들은 이 밖에도 더 있다. 예를 들면 명백하지만 자주 무시되는 규칙이 하나 있는데, 사람이란 회의 진행을 맡아 중요한 발언을 듣거나 회의에 참여해 발언할 수 있지만, 이 둘을 동시에 할 수는 없는 법이다. 어쨌든 목표를 달성하는 가장 중요한 규칙은 처음부터 회의의 초점을 어떤 기여를 할 것인지에 맞추는 것이다.

기여에 초점을 맞춤으로써 경영 리더는 자신이 직면한 문제들 중에 하나, 즉 수많은 일거리에 치여 혼란과 혼돈을 겪거나, 무엇은 의미가 있고 무엇이 '잡음'에 불과한지 스스로 구분하지 못하는 문제에 대해 적절히 대처할 수 있다. 기여에 초점을 맞춤으로써 조직 원칙이 지켜지도록 하며, 여러 일이 서로 연계되도록 한다.

기여에 초점을 맞추다 보면 경영 리더들이 처해 있는 상황의 고유한 약점들, 즉 '다른 사람들에 대한 의존성', '자신이 조직 내에 있다'는 것이 이제 강점의 원천으로 전환된다. 이것이 진정한 팀을 만들어낸다.

마지막으로, 기여에 초점을 맞추다 보면 조직 내에 안주하려는 유혹을 물리칠 수 있다. 또한 경영 리더, 특히 최고경영진의 시선을 조직 내부의 노력, 일, 관계가 아닌, 결과가 나타나는 조직 외부로 향하게 만든다. 기여에 초점을 맞추면 경영 리더가 조직 외부, 즉 시장이나 고객, 지역 사회 환자, 또는 정부 관리의 경우 외부의 다양한 '대중들'과 직접 접촉하기 위해 열심히 노력하게 만든다.

기여에 초점을 맞춘다는 것은 곧 성과 달성에 초점을 맞추는 것이다.

PETER F.
DRUCKER

4장

강점을 생산적이
되도록 하라

Making Strength Productive

성과를 내는 경영 리더는 강점이 생산적으로 발휘되도록 한다. 그는 약점으로는 생산성을 올릴 수 없다는 사실을 잘 안다. 결과를 얻기 위해 이용 가능한 모든 강점을 활용해야 한다. 동료와 상사의 강점, 그리고 자신의 강점을 활용해야 한다. 이런 강점이야말로 진정한 기회다. 강점이 생산적으로 발휘되도록 하는 것이 조직 특유의 목적이다. 물론 조직이 우리 각자가 가지고 있는 많은 약점을 모두 극복할 수는 없다. 그래도 조직은 인간의 약점이 성과 달성에 별로 영향을 주지 않도록 만들 수는 있다. 조직의 과업은 공동의 성과 달성을 위해 건축에서의 벽돌 쌓기처럼 각자의 강점을 쌓아 올리도록 하는 것이다.

강점을 기준으로 배치하라

강점을 활용해 생산성을 올리는 도전 과제와 관련해 경영 리더가 가장 먼저 직면하는 분야는 인력 배치다. 성과를 내는 경영 리더는 인재를 배치하거나 승진시킬 때, 그 인재가 잘할 수 있는 것이 무엇인가를 판단 기준으로 삼는다. 성과를 내는 경영 리더는 인적 자원 배치에 있어서 약점을 최소화하기 위한 것이 아닌, 강점을 최대로 활용하기 위한 의사 결정을 내린다.

■ 에이브러햄 링컨(Abraham Lincoln) 대통령은 신임 총사령관 율리시스 그랜트(Ulysses Grant) 장군이 술을 좋아한다는 이야기를 듣자 이렇게 말했다. "장군이 어떤 술을 좋아하는지 알면, 다른 장군들에게도 같은 술을 한두 병씩 보낼 텐데." 켄터키와 일리노이 개척지에서 어린 시절을 보낸 링컨은 술과 그 독성에 대해 잘 알고 있었다. 그러나 북군의 장군들 가운데 유독 그랜트만이 항상 전략 계획을 제대로 세웠고 승리를 안겨주었다. 그랜트 장군의 사령관직 임명은 남북전쟁의 전환점이 되었다. 그랜트를 지명한 링컨의 효과적인 결정이었다. 그를 임명한 이유는 전쟁터에서 승리로 검증된 능력, 즉 그의 강점을 높이 샀기 때문이다. 다시 말해 그가 음주를 한다는 약점이 판단 기준이 되지 않았기 때문이다. 그러나 링컨은 이를 어렵게 깨닫게 되었다. 링컨은 그랜트를 임명하기 전에 약점이 별로 없는 서너 명의 장군을 연이어 임명했다. 그 결과 북군은 병력과 병참 면에서 월등히 우세했는데도 1861년에서 1864년까지 전황을 유리하게 이끌

지 못했다. 이와는 아주 대조적으로, 남군 사령관 로버트 리 (Robert Lee)는 강점을 근거로 부하 장군들을 선발했다. 스톤월 잭슨(Stonewall Jackson) 장군을 비롯해 리 사령관 휘하의 장군들은 모두 분명히 큰 약점이 있었다. 그러나 리 사령관은 그런 약점은 전쟁과는 아무 관계가 없다고 판단했다. 리 사령관 휘하의 장군들은 각기 한 가지 분야에서는 그야말로 확실한 강점을 가지고 있었다. 리 장군이 성과를 달성하기 위해 활용한 것은 바로 이 강점이었다. 링컨이 발탁한 '다재다능한' 장군들은 리 사령관 휘하의 '한 가지 목적에만 쓰이는 도구들', 다시 말해 제한된 분야에서 매우 강력한 강점을 가진 장군들에게 거듭 패했던 것이다.

아무런 약점이 없는 사람을 찾는다거나 그런 사람을 배치하려고 노력하는 사람은 기껏해야 평범한 인사 배치의 결과만 얻을 것이다. 세상에 약점은 전혀 없고 강점만 있는 사람(그런 사람을 지칭하는 적합한 용어가 '완벽한 인간', '성숙한 개성', '세련된 인격' 또는 '제너럴리스트' 무엇이든 간에), 즉 '다재다능한' 사람이 있다는 생각을 전제로 인력 관리를 하면 무능한 조직까지는 아니더라도, 평범한 조직밖에 만들지 못한다. 큰 강점을 가진 사람은 언제나 커다란 약점도 가지고 있다. 산봉우리가 높은 곳에는 계곡도 깊은 법이다. 그리고 온갖 분야에서 모든 것을 다 잘하는 인간은 없다. 인간의 지식, 경험 그리고 능력 등 총체적 척도를 기준으로 평가해보면, 아무리 위대한 천재라도 낙제 수준으로 등급 매겨질 수밖에 없다. 세상에 '좋은 인재'란 없다. '어떤 면에서 좋다는 것인가?' 하는 질문이 핵심이다.

어떤 사람이 할 수 있는 것이 아니라 할 수 없는 것에 관심을 갖는 경영 리더, 그리고 그 결과 강점을 보다 효과적이 되도록 하기보다는 약점을 피하려 하는 경영 리더는 약한 인간의 표본이다. 아마도 그는 다른 사람의 강점을 파악하면 위협을 느낄지 모른다. 그러나 부하가 능력 있고 성과를 내는 데 효과적이기 때문에 고통을 겪는 상사는 본 적이 없다.

성과를 내려는 사람에겐 미국 철강 산업의 아버지인 앤드류 카네기(Andrew Carnegie)가 자신의 묘비명으로 택한, 다음의 문구보다 더 훌륭하고 긍지를 느끼게 하는 말은 없을 것이다. "여기 자신보다 더 우수한 사람을 어떻게 대해야 하는지를 아는 사람이 누워 있다." 물론 카네기의 부하들이 우수했던 것은 그가 부하들의 강점을 찾아 일에 적용했기 때문이다. 카네기 철강 회사 경영자들은 하나의 특정 분야, 특정 직무에서만 남보다 '더 우수한 사람'이었다. 그리고 두말할 것 없이 카네기야말로 그들 가운데 가장 성과를 잘 낸 경영 리더였다.

■ 남군 사령관 로버트 리에 관한 또 다른 일화는 강점을 생산적으로 만든다는 것이 무슨 의미인지를 잘 설명해준다. 리 사령관의 휘하 장군들 가운데 한 사람이 그의 명령을 무시

한 탓에 전략을 망쳐놓았다. 이런 실수는 처음 있는 일이 아니었다. 평소에는 감정을 잘 억제했던 리 사령관이 노발대발했다. 그의 감정이 누그러졌을 때 한 부관이 정중하게 물었다. "왜 그를 지휘관 자리에서 해임하지 않으십니까?" 리 장군은 무슨 뚱딴지같은 소리라도 들은 듯 부관을 돌아보며 다음과 같이 말했다고 한다. "무슨 그런 어리석은 질문을, 그는 전쟁에서 이기고 있잖은가?"

성과를 내는 경영 리더는 부하들이 상사를 기쁘게 하기 때문이 아니라 일을 제대로 하기 때문에 자신이 보수를 받는다는 사실을 알고 있다. 그가 오페라단의 책임자라면 프리마돈나가 관객을 끌어모으는 한, 그녀가 아무리 까다롭게 굴어도 문제가 되지 않는다는 사실을 잘 알고 있다. 만약 프리마돈나가 뛰어난 공연을 하기 위해 까다롭게 구는 것이 천성인 경우, 무대감독은 보수를 받기 위해 그 프리마돈나의 성깔을 참고 견딜수 밖에 없다. 일류 선생이나 뛰어난 학자가 학장을 기분 좋게 대하는지, 교수회의에서 협조적인지 여부는 문제되지 않는다. 학장이 보수를 받는 이유는 그가 일류 교수나 일류 학자로 하여금 하는 일에서 성과를 내도록 지원해주기 때문이다. 그렇게 하다 보면 행정 처리 과정에 다소 불쾌한 일이 벌어진다 해도 여전히 수지맞는 셈이 된다.

성과를 내는 경영 리더는 결코 '그 사람이 나하고 잘 지낼 수 있는가?'라는 질문을 하지 말아야 한다. '그는 어떤 기여를 하는가?'여야 한다. '그가 할 수 없는 것은 무엇인가?'라는 질문도 절대 하지 말아야 한다. 경영 리더가 해야 할 질문은 언제나 다음과 같은 것이어야 한다. 즉 '그가 아주 뛰어나게 잘할 수 있는 일은 무엇인가?' 인사 배치 때는 한 가지 중요한 분야에서 우수한 능력을 가진 인재를 찾아야지, 모든 것을 두루 잘하는 다재다능한 사람을 찾아서는 안 된다.

한 가지 분야에서 두드러진 강점을 가진 사람을 찾고 그 사람의 강점을 하는 일에 적용시키고자 하는 것은 인간의 본성에 따른 것이다. 사실 '전인(全人)' 또는 '성숙한 인격'을 논하는 말에는, 아이러니하게도 사람의 가장 특수한 재능, 즉 한 가지 활동이나 한 분야의 사업, 그리고 한 영역에서 성과를 내기 위해 어떤 사람의 모든 자원을 투입할 수 있는 능력에 대한 깊은 무시나 심지어 경멸이 눈에 안 띄게 깔려 있는 것이다. 다시 말해 이것은 수월성(excellence)에 대한 무시와 경멸인 것이다. 인간의 수월성은 한 가지 분야, 또는 기껏해야 극소수 분야에서만 구현될 수 있을 뿐인데 말이다.

물론 다양한 분야에 관심을 갖고 있는 사람들이 실제로 존재한다. 그리고 그들이야말로 우리가 말하는 '만능 천재'에 부합하는 사람이다. 그러나 많은 분야에서 탁월한 업적을 이룬 사람은 존재하지 않는다. 심지어 레오나르도 다빈치(Leonardo da Vinci)조차 폭넓은 분야에 대한 관심에도 불구하고 오직 미술 분야에서만 뛰어난 업적을 남겼다. 만약 괴테(Goethe)의 시가 모두 분실되고, 그의 업적이라고 알려진 유물들이 모두 광학이나 철학에 관한 것뿐이었다면, 그는 아마도 가장 많이 읽히는 백과사전의 각주에조차 이름을 올리지 못했을 것이다. 그들과 같은 위대한 천재들에게 적용되는 게 사실이라면, 우리 같은 평범한 사람들에게는 더 말할 나위도 없다. 그러므로 경영 리더는 직원의 강점을 찾고, 그 강점을 활용해 생산성을 높이는 데 모든 것을 쏟아야 한다. 그렇게 하지 않으면 그가 얻는 것은 기껏해야 약점과 결점, 그리고 성과 달성 능력의 부족에서 오는 허탈감만 느낄 것이다. 자질이 부족한 사람을 배치해놓고, 약점에 초점을 맞추는 것은 시간 낭비일 뿐이다. 인적 자원의 남용은 아닐지라도 오용에 해당하는 것이다.

강점에 초점을 맞추는 이유는 높은 성과를 내기 위한 것이다. '그가 무엇을 잘할 수 있는가?'라고 먼저 질문하지 않는 사람은, 동료들이 실제로 기여할 수 있는 것보다 훨씬 낮은 수준에서 만족하는 경향이 있다. 동료의 성과 부진을 사전에 양해하는 셈이 된다. 그런 경영 리더는 현실적이지 못할 뿐 아니라, 치명적이지는 않다고 해도 파괴적이다. 진정 '수준이 높은 상사', 즉 나름대로 인재 육성에 대한 요구 수준이 높은 상사는 언제나 '부하가 무엇을 잘해야 하는가'라는 질문에서 시작한다. 그리고 그 부하에게 정말로 그것을 실행해 보여줄 것을 요구한다.

약점을 타개하려 노력하다 보면 조직의 성과 달성에 방해가 된다. 조직은 인간의 약점이 문제가 되지 않고 해가 되지 않도록 하는 한편, 인간의 강점을 성과에 이르도록 하는 특별한 도구다. 아주 강한 사람은 조직이 필요 없고 조직에 속하는 것을 바라지도 않는다. 그런 사람들은 혼자 일하는 편이 훨씬 낫다. 그렇지만 우리들은 대부분 자신의 한계를 넘어 혼자서도 목표를 달성할 만큼 대단한 능력을 갖고 있지는 않다. 인간관계론자들이 과학적 관리법을 비판할 때 쓰는 격언이 있는데, "누구도 손 하나만을 고용할 수는 없다. 손과 함께 사람 전체가 온다"는 것이다. 마찬가지로 어떤 사람이라도 혼자서 모든 것을 해결할 수 있을 정도로 탁월할 수는 없다. 강점과 함께 약점도 늘 따라다닌다.

우리는 개인의 약점을 개인적인 흠결 정도로 국한시켜 작업 및 성과와는 관계없게 만들거나, 적어도 강점을 발휘하는 데 영향을 미치지 않는 조직을 만들 수는 있다. 또한 우리는 개인의 강점이 중요하도록 조직을 구축할 수 있다. 개인 사무소를 운영하는 세무사라도 대인 관계에 서투르면 사업상 큰 장애에 부딪힌다. 그러나 그런 성격의 사람도 어떤 조직에 속해서 자기 사무실만 지키면 다른 사람들과 직접 접촉하지 않아도 된다. 조직에서는 누구든지 자신의 강점으로 성과를 내고, 약점이 그 성과를 내는 데 방해가 되지 않도록 할 수 있다. 재무에는 밝지만 생산이나 마케팅에는 소질이 부족한 중소기업 경영자는 곤경에 빠질 가능성이 크다. 그러나 조금 큰 기업에서는 재무에만 강점을 지닌 사람이라도 그 분야에서 생산성 있는 사람으로 만들 수 있다.

성과를 내려는 경영 리더는 약점을 백안시하지 않는다. 예를 들면 존스라는 사람이 세무 회계를 할 수 있게 하는 것이 자신의 직무임을 아는 경영 리더는 존스의 인간관계 능력에 대해서 환상을 갖고 있지도 않다. 존스를 관리직에 임명하지 않아야 할 것이기 때문이다.

반면 대인 관계에 능한 사람들도 많다. 세무회계 분야의 일류 전문가는 매우 드문 인재다. 그러므로 그런 사람들이 하는 일은 조직에 매우 중요하다. 그 사람이 할 수 없는 일은 한계일 뿐이다.

이런 주장을 너무나 당연한 것으로 여길지도 모른다. 그렇다면 왜 지금까지 그렇게 하지 않았는가? 왜 사람의 강점을 생산적이 되도록 이끄는 경영 리더, 특히 구성원들의 강점을 생산적이 되도록 하는 경영 리더가 그토록 드문 것인가? 왜 링컨조차 강점을 택하기까지 세 번씩이나 약점에 기반한 인사 결정을 했는가?

그 주된 이유는 경영 리더의 당면 과제가 인력 배치가 아니라, 우선 빈자리에 사람을 채우는 것이기 때문이다. 빈자리부터 채우는 게 마치 자연의 섭리라도 되는 것처럼 여기며 그 직무에서 일할 사람을 찾는 식이다. 이렇게 되면 가장 부적합성이 적은 사람을 찾는 방식이 될 가능성이 크다. 그렇게 선택된 사람은 가장 적합한 사람이 아니라서 결격 사유가 적은 사람으로 낙찰될 것이다. 그리하면 그 조직은 당연히 평이한 수준에 머물게 된다. 강점 중심의 선택이 아니기 때문이다.

이런 사태를 해결하기 위해 널리 알려진 '처방'은 배치 가능한 사람의 개성에 맞게 직무를 설계하는 방법이다. 그러나 이 처방은 아마도 극히 작고 단순한 조직을 제외한다면 질병보다 더 나쁜 결과를 초래하게 된다. 직무는 객관적으로 설계되어야 한다. 다시 말해 인간의 개성 특성이 아니라 수행되어야 할 과업에 따라 결정되어야 한다.

그렇게 해야 하는 한 가지 이유는 직무 내용, 직무 구조, 그리고 직위를 바꾸게 되면 조직 전체의 변화로 이어지는 연쇄 반응이 불가피하기 때문이다. 직무들은 상호 의존적이며 연결되어 있다. 한 사람을 어떤 한 직무에 배치하기 위해 모든 사람의 직무나 책임을 연쇄적으로 바꿀 수는 없다. 즉 사람에 맞추어 일을 설계하게 되면, 결국 그 직무에서 요구되는 것과 지명된 사람의 재능 사이에 연쇄적으로 보다 큰 괴리가 야기될 것은 명약관화하다. 한 사람을 직무에 꿰어 맞추기 위해 10여 명의 사람을 이동시키게 하는 결과를 가져온다는 말이다.

■ 이는 정부 기관이나 대기업 등 관료주의형 조직에만 해당되는 문제가 아니다. 대학의 생화학과에서 기초 과목을 가르칠 사람이 필요하다면, 그 강사는 우수할수록 좋다. 그런 과목을 가르칠 수 있는 사람은 전문가일 것이다. 그러나 강의는 일반적인 수준이어야 하고, 강사의 관심이나 취향과는 관계없이 생화학 전반에 대한 기초 지식으로 구성되어야 한다. 무엇을 강의할 것인지는 학생들에게 필요한 객관적인 요구에 따라 결정되는데, 개별 강사는 이를 받아들여야 한다. 예를 들어 오케스트라 지휘자가 제1 첼리스트를 충원해

야 하는 경우, 그 자리에 일급 오보에 연주자를 후보로 고려
하지는 않을 것이다. 비록 그가 어떤 후보 첼리스트들보다
더 위대한 음악가라 해도 말이다. 지휘자는 어떤 연주자를
위해 악보를 고치지도 않을 것이다. 급여라도 제대로 받으
려면 프리마돈나의 변덕을 참고 견뎌야 한다는 사실을 아
는 오페라 무대감독은 공연 프로그램이 〈토스카〉라면 그녀
가 주역을 맡아야 한다는 것을 언제나 예상한다.

그 사람의 개성이 아니라 객관적인 직무에 근거를 두고 직무를
설계해야 하는 데에는 좀 더 민감한 이유가 있다. 그것만이 조직
이 필요로 하는 인적 자원의 다양성을 확보하는 유일한 방법이
기 때문이다. 또한 조직에서 일하는 사람들의 다양한 능력과 개
성의 차이를 인정하고 나아가 장려도 하는 유일한 방법이기도 하
다. 다양성을 확보하려면 인간관계는 각자의 개성이 아니라 수
행할 직무에 초점을 맞춰야 한다. 개인의 성취는 기여나 성과와
같은 객관적인 기준에 따라 측정되어야 한다. 그러나 그것은 직
무 내용이 개인적 특성과 관계없이 규정되어 있을 때에만 가능하
다. 그렇지 않으면 인사 관리에 있어서 '무엇이 옳은가?'가 아니
라 '누가 옳은가?'만 강조될 것이다. 또 사람과 관련된 결정들은
언제나 '그가 일을 뛰어나게 잘할 가능성이 가장 큰 사람인가?'라
는 질문을 바탕으로 해야 한다. '이 사람은 내가 좋아하는 사람인
가?' 또는 '다른 사람들이 이 사람을 받아들일까?'라는 질문을 바

탕으로 해서는 안 된다.

개성과 특성에 맞춘 직무 설계는 조직을 편애주의와 순응하는 분위기에 빠지게 할 수밖에 없다. 하지만 조직은 그 어느 것도 허용할 수 없다. 조직은 사람과 관련된 결정에 공평성과 객관적인 공정성을 유지해야 한다. 그렇지 않으면 우수한 인력을 놓치거나 그들의 의욕을 꺾어버리고 만다. 따라서 조직은 다양성이 필요하다. 그렇지 않으면 조직은 변화를 추진할 능력은 물론이고, 올바른 의사 결정을 내리는 데 꼭 필요한 다양한 의견 제시 능력도 상실하게 된다. (이 점에 대해서는 7장에서 논의한다.)

■ 지금까지 한 말은 무엇을 시사할까. 최고의 경영 리더들로 팀을 구축한 사람들은 대개 동료 또는 직속 부하들과 가까이 지내지 않는다는 점이다. 사람을 선발할 때 개인적인 선호에 따라 결정하는 것이 아니라 그들의 능력에 기초해 뽑는 이유는, 그들이 추구하는 것은 성과이지 화합이 아니기 때문이다. 그런 점이 부각되도록 하기 위해, 그들은 자신과 자신들의 가까운 동료들 사이에 거리를 두는 것이다.

링컨은 자주 언급되는 바와 같이 친한 관계, 예를 들면 휘하의 육군장관 에드윈 스탠턴(Edwin Stanton)처럼 가까운 관계와 초연하게 거리를 두고 나서야 성과를 달성하는 대통령이 되었다. 프랭클린 루스벨트는 각료직에 '친구'를 두지 않았다. 심지어 헨리 모겐소(Henry Morgenthau) 재무장관은 비정부 부문의 문제들에 관련해선 매우 가까운 친구이지만 거리를 두었다. 마셜 장군과 슬론 2세도 공사를 구분했다.

지금까지 예를 든 사람들 모두 마음이 따뜻했고, 가까운 인간관계를 추구했으며, 친구를 만들고 우정을 가꾸는 재능도 있었다. 그러나 그들은 우정이란 '직무 외'의 문제라는 사실을 알고 있었다. 그들은 어떤 사람을 좋아하거나 지지하는 것이 업무에 지장을 주는 것은 아니라 해도, 업무와는 아무 관계가 없다는 것을 알고 있었다. 그리고 친구들과 거리를 유지함으로써 그들은 다양성이 넘치고 강점을 가진 팀들을 만들 수 있었다.

물론 직무를 사람에 맞추지 않으면 안 되는 예외적인 경우도 있다. 심지어 개성을 무시하고 조직 구조를 강조했던 슬론 2세마저도 GM 초기에 특정한 사람을 위해 엔지니어링 부문을 의도적으로 만들었다. 그 사람이 바로 위대한 발명가 찰스 케터링(Charles Kettering)이다. 프랭클린 루스벨트 또한 조직론 교과서에 등장하는 모든 원칙을 무시하고 거의 쇠락해가던 해리 홉킨스(Harry Hopkins)를 임명하고는, 그가 예외적인 기여를 할 수 있도록 했다. 그러나 이러한 예외는 자주 있어서는 안 된다. 또한 그런 예외들은 특별한 일을 탁월하게 할 수 있는 예외적인 능력을 가진 사람에게만 적용되어야 한다.

그렇다면 성과를 내는 경영 리더들은 어떻게 일을 사람에 맞추는 직무 설계 함정에 빠지지 않고, 강점을 근거로 인사를 배치하는 걸까? 대체로 그들은 다음 네 가지 원칙을 따른다.

1. 그들은 일이란 자연의 섭리 또는 신의 손으로 만들어졌다는 가정으로 시작하지 않는다. 잘못을 너무 쉽게 저지르는 인간들이 일을 만들었다는 사실을 사람들은 잘 알고 있다. 그러므로 '불가능한 일', 즉 정상적인 인간이 할 수 없는 일이 나타나지 않도록 항상 경계한다.

그런 일들은 흔하다. 그런 일들은 문서상으로는 뛰어나고 논리적인 것처럼 보인다. 그러나 실제로는 어느 누구도 그런 일들을 감당할 수가 없다. 이미 능력이 증명된 사람들이 그 일을 차례로 맡아서 시도해보지만 아무도 성공하지 못한다. 6개월 또는 1년 뒤, 그 일을 맡은 사람들에게 실패자라는 낙인을 찍는다.

그런 일은 언제나 예외적인 어떤 인간을 위해 만들어지고, 그 개인의 남다른 특유의 능력에 맞추어 만들어진다. 그런 일은 일반적으로 어떤 한 개인에게 흔치 않은 다양한 기질(temperament)을 요구한다. 사실 개별 인간들은 매우 다양한 종류의 지식과 고도의 여러 기술을 획득할 수 있다. 그러나 그들은 자신의 기질을 변화시킬 수는 없다. 따라서 여러 특수한 기질을 요구하는 일은 '수행할 수 없는 일', 즉 사람을 '숨막히게 하는 일'이 되고 만다.

원칙은 단순하다. 어떤 일이든 잇달아 두세 사람을 좌절시킨다면, 심지어 그들 각자가 전직에서는 맡은 일을 훌륭히 수행했는데도 그렇다면, 그 일은 누가 해도 어렵다고 판단해야 한다. 그래서 다시 설계해야 하는 것이 맞다.

■ 예를 들어 모든 마케팅 교과서에서 영업 관리 업무는 광고 및 판촉 업무와 더불어 한 사람의 마케팅 담당 임원이 맡도록 되어 있다. 그러나 잘 알려진 브랜드의 소비재 상품을 대량 판매하는 제조업자들의 경험에 따르면, 그런 종합적인 마케팅 담당 직무는 실행 불가능하다는 것이다. 그런 회사들은 영업 분야와 고객 분야 두 부문 모두에서 높은 성과를 내는 능력이 필요하다. 영업 분야는 상품을 이동하는 것이고, 고객 분야는 광고와 판촉 활동에 뛰어난 능력을 발휘해야 한다. 한 사람이 두 분야 모두에서 성과를 내기에는 두 분야가 요구하는 역량이 너무 다른 성격 유형들(personalities)과 매칭이 되는 분야라는 점에 유의해야 한다. 규모가 큰 미국 대학교 총장의 직무 또한 실행 불가능한 것 중 하나다. 최소한 내 경험에 비춰보면, 그 자리에 임명된 사람들 가운데 오직 소수만이 성공했다. 임명된 사람들 거의 모두가 이전 직위에서 상당히 오랫동안 실질적으로 성과를 낸 사람들인데도 말이다.

또 다른 예로, 오늘날 대규모 다국적 기업의 해외 담당 부사장 직무를 들 수 있다. 본사가 관할하는 지역 밖에서 생산 및 판매가 현저해지면, 즉 전체의 5분의 1 이상이 되자마자

'본사 이외의 모든 지역 사안'들을 하나의 조직 단위에 통합하려는 시도는 불가능한 일, 즉 사람을 죽이는 일을 만드는 셈이다. 그 일은 전 세계에 걸친 제품 그룹(네덜란드의 필립스가 그 예다), 또는 주요 시장들의 공통적인 사회 경제적 특성에 따라 재조직되어져야 한다. 예를 들면 그것은 세 가지 직무군으로 분할될 수 있을 것이다. 첫째, 선진 산업국 시장(미국, 캐나다, 서유럽, 일본), 둘째, 개발 도상국 시장(중남미 대부분, 호주, 인도, 중동 국가들), 셋째, 기타 저개발국 시장이다. 여러 주요 화학 회사들이 이 방식을 따르고 있다.

오늘날 주요 강대국 대사들이 하는 일도 비슷한 난관에 처해 있다. 그들이 관리하는 대사관은 너무 규모가 크고 업무 또한 과중하다. 게다가 그들의 활동은 여러 갈래로 나뉘기 때문에 그런 일을 모두 관리하다 보면, 정작 자신의 주 업무에 신경 쓸 시간이 없고 흥미도 느끼지 못할 것이다. 대사의 주 업무란 주재국을 파악하는 일이다. 즉 주재국 정부, 정책, 국민을 파악하고 동시에 그들로부터 신뢰를 받는 것이다. 그리고 맥나마라 장관이 국방부에서 이룬 훌륭한 업적에도 불구하고, 미국 국방부 장관의 직무가 정말로 수행 가능한 일인지 나는 아직도 확신이 서지 않는다. (물론 다른 대안이 없다는 것도 인정하지만 말이다.)

그러므로 성과를 달성하려는 경영 리더는 먼저 업무가 적절히 설계되어 있는지 확실히 파악해야 한다. 만약 과거 경험한 바가 이와 다르다고 해도 그런 불가능한 직무를 맡길 천재를 찾으려 하면 안 된다. 직무를 재설계해야 한다. 조직의 성패는 그 조직 내 천재에게 달려 있는 게 아니라는 것을 알아야 한다. 조직의 성공 여부는 평범한 사람들이 비범한 성과를 달성케 하는 조직의 역량에 달려 있다.

2. 강점에 기반을 둔 인사 배치를 위한 두 번째 원칙은 개별 직무에서 요구하는(Job demands) 수준을 높고 크게 설계하는 것이다. 각 직무는 개인이 지닌 강점을 발휘하도록 자극해야 한다. 개별 업무는 직무 수행에 적합한 어떤 강점이 뛰어난 결과를 산출할 수 있도록 직무 범위(Job scope)가 넓게 설계되어야 한다.

그러나 대규모 조직들은 이 원칙을 거의 따르지 않는다. 대규모 조직은 대개 직무 범위를 좁게 설계하는 경향이 있다. 정해진 시기에 직원들이 구체적인 성과를 내도록 임무를 부여하고, 기계적으로 그 일을 수행하게 할 때에만 의미가 있기 때문이다. 그러나 우리는 개별 직무를 사람으로 채워야만 한다. 앞서 예로 든 가장 단순한 직무 요건도 변화의 운명에 놓여 있을 뿐 아니라, 때로는 갑자기 변하기도 한다. 그러므로 '최적합' 상태였던 것이 어느 순간 '부적합'이 되어버린다. 처음부터 각 직무 범위를 넓게 잡고, 요구 수준을 높이면, 구성원들이 상황 변화에 맞게 새로운 요구 수준에 도달할 수 있게 해줄 수 있다.

이 원칙은 특히 처음 직무를 수행하는 지식작업자의 직무에 적용된다. 강점이 무엇이든 간에, 그 강점을 최대한 발휘할 수 있는 기회를 갖도록 해야 한다. 지식작업자가 맡은 첫 직무에서 향후 그가 경력 관리를 하는 데 가이드가 될 기준들이 설정되며, 그 기준들에 의해 자신의 기여를 측정하게 된다. 지식작업자가 처음으로 경력 직무를 맡아 일하기 전까진, 지식작업자는 성과를 낼 기회를 갖지 못한다. 그가 할 수 있는 것이라고는 가능성을 보여주는 게 전부다. 연구소, 학교, 기업, 정부 기관 어디에서든 성과를 낸다는 것은 실제로 일할 때만 가능하다. 초보 지식작업자나, 조직의 다른 사람들, 즉 동료나 상사 모두에게 가장 중요한 것은 그 지식작업자가 실제로 잘할 수 있는 것이 무엇인지를 발견하는 일이다.

또한 자기가 올바른 직장에서 올바른 일을 하고 있는지 가능한 빨리 알아내는 것도 지식작업자로서는 중요한 일이다. 육체노동에서는 필요한 적성이나 기능에 대해 매우 신뢰도가 높은 검사 방법이 있다. 어떤 사람이 목수나 기계정비 관리공으로 일을 잘할 수 있을지는 미리 확인할 수 있다. 그러나 지식작업에 적용할 수 있는 적절한 검증 방법이 없다. 지식작업에서 필요한 것은 이런저런 특별한 기술이 아니라, 보유한 재능에 대한 전체적인 모습이며, 이것이 적합한지 여부에 대한 테스트는 바로 성과다.

목수나 기계정비 관리공의 직무는 그 사람의 손재주에 따라 결정되는 것이지, 일하는 장소에 따라 달라지는 경우는 거의 없다. 반면 지식작업자의 능력이 어떤 조직에 기여할지 여부는, 그의 전문적 지식과 기술 못지않게 조직의 가치와 목표들도 중요한 역할을 한다. 특정 조직에 적합한 강점을 가진 사람이라도 외부의 관점에선 같은 종류의 구성원으로 보이고, 다른 조직에는 전혀 적합하지 않은 구성원일 수 있다. 그러므로 지식작업자의 첫 직무는 자신과 조직에 무엇을 기여할 수 있는지 확인하는 중요한 기회가 된다.

■ 이 같은 원칙은 다른 종류의 조직, 예를 들어 정부 기관, 대학, 기업 등에만 적용되는 것은 아니다. 같은 종류의 여러 조직 사이에서도 마찬가지로 적용된다. 나는 지금껏 동일한 가치를 천명하고, 동일한 기여를 강조하는 사례를 본 적이 없다. 모든 대학교의 관리자가 잘 알고 있는 사실 가운데 하나는, 어떤 대학에 재직하면서 많은 연구 실적을 쌓은 교수가 다른 대학으로 옮기고 나서는 불행히도 좌절하는 경우가 있다는 점이다. 그리고 미국 정부의 중앙인사위원회가 모든 정부 기관이 같은 규칙을 지키고, 같은 기준을 적용하도록 아무리 철저히 지도한다 해도, 정부 기관은 설립 후 몇 년만 지나면 각자 별개의 독자적인 특성을 갖게 된다. 각 정부 기관은 재직 구성원들, 특히 전문직 직급의 구성원들이 성과를 내고 기여하게 하기 위해 기관별로 서로 상이한 행동을 요구하곤 한다.

젊을 때는 전직(轉職)하기가 쉽다. 적어도 전직이 자유로운 서구에서는 그렇다. 한 직장에 10년 이상 일했는데 성과를 내지 못한 사람들은 직장 옮기기가 점점 더 어려워진다. 그러므로 젊은 지식작업자는 일찌감치 다음과 같이 자문해야 한다. '나는 나의 강점이 발휘될 수 있는 적합한 일를 하고, 또한 내게 적합한 회사에서 일하고 있는가?'

그러나 처음 시작하는 직무의 범위가 너무 좁고 쉬우면서, 자신의 능력을 발휘하게 하기보다는 오히려 경험 부족을 감안하며 설계된 일이라면, 위의 질문에 대한 대답은 말할 것도 없고 그 질문조차 할 수 없다.

군의관, 연구소 화학자, 기업 회계사와 공장 기사, 병원 간호사와 같은 젊은 지식작업자들을 대상으로 한 모든 조사는 동일한 결과를 보여주고 있다. 즉 업무에 열성적인 사람들, 그래서 내놓을 만한 성과를 올린 사람들은 직무를 통해서 자신들의 능력을 시험해보고 활용한다. 반면 심한 좌절감을 느끼는 사람들은 표현 방식은 저마다 다르지만 한결같이 "내 능력이 제대로 활용되지 않고 있어"라고 말한다.

자신의 직무가 무언가에 도전하거나 능력을 시험해보기에 너무 범위가 좁다면, 젊은 지식작업자는 그 조직을 떠나거나, 조숙한 중년처럼 신세 한탄이나 늘어놓는 냉소적이며 비생산적인 사람으로 전락하고 만다. 오늘날 어디에서나 경영 리더들은 가슴에 불길이 활활 타고 있어야 할 많은 청년이 너무도 빨리 타버린 양

초 신세가 되었다고 불만을 토로한다. 그런데 그들이야말로 청년들의 직무 범위를 너무 좁게 설정해 청춘의 열정을 잠재웠다고 비난받아 마땅한 사람들이다.

3. 성과를 내는 경영 리더들은 직무가 요구하는 것이 무엇인가보다는 그 사람이 할 수 있는 게 무엇인지부터 파악해야 하는 것이 출발점이 돼야 한다는 것을 알고 있다. 그러나 이는 그들이 특정 직무에 관한 인사 배치 결정을 내리기 훨씬 전에, 그 직무와 관계없이 사람들에 대해 심사숙고한다는 것을 뜻한다.

이것이 오늘날 지식작업자를 정기적으로 평가하는 인사 평가 제도가 폭넓게 채택되고 있는 이유다. 인사 평가의 목적은 특정 인물이 좀 더 높은 직위에 적합한 사람인지 결정하기 전에 그 사람을 평가하려는 것이다.

그러나 규모가 큰 조직들은 대부분이 인사 평가 제도를 실시하고 있긴 해도, 실제로 그것을 활용하지는 않고 있다. 반복해서 물어보면 적어도 매년 한 번씩은 모든 직원을 평가한다고 답하지만, 직원들은 상사로부터 평가를 받아본 적이 한 번도 없다고 말한다. 다시 말해 인사 평가 결과는 서류철에 보관되고, 인사 문제를 결정할 때 그것들을 들춰보는 사람은 아무도 없다는 것이다. 모든 사람이 그것을 마치 아무 쓸모없는 서류 더미인 것처럼 무시하고 있다. 거의 예외 없이, 상사가 부하와 마주앉아 인사 평가 결과에 대해 검토하는 '인사 평가 면담'은 하지 않는다는 것이다.

인사 평가 면담은 인사 평가 제도의 핵심인데도 말이다. 일이 이렇게 잘못된 이유 중 하나는 경영 관련 신간 도서의 광고에 인사 평가 면담은 상사가 '가장 하기 싫은 일'이라 적시하고 있기 때문이다.

오늘날 많은 조직이 사용하고 있는 인사 평가 제도는 원래 임상심리학자와 이상(異常)심리학자들이 자신들이 쓸 목적으로 개발한 것이다. 임상심리학자는 병을 고치기 위해 훈련받은 치료사다. 그는 환자 상태 가운데 좋은 점에 대해서가 아니라 잘못된 점에 관심을 기울인다. 물론 그는 아프지 않은 한 아무도 찾아오지 않는다는 사실을 안다. 그러므로 임상심리학자 또는 이상심리학자는 평가들을 인간의 약점을 진단하는 과정으로서 매우 적절하게 고려한다.

■ 나는 이러한 사실을 일본의 경영진들과 처음 만났을 때 알게 되었다. 경영자 개발과 관련된 세미나를 운영하는 도중, 놀랍게도 대규모 조직의 최고경영자들인 일본 참가자들 모두가 인사 평가를 사용하지 않는다는 것을 알았다. 그 이유를 물었더니 그 가운데 한 사람이 대답했다. "당신들의 평가 제도는 오직 사람의 허물과 약점만 알아내려고 합니다. 그런데 우리는 사람을 해고할 수도 없고, 승진을 보류할 수도 없습니다. 그러니 인사 평가가 어디에 필요하겠습니까. 우리가 구성원들의 약점에 대해 아는 것이 적으면 적을수

록 더 좋은 게 아닐까요? 우리가 알아야 하는 것은 그 사람의 강점이고 '그가 무엇을 할 수 있는가?' 하는 것입니다. 당신들의 평가 제도는 이런 것에는 관심을 두지 않는 것 같습니다."

이 점에 대해 서구의 심리학자들, 특히 인사 평가 제도를 고안해낸 사람들은 물론 이의를 제기할 수도 있을 것이다. 어쨌든 이것이 모든 경영자들, 그들이 일본인이든, 미국인이든, 또는 독일인이든 간에 이 전통적인 인사 평가 제도를 보는 관점이다.

서구의 경영자들은 1960년대 일본의 성공 교훈을 심사숙고해야 할 것이다. 모두 알다시피, 일본에는 '종신 고용 제도'가 있다. 어떤 청년이 취직하면 자신이 속한 직무군에서, 작업자로, 사무원으로, 전문가로, 그리고 임원으로 각각 나이와 근무 연한에 따라 승진하고, 대략 15년마다 보수가 두 배로 오른다. 그 직원은 이직도 못하지만 그렇다고 해고도 당하지 않는다. 오직 고위직과 45세 이상이 되면 능력과 실적에 따라 극소수만이 고위 경영진으로 발탁된다. 이처럼 경직된 제도로 일본 기업은 어떻게 엄청난 결과를 산출하고 성취를 이룰 수 있었을까? 그 대답은 일본의 시스템 자체가 인간의 약점을 심각한 것으로 여기지 않았다는 점에서 찾을 수 있다. 정확히 말해 직원들을 해고할 수 없기 때문에 경영 리더들은 자기 휘하에서 일을 잘할 수 있는 구성원을 항상 눈여겨본다. 그들은 언제나 강점을 찾는다.

나는 일본의 제도를 추천하려는 것이 아니다. 그것은 이상적인 제도와 거리가 멀다. 실제로는 수행 능력이 증명된 극소수 사람이 중요한 일을 모두 처리한다. 나머지 일은 조직이 처리한다. 그러나 전통적으로 서구의 개인과 조직이 누리고 있는 (일본과 비교해) 훨씬 더 큰 전직 가능성(mobility)의 이점을 활용하려면, 서구 세계의 경영 리더들은 일본인의 관습, 즉 강점을 찾고 강점을 활용하는 방식을 도입하는 것이 바람직하다.

상사가 부하의 약점에 초점을 맞추다 보면 부하와의 인간관계는 깨진다. 회사가 규정상 그들에게 요구한 인사 평가 제도를 따르지 않는 경영 리더들은 건전한 직관에 따르고 있는 것이다. 또한 그들이 개인의 과오, 결함, 그리고 약점을 밝히는 데 초점을 맞추는 인사 평가 면담을 매우 싫어하는 것도 전적으로 이해할 만하다. 환자 입장에서 도움을 구하러 찾아온 사람을 상대로 그 사람의 문제를 논의하는 것은 치료자의 의무다. 물론 히포크라테스(Hippocrates) 이래로 쭉 그래왔듯이, 의사와 환자 사이의 전문적이고 특별한 관계는 상사와 부하 사이의 권한 관계와 다르다는 전제하에 말이다. 다시 말해서 약점에 초점을 맞추는 관계는 지속적인 협력을 거의 불가능하게 만든다. 그러므로 공식적인 인사 평가 제도를 사용하는 경영 리더가 거의 없다는 사실이 놀랄 일은 아니다. 약점을 찾는 제도는 잘못된 목적을 위해, 잘못된 상황에서 사용되는, 잘못된 도구인 셈이다.

또한 인사 평가 제도, 그리고 그 배후에 깔린 철학은 인간의 '잠재력'에 지나치게 관심을 둔다. 그러나 경험이 풍부한 사람들은 아는 것이지만, 일이 일어나기도 전에 어떤 사람의 미래 잠재력, 또는 그가 이미 하고 있는 일과는 매우 다른 일을 할 수 있는 잠재력을 평가할 수는 없다. '잠재력'이란 그저 '가능성'을 달리 표현한 말일 뿐이다. 심지어 가능성이 있다 하더라도 실현되지 않을 수도 있는가 하면, 어떤 경우에는 그런 가능성을 전혀 보이지 않은 사람들이(어쩌면 단지 그런 기회가 없어서 그렇게 보였을 수도 있겠지만) 실제로 성과를 내기도 한다.

우리가 측정할 수 있는 것은 성과다. 또한 우리가 평가해야 하는 것도 오직 성과여야 한다. 이것이 바로 업무 범위를 폭넓게 정하고 도전할 수 있게 만들어야 하는 또 다른 이유다. 또한 개인이 자신이 속한 조직의 결과와 성과에 대한 기여를 심사숙고해야 하는 이유이기도 하다. 왜냐하면 개인 성과는 구체적인 성과 기대치들과의 비교에 의해서만 측정될 수 있기 때문이다.

그렇지만 여전히 평가 절차의 어떤 형태가 필요하다. 그렇지 않으면 부적절한 시기, 즉 어떤 직무에 사람을 충원해야 할 때 인사 평가를 하게 된다. 따라서 일반적으로 성과를 내는 경영 리더는 그들만의 근본적으로 다른 형태의 인사 평가를 고안해낸다. 그 방법은 해당 구성원이 과거 및 현재의 직위에서 기대받은 주요 기여

내용과 그 기대치를 그의 실제 성과평가기록과 비교 검토하는 데서 시작한다. 그런 다음, 다음의 네 가지 사항에 대해 질문한다.

- 그 직원은 무엇을 잘했는가?
- 그 직원은 무엇을 잘할 수 있는가?
- 강점을 온전히 활용하기 위해 직원은 무엇을 배우고 습득해야 하는가?
- 내게 자식이 있다면, 나는 자식을 이 사람 밑에서 일하게 할 의향이 있는가? 만약 그렇다면 이유는 무엇인가? 그렇지 않다면 이유는 무엇인가?

이런 방식의 인사 평가는 일반적인 방법보다 어떤 사람에 대해 주도면밀하게 살펴볼 수 있게 해준다. 그리고 이 방법은 강점에 초점을 맞춘다. 이 방법은 한 개인이 무엇을 할 수 있는가에서부터 시작한다. 약점은 그의 강점을 온전히 활용해 성과를 내는 데 제약 요소 정도로 여겨지게 된다.

위의 마지막 질문은 강점과 별로 관련이 없는 유일한 질문이다. 부하들, 특히 머리 좋고 야심 찬 부하들은 강력한 상사를 닮으려고 하는 경향이 있다. 그러므로 조직에서 강력하지만 기본적으로 부패한 경영 리더보다 더 타락할 수도 있고, 더 위험할 수도 있다. 그런 사람은 혼자 하는 일에서는 성과를 내고, 일을 잘 운영할지 모른다. 조직에 속한다 해도 다른 사람들에게 아무런 권한을 내세울 수 없는 직위라면 괜찮을지 모른다. 그러나 조직 내에서 권한을 행사하는 직위에 있게 되면 그는 파괴적인 사람이 된다. 그러므로 강력하지만 기본적으로 부패한 사람에 대해 검토할 때는 그런 약점 자체를 중요하게 여기고 적절성 여부를 고려해야 하는 요소가 된다.

정직과 인품은 그 자체론 어떤 것도 달성하지 못한다. 그러나 그러한 것들이 결여된다면 모든 것을 그르치게 된다. 그러므로 약점이 성과 잠재력 또는 성과 창출 성능과 강점에 제약 요소가 되는 정도가 아니라, 그 자체가 경영자 자격 미달 귀책 요인이 된다.

4. 성과를 내는 경영 리더는 강점을 확보하기 위해선 약점은 참고 받아들일 수도 있어야 한다는 것을 안다.

■ 역사상 위대한 지휘관으로 자기중심적이고 자부심이 강하며, 거울에 비친 자기 얼굴에 도취되지 않았던 인물은 없다. (물론 그 반대는 성립하지 않는다. 자신의 위대함에 확신을 가졌던 장군도 많지만 역사에 위대한 장군으로 이름을 남기지 못한 인물도 많다.) 마찬가지로 온몸의 세포 하나까지 대통령 또는 총리가 되기를 바라지 않는 정치인은 위대한 정치가(statesman)로 기억될 것 같지 않다. 그는 기껏해야 능력 있고, 아마 능력이 출중하고 제 몫을 하는 정도의 정치기술자(journeyman) 수준에 머무르고 말 것이다. 그 이상의 진정한 정치가가 되려

면 세계가, 또는 적어도 한 국가가 진정 자신을 필요로 하고 자기가 권좌에 올라야만 제대로 돌아간다고 믿을 만큼 자부심이 충만한 사람이어야 한다. (다시 말하지만 그 반대는 성립하지 않는다.)

만약 필요한 것이 위기 상황에서의 지휘 능력이라면, 벤저민 디즈레일리(Benjamin Disraeli)나 프랭클린 루스벨트 같은 사람을 지도자로 받아들여야 하고, 그 두 사람이 가진 약점인 오만한 성격에 대해서는 크게 신경 쓰지 말아야 한다. 정말이지 시중드는 사람에겐 위대한 인물로 비치는 사람은 하나도 없다. 시중드는 사람에겐 웃음거리가 될 뿐이다. 하인들은 위대한 인물의 중요하지 않는 소소한 기질, 즉 한 개인이 역사의 요청을 받아 그 구체적인 과업을 수행하는 일과는 전혀 관계없는 여타 기질을 어쩔 수 없이 보게 되는 것이다.

따라서 성과를 내는 경영 리더는 다음과 같이 질문할 것이다. '이 사람은 한 가지 중요한 분야에서 강점을 가지고 있는가? 그 강점은 맡은 과업에 적합한가? 만약 그가 이 분야에서 탁월함을 보인다면, 그것이 조직의 성과에 전과 다른 기여를 하는가?' 그 대답이 '그렇다'라면 경영자는 바로 그 사람을 임명할 것이다.

성과를 내는 경영 리더는 평범한 사람이라도 둘만 모이면 우수한 사람과 같은 성과를 올린다는 착각에 빠지는 우를 범하는 일은 거의 없다. 성과를 내는 경영 리더는 평범한 두 사람이 평범한 한 명보다도 못한 이유를 두 사람이 서로 다른 사람에게 방해가 되는 일을 하는 경우가 비일비재하기 때문이라는 점을 알고 있기 때문이다. 성과를 내는 경영 리더는 능력이란 구체적으로 성과를 올리는 데 연계가 되어야 한다는 것을 안다. 그들은 일반적으로 '좋은 사람'에 대해 절대로 말하지 않지만, 어떤 한 가지 과업을 '잘하는' 사람에 대해서는 말을 한다. 그러나 거기서 그치는 것이 아니라 성과를 내는 경영 리더는 바로 그 한 가지 과업에 요구되는 강점을 가진 사람을 구하고, 뛰어난 성과를 올릴 적임자를 배치한다.

이는 또한 성과를 내는 경영 리더들이 인사 배치 결정에 있어서 문제가 아니라 기회에 초점을 맞춘다는 것을 시사하는 것이다. 성과를 내는 경영 리더는 무엇보다도 '이 사람을 내줄 수 없다. 이 사람이 없으면 곤란하다'라는 말을 받아들이지 않는다. 그들은 '없어선 안 될 사람'이 있다면 오직 세 가지 이유에서만 그렇다는 사실을 터득하고 있다. 첫째, 그 사람이 사실은 무능해서 여러 가지 일을 하지 못하도록 차단당할 때만 겨우 살아남을 수 있는 경우. 둘째, 혼자서는 업무를 처리할 수 없는 무능한 상사를 보필하기 위해 그 사람의 강점이 오용되고(misused) 있는 경우. 셋째, 문제가 있음을 감추려는 의도가 아니더라도 그 중요한 문제 해결을 늦추는 데 그 사람의 강점이 오용되는 경우다.

그러므로 세 가지 이유 가운데 어느 것이든 간에, '없어선 안 될 사람'은 이동시켜야 하는데, 그것도 즉시 해야 한다. 그렇지 않으면 그 사람이 가진 강점이 무엇이든 간에, 그는 그 강점을 파손시키고 말게 된다.

■ 3장에서 소개한 최고경영자의 예를 들어보자. 대규모 소매 체인점의 경영자 육성 정책을 효과적으로 추진하기 위해 독특한 방법을 구사한 그 경영자는, 누구든지 그 직속 상사가 '없어선 안 될 사람'이라 꼽는 인재는, 즉각적으로 부서를 이동시키는 결정을 했다. 그는 "그것은 '저는 수준 낮은 상사 아래에 있습니다'라거나, 또는 '제가 수준이 낮습니다' 또는 '저는 둘 다입니다'라고 말하는 것과 같지요. 어느 경우든, 빨리 가려낼수록 좋습니다"라고 했다.

요컨대 충원이 필요한 직무에는 성과를 기준으로 평가해 가장 적합하다고 판단된 사람을 승진시키는 것을 철칙으로 삼아야 한다. 이를 반대하는 모든 주장들, 즉 "그는 필수 요원입니다", "그 사람은 다른 부서에서 받아주지 않을 겁니다", "그는 너무 젊어요", "우리는 현장 경험이 없는 사람을 그 자리에 배치한 적이 없는데요" 등에 대해선 변명에 불과하므로 단호하게 거부해야 한다. 어떤 업무에 최적임자를 앉힌다고 모든 것이 끝나는 것은 아니다. 성과로 능력이 증명된 사람에겐 그것을 발휘할 기회가 주어져야 한다. 문제를 해결하는 자리가 아니라, 성과를 낼 수 있는 기회에 사람을 배치하는 것은 가장 효과적인 조직을 만드는 것이 되며 또 열정을 불러일으키고 기여를 유도한다.

반대로, 눈에 띌 정도로 업무 수행을 하지 못하는 사람, 특히 관리자 직위에 있는 무능한 사람은 누구라도 가차 없이 이동시키는 것이 경영 리더의 의무다. 그런 부류의 사람들을 이동시키지 않고 내버려두면 다른 사람들마저 망치게 된다. 그것은 조직 전체의 차원에서도 매우 불공정한 일이다. 뿐만 아니라 무능한 상사 때문에 성취와 인정의 기회를 박탈당한 그의 부하 직원에게도 엄청난 불공정을 초래하게 된다. 무능한 상사는 스스로 인정을 하든, 않든 간에 그 업무에 자신이 적합하지 않다는 것을 안다. 맞지 않는 업무를 맡게 되어 받는 압력과 긴장으로 서서히 파괴되지 않는 사람은 없다. 그리고 그 자리에서 벗어날 수 있도록 남모르게 기도하기 마련이다. 일본의 '종신 고용 제도'나 서구 각국의 공무원 제도는 입증된 무능을 고용 정지의 근거로 삼아서는 안 된다고 생각하는데, 이것은 중대한 실수이고, 그렇게 여길 필요가 없다.

■ 제2차 세계대전 중 마셜 장군은 뛰어난 업적을 달성하지 못하는 휘하 지휘관은 즉각 이동시키는 것을 원칙으로 삼았다. 마셜의 설명에 따르면, 그런 사람을 계속 지휘관 자리에 두는 것은 그 지휘관 손에 운명이 달린 군인과 국가에 대해 그가 책임을 다하지 않는 것이었다. 마셜은 '그 사람을 대신할 인물이 없다'라는 말을 단호히 거부했다. 그는 이어서 다

음과 같이 지시했다. "중요한 것은, 그 사람이 그 자리에 맞지 않다는 걸 너희도 안다는 사실이야. 그를 대신할 사람을 어디에서 데려올 것인지는 그다음 문제야."

게다가 마셜은 어떤 사람의 지휘권을 박탈하는 것은 그 사람에 대한 판단이라기보다는 그 사람을 임명한 상관에 대한 문책이라는 것을 강조했다. 마셜의 주장은 다음과 같다. "우리가 아는 단 하나의 사실은 이 자리가 그 사람에게 맞지 않다는 것뿐이다. 이는 그 사람이 다른 직무에도 이상적인 적임자가 될 수 없다는 뜻은 아니다. 그 사람을 임명한 것은 나의 잘못이었으므로, 이제 그 사람이 무엇을 할 수 있을지 찾는 것도 내가 할 일이다."

종합해보면 마셜 장군은 강점을 활용하는 방법에 대해 좋은 사례를 보여주고 있다. 1930년대에 그가 처음으로 영향력을 행사할 수 있는 자리에 올랐을 무렵, 미군에는 현역으로 복무할 수 있을 만한 젊은 장군들이 없었다. (마셜 자신도 계급 정년을 4개월 남기고 있었다. 참모총장 직위의 연령 상한 규정, 즉 60세가 되는 생일이 1939년 12월 31일이었다. 따라서 마셜은 1939년 9월 1일에 발령받았다.) 마셜이 제2차 세계대전을 떠맡을 미래의 장군들을 선발해 훈련시키기 시작했을 때, 그들은 여전히 승진할 가능성이 희박한 초급 장교에 불과했다. 드와이트 아이젠하워(Dwight Eisenhower)는 나이가 많은 축에 속했는데, 심지어 그마저도 1930년대에는 겨우 소령이었다.

그러나 1942년까지 마셜은 미국 역사상 가장 많은, 가장 유능한 일단의 장군들을 양성했다. 지휘관의 임무 수행에 자격이 없는 장군들은 거의 없었으며, 이류도 많지 않았다.

그런데 군 역사상 위대한 교육적 위업 중 하나를 보여준 마셜 장군은 훌륭한 장군들의 리더십을 언급할 때 통상 거론되는 소중한 특성들을 갖고 있지 않았다. 예를 들어 영국의 버나드 몽고메리(Bernard Montgomery), 프랑스의 샤를 드골(Charles De Gaulle), 미국의 더글러스 맥아더(Douglas MacArthur) 같은 지휘관들이 보여준 인간적 흡인력 또는 하늘을 찌를 듯한 자신감 같은 개성 특성이 전혀 없었다. 마셜이 갖고 있던 것은 몇 가지 원칙이었다. 그는 항상 '이 사람이 할 수 있는 것은 무엇인가'를 질문했다. 그리고 만약 그 사람이 무언가 할 수 있다면, 그의 부족한 점은 제쳐두었다.

■ 예를 들면 마셜은, 야심만만하고 우쭐대기를 좋아하지만 전쟁에서만큼은 강력한 지휘관인 조지 패튼(George Patton) 장관을 번번이 지켜주었다. 마셜은 패튼이 참모부 장군으로서, 또 평화로울 때는 훌륭한 직업군인으로서 자질이 부족해도 불이익을 당할 때마다 구해주었던 것이다. 그러나 마셜은 개인적으론 패튼처럼 돌격만 할 줄 아는 '저돌적 무사'를 싫어했다.

마셜이 개인의 약점에 관심을 둘 때는 그 약점이, 그의 강점을 최대로 발휘하는 데 방해될 때뿐이었다. 마셜은 이러한 약점은 많은 일과 기회를 통해 극복할 수 있다고 믿었다.

- 마셜은 아이젠하워 소령이 전략을 체계적으로 이해하는 능력이 부족하다는 사실을 알고서는, 보완을 위해 1930년대 중반에 그를 일부러 전략 참모 부서에 배치했다. 그가 전략을 이해하는 데 도움을 주고자 했던 것이다. 그렇다고 아이젠하워가 전략가가 된 것은 아니다. 그렇지만 전략과 그 중요성을 존중하게 되었고, 팀 구축가 및 전술가로서 그가 지닌 강점을 가로막는 제약 요소들을 제거할 수 있었다.

마셜은 항상 검증된 최적임자를 골라 임명했는데, 해당자가 현직에서 아무리 필요한 사람이라 하더라도 예외를 두지 않았다. 대개 자신보다 계급이 높은 다른 누군가가 마셜에게 '필수 요원'을 차출하지 말도록 강력히 요구하면, "우리는 일의 성격을 생각해야 합니다. 이것은 그 사람을 위한 것이며 군대를 생각하면 어쩔 수 없습니다"라고 대답했다.

- 그러나 그런 마셜도 단 한 번의 예외가 있었다. 프랭클린 루스벨트 대통령이 마셜에게 자기 옆에 없어서는 안 될 사람이라고 애원하자, 워싱턴에 그대로 남았다. 그는 유럽 최고

사령관직을 아이젠하워에게 양보하고 평생의 꿈을 접었던 것이다.

마지막으로, 마셜은 모든 사람이 배울 수 있는 교훈으로서, 사람과 관련된 의사 결정은 일종의 도박이라는 사실을 알게 되었다. 그러나 그 사람이 무엇을 할 수 있는지를 바탕으로 결정하면, 그 결정은 최소한 합리적인 도박이 되는 것이다.

상사는 부하들의 일에 대해 책임을 진다. 또한 상사는 부하들의 경력에 영향을 미칠 권력을 가지고 있다. 그러므로 강점이 생산적이 되도록 하는 것은 성과를 달성하기 위한 조건 그 이상인 것이다. 이는 권한과 직위의 책임이기도 한, 준엄한 '도덕적 명령'인 것이다. 약점에 초점을 맞추는 것은 어리석은 짓에 그치는 것이 아니라 무책임한 것이다. 상사는 조직에 대해 부하 각자의 강점을 가능한 생산적으로 활용해야 할 책임이 있다. 뿐만 아니라 자신이 권한을 행사하는 부하들에 대해 그들이 가진 강점을 최대한 발휘할 수 있도록 도와줄 책임도 있다. 조직은 구성원 각자가 자신의 한계와 약점에 상관없이 자신의 강점으로 목표를 달성할 수 있도록 도와줘야 한다.

이 점은 앞으로 더 중요해질 것이며, 정말이지 가장 중요한 일이 될 것이다. 불과 한 세대 전만 해도 지식작업의 수와 지식작업자의 일자리 기회는 좁았다. 독일 또는 스칸디나비아 각국 정부의 공무원이 되려면 법학 학위가 있어야만 했다. 수학자는 응모

할 자격도 없었다. 다시 말해서 지식을 작업에 적용해 생활하려는 젊은이가 선택할 수 있는 분야와 일자리는 서너 개밖에 없었다. 오늘날 지식작업자에게는 놀랄 정도로 다양한 지식작업과 많은 일자리가 펼쳐지고 있다. 1900년경까지 모든 현실적인 문제를 해결하기 위한 유일한 지식 분야는 전통적인 전문직인 법률, 의학, 교육, 종교 분야뿐이었다. 지금은 문자 그대로 수백 가지의 다른 학문 분야들이 있다. 더욱이 실질적으로 모든 지식 분야가 조직 내에서, 그리고 조직에 의해 생산적으로 활용되고 있다. 기업과 정부 기관은 말할 것도 없다.

따라서 오늘날 우리는 자신의 능력에 가장 적합한 지식 분야를 선택해 직업을 구할 수 있다. 이제 더 이상 취업 기회가 있는 지식 분야 업무나 일자리에 자신을 억지로 맞출 필요가 없다. 물론 다른 한편으로는 청년들이 진로를 선택하는 데 점점 더 어려움을 느끼게 되었다. 이는 자기 자신이나 취업 기회에 대해서 충분한 정보가 없기 때문이다.

이제 각자가 자신의 강점을 생산적으로 활용할 수 있는 쪽으로 초점을 맞춰가는 것이 중요하다. 그것은 조직 측면에서 경영 리더가 강점에 초점을 맞추고, 그 조직의 부서와 직원들에게서 강점이 생산적이게 되도록 하는 것이 중요해지게 되었기 때문이다.

강점을 바탕으로 한 인사 배치는 경영 리더 자신과 조직의 성과 달성에 필수적일 뿐만 아니라, 지식작업 시대의 개인과 사회 모두에게 중요하다.

상사를 어떻게 관리해야 하는가

무엇보다도 성과를 내는 경영 리더는 자기 상사의 강점이 최대한 생산적으로 활용될 수 있도록 노력을 경주한다.

나는 지금까지 기업, 정부 기관 또는 기타 어떠한 조직에서나 "부하 관리에는 별 문제가 없다. 그러나 상사는 어찌해야 좋을지 모르겠다"고 말하는 관리자를 많이 보았다. 그러나 그것은 정말 이지 쉬운 일이다. 성과를 내는 경영 리더만이 그것을 안다. 그 비밀은 성과를 내는 경영 리더들은 그들 상사의 강점이 생산적이 되도록 한다는 것이다.

■ 그것은 기본적인 사리 분별력이어야 한다. 흔히 말하는 것과는 달리, 원칙적으로 부하가 무능한 상사를 밟고 올라가서 승진과 명성을 얻는 일은 일어나지 않는다. 만약 상사가 승진하지 못하면 부하들도 그 상사 뒤에서 인사 체증에 걸리기 십상이다. 그리고 상사가 무능과 실패로 해고되어도 유능하고 젊은 차석이 그 자리를 잇는 경우는 드물다. 후임자는 보통 외부에서 영입되고 그와 더불어 자신을 도울 젊은 인재를 데리고 들어온다. 반면 승진이 빠른 뛰어난 상사 밑에서 일하는 것만큼 성공에 도움 되는 것도 없다.

그러나 그런 사리 분별력은 제쳐두더라도, 상사의 강점이 생산적이 되도록 하는 것은 부하 자신이 성과를 내는 데 관건이다. 상사의 강점이 생산적이 되도록 함으로써 부하는 자신이 해야 할 기여에 초점을 맞추게 된다. 그러다 보면 부하는 상사들의 인정과 지원을 받을 것이다. 이는 부하가 스스로 신념을 갖고 있는 일을 성취하고 완수할 수 있게 해준다.

성과를 내는 부하는 상사의 강점이 생산적이 되도록 하기 위해 아첨하지 않는다. 먼저 무엇이 올바른 일인지 따져보고, 그것을 상사가 받아들일 수 있는 형식을 갖추어 제시함으로써 상사가 관심을 갖도록 한다.

성과를 내는 지식작업자는 상사도 인간이라는 사실을 알고 있다. (똑똑한 젊은 부하들이 가끔 이것을 잘 모를 때가 있다.) 상사도 인간이기 때문에 강점도 있고, 여러 가지 한계도 있다. 상사의 강점을 기반으로 더욱 강점을 발전시킨다는 것, 즉 상사가 할 수 있는 것을 할 수 있도록 하는 것은 상사뿐 아니라 그 부하로 하여금 성과를 내도록 유도한다. 반대로 상사의 약점을 악용하는 것은 부하 자신의 약점을 활용하려는 것과 마찬가지로 상사를 좌절시키고 무능하게 만든다. 성과를 내는 지식작업자는 다음과 같이 질문한다. '나의 상사가 정말 잘할 수 있는 것은 무엇인가? 그가 정말 잘해 왔던 것은 무엇인가? 그가 자신의 강점을 활용하기 위해 알아야 할 것은 무엇인가? 그가 성과를 내려면 나는 어떤 도움을 주어야 하는가?' 성과를 내는 지식작업자는 상사가 할 수 없는 것에 대해서는 그리 신경쓰지 않는다.

■ 부하 직원들은 대개 상사를 '쇄신'시키고 싶어 한다. 행정부의 유능한 고위 관료는 자신의 부서에 새로 부임한 정치인 출신 상사에 대해 스스로 개인 교사라도 된 듯 행세하는 경향이 있다. 그는 상사가 상사 자신의 약점을 극복하도록 가르치려 한다. 반면 성과를 내는 관료는 '신임 장관이 할 수 있는 일은 무엇인가?'라고 질문한다. 만약 대답이 '의회, 백악관, 그리고 국민과 좋은 관계를 형성하는 데 능숙하다'라는 답을 얻으면, 고위 관료는 신임 장관이 그런 능력을 발휘하도록 돕는다. 최고의 행정력과 최고 정책도 그것들을 추진하는 정치적 수완이 뒷받침되지 않으면 쓸모없는 것이 되기 때문이다. 일단 신임 장관은 휘하 관료들이 자신을 도울 자세가 되어 있다는 사실을 확인하고 나면, 곧 관료들이 제안하는 정책과 행정에 충분히 귀를 기울일 것이다.

성과를 내는 지식작업자는 상사도 인간이기 때문에 그 나름대로 성과를 내는 방법을 가지고 있다는 것을 잘 알고 있다. 그는 상사 특유의 업무 수행 방식을 살펴본다. 그것은 단순한 방법이나 습관일 수도 있지만, 엄현한 사실(fact)이다.

누구라도 사람들을 유심히 관찰해본 적이 있다면 다 알겠지만, 정보 수집 방법과 관련해서 사람은 '읽는 사람'과 '듣는 사람' 두 부류로 나뉜다. [예외적으로 극소수의 사람들은 이야기하는 도중에 듣는 사람의 반응을 떠보기도 한다. 즉 심리적 레이더를 돌리고 관찰하는 방식으로 정보를 수집하는 것이다. 프랭클린 루스벨트, 린든 존슨(Lyndon Johnson)이 그랬고 윈스턴 처칠도 분명 그런 사람이었다.] 읽는 사람인 동시에 듣는 사람은 어디까지나 예외인데, 재판에 임한 변호사의 경우 원칙적으로 두 가지 모두를 갖춰야 한다. 읽는 유형인 사람에게 구두로 보고하는 것은 시간 낭비다. 그는 오직 읽고 난 뒤에만 보고자의 말을 듣는다. 반대로 듣는 유형의 사람에게 두꺼운 보고서를 제출하는 것도 시간 낭비다. 그는 구두로 보고를 받아야만 뭐가 뭔지 내용을 파악할 수 있는 사람이기 때문이다.

어떤 사람은 내용을 한 장으로 요약한 보고서가 필요한 경우도 있다(아이젠하워 대통령은 반드시 이 같은 보고서가 있어야 실행할 수 있었다). 또 어떤 사람은 의견을 제시한 사람의 사고 과정을 추적할 필요가 있다고 생각하고는, 무엇을 결정하기 전에 거창한 보고서를 요구하기도 한다. 어떤 상사는 모든 일을 60페이지 분량의 숫자로 된 자료로 보고 싶어 한다. 어떤 상사는 사후에 보고받는 것이 아니라 의사 결정 과정 초기부터 개입해 자신이 결국 결정할 준비를 하기도 한다. 정반대로 시기가 '무르익기' 전에는 아무것도 듣지 않겠다는 상사도 있다. 정말 각양각색이다.

상사의 강점을 깊이 생각하고 그것이 생산적이 되도록 하는 습관을 몸에 익히려면 언제나 '무엇'보다는 '어떻게'에 더 신경써야 한다. 무엇이 중요한지 또는 무엇이 옳은지 여부보다는, 서로 연관되어 있지만 다른 일들을 추진하는 데 있어 우선순위를 정하는 일에 더 관심을 가져야 한다는 말이다. 만약 상사의 강점이 진정 정치적인 능력이 필요한 일에서 빛을 발하는 정치 수완이라면, 부하는 상사가 처한 상황의 정치적 측면을 먼저 설명해야 한다. 이렇게 함으로써 상사는 현안이 무엇인지 파악할 수 있고, 새로운 정책 수립과 관련해 본인의 강점을 효과적으로 발휘할 수 있는 것이다.

우리 모두는 다른 사람에 대해 '전문가'다. 그리고 그들이 그들 자신을 보는 것보다 훨씬 더 명확하게 그들을 보고 있다. 따라서 상사가 성과를 내도록 돕는 일은 대부분 아주 간단하다. 이를 위해서는 상사의 강점, 그리고 상사가 할 수 있는 일에 초점을 맞출 필요가 있다. 상사의 강점이 생산적으로 활용되도록 해 그의 약점이 문제가 되지 않도록 해야 한다는 뜻이다. 성과를 내는 경영 리더가 상사의 강점에 입각해 일하는 것보다 더 효과적인 성과 달성 방법은 없다.

성과를 내는 경영 리더가 되어라

성과를 내는 경영 리더들은 강점을 바탕으로 자신들의 업무를 수행한다. 그들은 자신들이 잘할 수 있는 일을 더욱 생산적이 되도록 한다. 정부 기관, 병원, 기업에서 일하는, 내가 아는 대부분의 경영 리더들은 자신이 할 수 없는 일이 무엇인지 알고 있다. 그들은 상사가 못 하게 할 일, 기업 방침상 허용하지 않을 일, 그리고 정부가 금지할 일에 대해 지나치게 신경 쓴다. 결과적으로 자신들이 어찌할 수 없는 것에 대해 불평하는 데 시간과 강점을 낭비하고 있다.

물론 성과를 내는 경영 리더들도 여러 제약 요소에 신경 쓰기는 마찬가지다. 그러나 그들은 할 수 있고, 또 할 만한 가치가 있는 일을 발견한다. 그러니 놀랄 수밖에 없다. 다른 사람들은 능력이 없다는 것을 불평하지만, 성과를 내는 경영 리더는 할 수 있는 일을 함으로써 계속 추진해나가고 또한 실행한다. 그 결과 다른 동료들을 그토록 짓누르는 제약 요소들이 그들에게는 눈 녹듯 사라진다.

■ 어느 주요 철도 회사의 경영진은 회사가 추진하는 일을 정부가 허가하지 않으리라는 사실을 알고 있었다. 바로 그때 재무 담당 부사장이 새로 왔는데, 그는 아직 그런 '교훈'을 알 기회가 없었다. 그는 워싱턴으로 가서 주간통상위원회(Interstate Commerce Commission, ICC)를 방문하고는, 몇 가지 획기적인 사업들을 허가해 달라고 요청했다. 이 요청에 대해 위원장은 다음과 같이 말했다. "당신의 요청 사항들은 대부분 우리 위원회가 관심을 갖고 있지 않은 사안들입니다. 일부 프로젝트들은 시범적으로 추진해보세요. 그 결과를 보고 나서 기꺼이 허가해드리겠습니다."

'누군가는 내가 하는 대로 내버려두지 않을 것이다'라고 단언하는 것은 타성을 숨기려는 것이 아닌지 항상 의심해봐야 한다. 자신이 처한 상황에 많은 제약 조건이 부과된 경우에도(사실 모든 사람이 엄격한 제한 속에서 생활하고 있다), 대체로 사람들이 할 수 있는 중요하고 의미도 있으며 적절한 일들이 있는 법이다. 성과를 내는 경영 리더는 그런 것들을 찾으려 한다. 만약 그가 '내가 할 수 있는 것이 무엇인가'라는 질문에서부터 시작한다면, 그는 자신의 시간과 자원으로 할 수 있는 일보다도 실제로는 훨씬 더 많은 일을 할 수 있다는 것을 확실히 깨달을 수 있다.

강점을 생산적이 되도록 하는 것은 자신의 능력과 일하는 습관에 공히 중요하다.

어떻게 결과를 만들어내는지 파악하는 것은 그렇게 어려운 일이 아니다. 누구나 성인이 될 무렵이면 대체로 자신이 아침형 인간인지, 저녁형 인간인지 잘 알고 있다. 글을 쓸 때도, 여러 초안들을 빨리 작성하고 나서 그중에서 선택하는 것과 문장 하나하나에 대해 완벽하다고 느낄 때까지 꼼꼼하게 따지면서 쓰는 것 중에 어떤 것이 자기에게 가장 맞는지 알고 있다. 사람들 앞에서 발표할 때 미리 준비된 원고를 가지고 하는 것, 간단한 메모만 갖고 하는 것, 또는 아무 준비도 없이 하는 것 가운데 어떤 경우가 자신한테 맞는지도 안다. 사람들은 자신이 위원회의 한 구성원일 때 일을 잘하는지 또는 혼자 할 때가 더 나은지 안다. 또는 위원회의 구성원으로 일할 때는 완전히 무능한 사람이 되는지 여부도 안다.

어떤 사람들은 사전에 일에 대한 세부적인 윤곽이 서 있을 때, 다시 말해 일을 시작하기 전에 그 일에 대해 충분히 생각해뒀을 때 가장 일을 잘한다. 또 어떤 사람은 대충 적은 메모만으로도 일을 잘한다. 어떤 사람은 시간에 쫓길 때 잘하기도 한다. 또 어떤 사람은 시간이 충분해서 그 일을 마감일 훨씬 전에 끝낼 수 있을 때 가장 잘한다. 어떤 사람은 '읽는 사람'인가 하면, 어떤 사람은 '듣는 사람'이다. 사람들은 자신이 오른손잡이인지 왼손잡이인지를 아는 것처럼 자신이 어떤 사람인지 알고 있다.

이런 것들은 말하자면 피상적인 것이라고 할 수 있다. 그러나 이것을 당연히 피상적인 것이라고 여길 필요는 없다. 앞에서 말한 여러 기질과 습관은 개별 세계관, 그리고 그 속에서 자아를 인식하는 방식처럼 각자의 기본적인 성격을 반영하는 경우도 많다. 비록 그것이 피상적이라 하더라도 이런 업무 습관은 성과 달성의 원천이다. 그런 것들은 대부분 어떤 유형의 일에도 부합한다. 성과를 내는 경영 리더는 이런 사실을 알고 있고 그에 따라 행동한다.

종합해서 정리해보면, 성과를 내는 경영 리더들은 자기 본래의 모습에 충실하려고 애쓴다. 그는 결코 다른 유형의 사람인 척하지 않는다. 그는 자신의 성과와 결과를 자세히 검토하고 거기서 어떤 패턴을 알아내려고 노력한다. 그는 다음과 같은 질문을 던져본다. '다른 사람들에게는 다분히 어려운 일로 보이지만, 나에게는 상대적으로 쉽게 할 수 있는 일로 보이는 것들은 무엇인가?'

예를 들어 많은 사람이 끔찍스러운 잡일로 생각하는 최종보고서 작성을 손쉬운 일로 생각하는 사람이 있다고 하자. 그러나 그와 동시에 그 사람이 보고서를 철저히 검토한 후 까다로운 의사 결정을 내리는 것을 다소 힘들고, 별로 보상도 없는 것으로 생각한다고 하자. 이 경우 그는 지휘 책임을 갖는 의사 결정권자일 때보다는 문제를 조직적으로 검토하고 정리하는 참모일 때 훨씬 효과적인 유형이다.

어떤 사람은 프로젝트를 수행할 때 그것을 처음부터 끝까지 혼자서 할 때 잘한다는 사실을 스스로 알고 있다. 또 어떤 사람은 자신이 천성적으로 협상을 매우 잘한다는 것을, 특히 노조와의 단체교섭과 같은 감정적인 요소가 내포된 협상에 뛰어나다는 것을 알고 있다. 그러나 그와 동시에, 노조 측이 무엇을 요구할 것인지에 대한 자신의 예측이 대체로 맞았는지 아니면 그렇지 않았는지도 알고 있다.

이러한 것들은 대부분의 사람들이 어떤 사람의 강점이나 약점에 대해 말할 때 염두에 두지 않는다. 일반적으로 사람의 강점이나 약점은 학문 분야의 지식이나 예술 분야의 타고난 재능을 뜻하기 때문이다. 그러나 인간의 타고난 기질 또한 어떤 사람의 성취 능력을 결정하는 매우 중대한 요소다. 어른들은 대체로 자신의 기질에 대해 잘 알고 있다. 따라서 성과를 달성하기 위해 자기가 잘할 수 있다고 생각하는 것을 바탕으로 추진하고, 그것도 자기가 가장 잘할 수 있는 방법으로 일을 추진한다.

지금까지 이 책에서 말한 내용과는 달리, 강점이 생산적이 되도록 하는 것은 실행(practice)일 뿐만 아니라 태도(attitude)이기도 하다. 태도는 실행을 거듭함에 따라 개선할 수 있다. 만약 어떤 사람이 자신의 동료들, 즉 상사들뿐만 아니라 부하들에 대해 스스로 '이 사람이 할 수 없는 것이 무엇인가'라는 것 대신에 '이 사람이 할 수 있는 것은 무엇인가'라고 질문하는 원칙을 세운다면, 그는 강점을 찾고 그것을 활용하는 태도를 곧 습득하게 될 것이다. 궁극적으로 그는 이 질문을 자신에게 던지는 방법도 터득하게 될 것이다.

성과 달성이 필요한 모든 분야에서, 기회는 키우고 문제는 소멸시켜야 한다. 이 원칙은 사람과 관련해서 가장 중요하게 생각해야 한다. 성과를 내는 경영 리더는 자신을 포함해 모든 구성원을 기회의 대상으로 살펴본다. 그는 강점만이 결과를 만들어낸다는 것을 안다. 약점은 골칫거리를 만들 뿐이고 약점이 없다는 것만으로는 아무것도 만들어내지 못한다.

게다가 그는 어떤 경우든 간에 인간 집단의 성과 기준은 그 집단의 리더의 성과에 따라 결정된다는 것을 안다. 그러므로 성과를 내는 경영 리더는 리더십 발휘 성과가 진정한 강점을 바탕으로 하지 않는다면 그 어떤 것도 허용하지 않는다.

■ 스포츠에서 신기록이 수립되는 순간, 세계 곳곳의 선수들은 다시 새로운 차원의 기록 작성을 위한 도전이 시작된다는

사실을 예전부터 알고 있다. 오랫동안 아무도 1.6킬로미터를 4분 내에 주파하지 못했다. 그러다가 어느 날 갑자기 로저 배니스터(Roger Bannister)가 그 기록을 깨뜨렸다. 그러자 평범한 단거리 선수들이 과거 기록을 겨우 따라잡는 동안 새로운 선두주자들이 4분이라는 벽을 깨기 시작했다.

세상사를 두루 살펴보면 선두주자들과 평범한 사람들 사이에는 항상 일정한 거리가 존재한다. 따라서 선두주자의 성과가 올라가면 평범한 사람의 성과도 올라갈 것이다. 성과를 내는 최고경영자는 집단 전체의 평균 성과를 올리기보다는 선두주자 한 명의 성과를 올리는 쪽이 더 쉽다는 것을 안다. 그러므로 그는 뛰어난 성과를 내고, 선도적으로 업무를 수행할 수 있는 강점을 지닌 사람을 리더의 지위에 세우고, 또한 표준을 정하고 성과를 내는 위치에 배치하는 것을 철칙으로 삼고 있다. 그렇게 하려면 하나의 강점에 초점을 맞추고, 그 강점을 충분히 발휘하는 데 방해가 되지 않는 한 약점은 무시해야 한다.

경영 리더의 과업은 인간을 바꾸는 일이 아니다. 그보다는 성경에 나오는 달란트(talent, 마태복음 25장 14~30절)의 비유처럼 개인들이 갖고 있는 여러 강점, 건강, 포부 등을 활용해 전체(whole)의 전반적인 성과 창출 역량을 배가시키는 것이다.

PETER F.
DRUCKER

5장

중요한 것부터
먼저 하라

First Things First

THE
EFFECTIVE
EXECUTIVE

성과를 내는 비결이 하나 있다면 그것은 '집중'이다. 성과를 내는 사람들은 중요한 일부터 먼저 해결하며, 한 번에 한 가지 일만 한다.

집중은 경영 리더가 하는 일의 본질과 인간의 본성에 근거한다. 집중해야 하는 이유는 이미 명백하게 밝혀졌다. 기여하는 데 사용할 수 있는 가용 시간보다 언제나 기여해야 할 중요한 일들이 더 많기 때문이다. 경영 리더가 해야 할 기여를 분석해보면 중요한 과업들이 늘 당혹스러울 정도로 많다는 걸 알게 된다. 반면 경영 리더의 시간을 분석해보면 실제로 기여해야 할 일에 쓰는 시간이 당황할 만큼 적다는 것도 알 수 있다. 아무리 시간 관리를 잘해도 경영 리더는 여전히 자신만의 시간을 많이 확보하지 못한다. 인간에게 시간이란 항상 부족 상태다.

경영 리더는 기여 향상에 초점을 맞추면 맞출수록 다른 일로 방해받지 않는, 상당히 긴 연속적인 시간이 더 많이 필요하다. 단순히 바쁘기만 한 것이 아니라 결과를 얻으려면 충분한 시간을 확보하기 위해 지속적으로 노력해야 한다. 심지어 진정으로 생산적인 반나절 또는 2주일을 확보하려면, 상당히 엄격한 자기 관리가 필요하며, 'No'라고 말할 수 있는 단호한 결심이 필요하다.

마찬가지로 경영 리더가 강점을 활용하려고 노력하면 할수록, 자신이 가진 강점을 중요한 기회에 집중해야 한다는 것을 알게 된다. 이것이야말로 결과를 얻을 수 있는 유일한 방법이다.

집중이 필요한 또 다른 이유는 우리 대부분이 한꺼번에 두 가지 일을 하는 것은 제쳐두고라도, 단 한 가지 일만 잘하기도 어렵다는 것을 알기 때문이다. 정말이지 인간이란 놀랄 만큼 다양한 능력을 가지고 있다. 인간은 하나의 '다목적 도구'다. 그러나 이러한 인간의 위대한 다양성을 생산적으로 사용하려면 각자의 다양한 능력을 한 가지 과업에 집중시켜야 한다. 온갖 능력을 한 가지 일에 초점을 맞추는 것이 집중이다.

- 많은 공을 공중에 띄우는 저글링이라고 부르는 서커스 묘기가 있다. 그러나 묘기는 10분 정도에 그친다. 더 오래 하려고 해도 공이 모두 떨어진다.

물론 사람마다 차이는 있다. 어떤 사람은 한꺼번에 두 가지 일을 동시에 할 때 가장 뛰어난 능력을 발휘하는데, 그렇게 하기 위해 속도를 조절한다. 이때에도 두 가지 일 가운데 하나라도 완수하려면 두 가지 일 각각에 대해 필요한 최소한의 시간을 투입한다는 것을 전제로 한다. 그러나 나는 세 가지 중요한 일을 동시에 탁월하게 해낼 수 있는 사람은 거의 없다고 생각한다.

■ 물론 모차르트 같은 사람도 있다. 그는 동시에 몇 곡을 작곡했고, 모두 걸작이었다. 그러나 그는 세상에 알려진 유일한 예외다. 다작을 했던 다른 위대한 작곡가들, 예를 들면 바흐(Bach), 헨델(Händel), 하이든(Haydn), 그리고 베르디(Verdi)는 한 번에 한 곡씩 작업했다. 그들은 작업하고 있는 곡을 완성하기 전에는 다른 곡을 시작하지 않았다. 또는 하던 일을 잠시 멈추고 그것을 서랍 속에 넣고서야 새 작품에 착수했다. 경영 리더들이 '모차르트형 지식작업자'가 되길 바랄 수는 없는 법이다.

집중이 필요한 이유는 정확하게 말해 경영 리더가 처리해야 할 일이 너무 많기 때문이다. 따라서 한 번에 한 가지 일만 하면 그 일을 빨리 처리할 수 있다. 시간, 노력, 자원을 집중하면 할수록 실제로 처리할 수 있는 업무의 수와 다양성은 더욱 커지게 된다.

■ 내가 알고 있는 최고경영자 가운데 최근 은퇴한 제약 회사 사장만큼 큰 업적을 남긴 사람도 없다. 그가 사장에 취임할 당시 회사 규모는 보잘것없었고, 사업도 국내에만 한정되어 있었다. 그가 11년 후 은퇴할 때 회사는 세계 시장을 선

도하는 기업으로 성장했다. 그는 사장 취임 후 몇 년간, 특히 연구 개발 분야에서 향후 나아갈 방향, 프로그램 및 인사에 전력투구했다. 그때까지만 해도 회사는 연구 개발 부분에서 선두주자는커녕 후발주자 축에도 끼지 못했다. 이 사람은 과학자가 아니었다. 그래도 선두 기업보다 5년이나 뒤떨어져서는 안 된다고 생각했다. 회사는 그저 선두 기업들을 따라갈 것이 아니라 독자적인 방향을 정해야 했다. 그 결과 5년 후 이 회사는 두 가지 중요한 분야에서 선두주자가 되었다.

사장은 회사를 글로벌 기업으로 키우겠다고 마음먹었는데, 그때는 이미 스위스의 오래된 제약 회사가 글로벌 리더로 자리 잡은 지 몇 년이나 지난 뒤였다. 그는 세계 의약품 시장의 소비 동향을 주의 깊게 분석했다. 그 결과 어느 나라에서나 의료보험과 정부 의료 서비스가 의약품 수요를 촉진하는 중요한 동인이 된다는 것을 알았다. 그는 해외 진출 시기를 각국의 의료 서비스 확대에 맞춤으로써, 이미 그 나라들에 진출한 글로벌 제약 회사와 경쟁하지 않고도 처음부터 대규모로 사업을 시작할 수 있었다.

그는 임기 마지막 5년 동안 현대 의료 서비스 체계의 변화에 들어맞는 경영 전략 수립에 집중했다. 그때는 이미 세계 어느 나라에서나 의사가 독자적으로 의약품 구입을 결정하고, 정부나 비영리 병원 또는 미국의 블루크로스(Blue Cross, 건강보험의 일종) 같은 정부 지원 공공 서비스 기관에서 비용을 지불하는 방식의 의료 서비스가 '공익 사업'으로 빠르게 자리 잡고 있었다. 이와 같은 전략이 제대로 실현될지 판단하는 것은 아직 이르지만, 그가 막 은퇴하려던 시점인 1965년에는 완벽한 전략이었다. 그러나 내가 아는 한 이 제약 회사는 글로벌 기업 가운데 경영 전략, 가격 정책, 마케팅 그리고 협력 관계를 글로벌 제약 산업의 관점에서 생각하는 유일한 회사다. 사장 한 사람이 자신의 임기 동안 이처럼 큰 일을 집중해서 추진한 경우는 드물다. 그럼에도 그는 강력하고 잘 짜여진 글로벌 조직을 구축한 것과 더불어 세 가지 주요 사업 분야에서 성과를 냈다. 그는 이 일들을 한 번에 하나씩 한눈팔지 않고 집중적으로 수행했다.

이것이 바로 '여러 가지 일'을, 그것도 분명히 그토록 어려운 일을 능숙하게 처리하는 사람들의 '비결'이다. 그들은 한 번에 오직 한 가지 일만 한다. 그 결과 다른 사람들보다 훨씬 적은 시간으로도 충분하다.

■ 아무런 성과를 올리지 못하는 사람이 때로는 더 열심히 일한다. 그 이유는 **첫째, 어떤 일이라도 그 일에 필요한 시간을 과소평가하기 때문이다.** 그들은 늘 모든 일이 제대로 진행될 것이라고 기대한다. 그러나 경영 리더라면 누구나 알겠지만, 아무런 문제 없이 제대로 잘되는 일이란 없다. 예상

치 못했던 일이 언제나 일어난다. 정말이지 예상치 못했던 일이 일어난다는 사실만이 우리가 확실하게 예측할 수 있는 것이다. 그것이 기쁨을 가져다주는 깜짝 선물로 나타나는 일은 결코 없다. 그러므로 성과를 내는 경영 리더는 어떤 일을 할 때는 실제 필요한 시간 이상으로 여유 있게 일정을 잡는다.

둘째, 성과가 떨어지는 대부분의 경영 리더에겐 서두르는 경향이 있기 때문이다. 결과적으로 그 때문에 오히려 더 늦어진다. 반면 성과를 내는 경영 리더는 시간과 경쟁하지 않는다. 그들은 편안한 페이스를 유지하지만 꾸준히 계속한다.

셋째, 여러 가지 일을 동시에 추진하려 하기 때문이다. 그 결과 자신이 계획한 여러 가지 일 가운데 그 어느 것에도 필요한 시간을 제대로 내지 못한다. 추진하던 여러 가지 일 가운데 하나라도 문제가 생기면, 거의 모든 계획이 한꺼번에 무너지고 만다.

성과를 내는 사람들은 자신이 많은 일을 성공적으로 완수해야 한다는 것을 안다. 그러므로 그들은 조직 전체의 시간과 에너지뿐만 아니라 자기 시간과 에너지를 한 번에 한 가지 일만 하고, 그것도 중요한 일을 먼저 하는 데에 집중한다.

과거와 단절하라

경영 리더가 성과를 내는 일에 집중하기 위한 제1법칙은 더 이상 생산적이지 않은 과거를 폐기 처분하는 것이다. 성과를 내는 경영 리더들은 자신과 부하의 업무를 정기적으로 검토하고 다음과 같이 질문한다. '우리가 아직도 이 일을 하지 않고 있다면, 지금이라도 이 일에 착수해야 하는가?' 이에 대한 대답이 무조건 'Yes'가 아니라면, 당장 그 일을 멈추거나 대폭 줄여야 한다. 적어도 지금부터라도 더는 생산적이지 않은 과거에 자원을 추가로 투입하지 않는다는 것을 확실히 해야 한다. 그리고 그 희소한 자원, 특히 지난 일을 위해 사용 중인 인간의 강점이라는 희소 자원을 즉각 회수해서 내일의 기회에 투입해야 한다.

경영 리더들은 싫든 좋든 간에 늘 과거의 업무에 발목이 묶여 있다. 이는 피할 수 없는 것이다. 오늘이란 언제나 어제의 행동과 결정에 따른 결과인 것이다. 그러나 사람은 직함이나 직위를 불문하고 내일을 예측할 수 없다. 어제의 행동과 결정은 아무리 용기 있고 현명하게 내려진 것일지라도 오늘에 와서는 불가피하게 문제, 위기, 그리고 우매한 것이 되기 마련이다. 그럼에도 오늘의 자원을 내일에 투입하는 이유는, 그가 정부 기관이나 기업, 그 밖에 다른 어떤 조직에서 일하든 그것이 경영 리더의 책무이기 때문이다. 자신이 했든 전임자가 했든, 어제의 행동과 결정이 가져온 것들을 수습하거나 해결하는 데 시간과 에너지, 그리고 재능을 끊임없이 투입해야 한다는 뜻이다. 이런 일은 다른 어떤 일보다도 많이 업무 시간을 차지해버린다.

그러나 적어도 우리는 더는 성과를 기대할 수 없는 지난 활동과 과업을 폐기해 과거에 예속되는 것을 제지할 수 있다.

총체적인 실패에서 벗어나는 데 큰 어려움을 겪는 사람은 없다. 실패라는 것은 저절로 소멸되는 경우가 많다. 그러나 어제의 성공은 비생산적인 것으로 판명된 뒤에도 늘 살아 있다. 더욱 위험한 것은 본래 잘 진행됐어야 하는 것, 또 어떤 이유에선지 성과를 거두지 못하고 있는 활동들이다. 이러한 활동은 '경영자의 독선적인 투자(Investments in managerial ego)'●가 되고 급기야 신성불가침이 되기 쉽다. 그런 활동은 가차 없이 제거하지 않으면 조직의 생명력을 빼앗아가고 만다. 그러한 '성공이 마땅히 이루어짐(success it deserves)'이라고 여기는, 이른바 헛된 자부심으로 투자를 지속하려다 결국 부질없는 신세가 되는 사람들은, 바로 가장 유능한 사람들이었다는 점에 유의할 필요가 있다.

- 모든 조직은 이 질병(twin diseases)에 걸리기 쉽다. 이는 특히 정부 기관에 만연되어 있다. 정부의 계획이나 활동도 다른 조직의 계획이나 활동과 마찬가지로 빨리 진부해지게 된다. 그러나 정부 기관 내에서 그것들은 영원한 존재로 인

● 《피터 드러커, 창조하는 경영자》 참조.

식될 뿐 아니라 행정 명령으로 구조화되고, 의회 내에 있는 자신들의 대변자와 연결되어 기득권으로 뿌리를 내린다.

이는 1914년경까지 그랬던 것처럼 작은 정부가 중요한 역할을 다하던 당시에는 그리 큰 위험이 되지 않았다. 그러나 오늘의 정부는 그 능력과 자원을 어제를 위해 전환할 여유가 없다. 그럼에도 불구하고 미국 연방 정부 기관 중 적어도 절반은 더는 규제할 필요가 없는 것을 규제하고 있다. 예를 들면 이미 30년 전에 사라진 철도 회사의 독점권으로부터 국민을 보호하려는 활동을 지금도 시행하고 있는 ICC처럼 말이다. 또 이런 규제는 농업 관계 프로그램의 대부분이 그렇듯이 정치인의 자부심에 가득 찬 독선적인 투자, 즉 '성과를 냈어야' 하는데 성과를 내지 못한 활동에 가해지고 있다.

오늘날 정부의 모든 법령, 기관, 프로그램은 제3의 기관의 철저한 검토를 바탕으로 새로운 입법 조치로 실행된다. 그러나 연장되는 경우를 제외하고는 모두가 임시로 정한 일정 기간, 가령 10년 후에는 자동적으로 만료되도록 하는 성과 본위의 새로운 행정 원칙이 반드시 필요하다.

존슨 대통령은 1965~1966년까지 맥나마라 국방장관이 국방부의 쓸모없고 비생산적인 일을 제거하기 위해 개발한 '프로그램 점검' 방법을 응용해, 모든 정부 기관과 기관이 추진 중인 계획에 대해 그러한 행정 원칙을 적용하고 검토하도록 지시했다. 이것이야말로 올바른 첫걸음이었고, 절실히 필요한 것이었다. 그러나 그러한 노력도 모든 계획이 유효 기한이 지났다고 증명되지 않는 한, 영원히 존속한다는 관례가 유지되는 상태에서는 성과를 내지 못한다. 모든 계획은 급격히 그 유용성을 잃으며, 생산성과 필요성이 증명되지 않으면 반드시 폐기되어야 한다는 전제가 필요하다. 그렇지 않으면 정부는 규칙(rules), 규제(regulations), 양식(forms)으로 사회를 점점 숨막히게 하다가 자체 비만으로 질식사하고 만다.

특히 정부 기관이 조직의 비만화로 위험에 처했어도, 이 비만에 대한 면역성을 갖고 있는 조직은 없다. 정부 기관의 관료주의에 목소리를 높이고 불평을 일삼는 대기업 경영자도, 자기 회사에서는 전혀 작동하지 못하는 통제 규칙만 늘리고, 달갑지 않은 의사 결정을 늦추는 구실에 불과한 많은 연구를 요구하고, 온갖 종류의 조사와 '대외 관계'를 이유로 갖가지 형태의 조직을 확대한다. 그리하여 경영자 자신은 내일의 성공적인 제품 개발에 목말라하면서도, 낡아빠진 어제의 제품에 자신과 핵심 인재들의 시간을 낭비하고 있다. 게다가 대기업의 끔찍한 낭비에 대해서는 목청을 높여 비판하는 학자들도, 이미 쓸데없는 과목을 필수과목으로 만들어 강좌의 생명을 연장하기 위해 교수 회의에서 완강하게 다투기도 한다.

자신과 조직이 성과를 내기를 원하는 경영 리더는 모든 프로그램, 활동, 과업을 정기적으로 점검한다. 그는 항상 '이것은 아직도 계속할 만한 가치가 있는가?'라고 질문한다. 만약 그게 아니라면 그 일을 중단하고, 자신의 업무 가운데서 성공적으로 수행함으로써 조직 성과를 크게 향상시킬 수 있는 몇 가지 다른 일에 집중한다.

성과를 내는 경영 리더는 새로운 활동을 시작하기 전에 반드시 낡은 것을 먼저 정리한다. 조직의 '체중 관리'를 위해서도 필요한 일이다. 그렇지 않으면 조직은 곧 체형(shape), 응집력, 통제력을 잃고 만다. 사회 기관은 생물학적 유기체와 마찬가지로 군살 없는 근육질 체형을 유지해야 한다.

모든 경영 리더가 알고 있듯이 새로 시작하는 일치고 쉬운 것은 없으며 늘 문제에 부딪히게 마련이다. 그러므로 악천후에 대비해 거기에서 벗어날 수단을 미리 마련해두지 않으면, 시작부터 실패할 운명을 타고나는 셈이다. 새로운 일을 잘 수행하기 위한 유일하고도 효과적인 수단은 업무 실행 능력이 입증된 인재들이다. 이 같은 인재들은 언제나 너무 바빠서 지금 그들이 맡고 있는 업무 부담을 덜어주지 않으면 새로운 일을 맡을 수가 없다.

새로운 일에 기존의 유능한 인재를 투입하는 대신 생각할 수 있는 대안으로, 새로운 일에 새로운 사람을 '채용'하는 것은 위험 부담이 너무 크다. 우리는 이미 자리 잡아 순조롭게 운영되고 있는 사업을 확장할 때는 주로 새 사람을 채용한다. 그러나 새로운 것을 시작할 때는 강점이 검증된 사람들, 즉 베테랑과 함께해야 한다. 새로운 사업은 도박과 같다. 따라서 다른 사람들이 이미 같은 일을 여러 번 해본 것이라 해도, 경험 많고 유능한 경영자들은 비록 새로 채용하는 사람이 훌륭한 인물이라 하더라도, 그 외부인에게 새로운 과업을 맡기는 추가 도박을 하지는 않을 것이다. 타사에서 일할 때는 천재처럼 보였지만 정작 그들이 '우리 회사'를 위해 일할 때는 시작한 지 6개월 만에 참담하게 실패하는 것을, 경험 많고 성과를 내는 경영 리더라면 실제로 경험했을 것이다.

■ 어떤 조직이라도 신선한 시각을 가진 참신한 사람들을 외부에서 영입할 필요가 있다. 내부 자원만으로 성장하려는 조직은 근친 교배로 결국 불임이 되고 만다. 가능하다면 위험 부담이 큰 최고경영자 자리나 중요한 새 업무를 맡을 책임자 자리에는 외부 사람을 앉혀서는 안 된다. 외부에서 온 신임 임원은 최고경영자의 차석이나, 이미 명확하게 정의되어 쉽게 이해할 수 있는 업무의 책임자 자리에 앉혀야 한다.

새로운 것을 강력히 추진하는 유일한 방법은 낡은 것을 체계적으로 폐기하는 것뿐이다. 내가 알고 있는 어떤 조직도 아이디어가 부족한 경우는 없었다. '창조력'은 문제되지 않는다. 그러나 조직 내부의 아이디어만으로는 부족하다. 내부에서 그들의 좋은 아이디어를 지속적으로 활용하는 조직은 드물다. 모두가 어제의 일을 하느라 너무 바쁘다. 모든 계획과 활동을 정기적으로 심사하고 생산성이 증명되지 않는 일을 폐기해버리면, 가장 완고한 관료 조직에서조차 놀라울 정도로 창의력이 넘쳐나게 된다.

■ 듀퐁은 제품이나 공정이 낡기 전에 이들을 폐기해버림으로써, 세계적인 화학 제품 제조 회사 중에서도 특히 눈부신 성과를 내고 있다. 듀퐁은 과거를 방어하기 위해 인간과 자금이라는 귀중한 자원을 투입하지 않는다. 그러나 화학품 제조 회사든 아니든 간에, 대부분의 기업들은 '이륜마차용 채찍 공장도 효율적으로 잘 운영하면 시장이 있다', '이 회사의 기초가 된 제품 시장을 계속 확보하는 것이 우리의 의무다' 등과 같은 잘못된 경영 원칙에 바탕을 두고 있다. 그러나 이런 기업들은 창의력 개발 세미나에 사람을 보내 새로운 제품이 부족하다고 불평을 늘어놓는다. 이에 비해 듀퐁은 새로운 제품 개발과 판매에 너무 바빠서 그와 같은 세미나에 사원을 참석시켜 불평할 틈이 없다.

새로운 것이 생산적인 것이 되도록 하기 위해 낡은 시대의 뒤떨어진 것을 폐기해야 할 필요성은 누가 봐도 타당하다. 만약 1825년경 운송을 담당하는 정부 부처가 있었다면 '말을 재훈련'하는 엉뚱한 연구 계획과 함께 방대한 국가보조금으로 유지되는 역마차 회사가 지금까지도 남아 있을 게 틀림없다.

우선순위와 후순위는 어떻게 결정하는가

항상 일할 시간보다는 처리해야 할 생산적인 일들이 더 많은 법이고, 그 일을 감당할 유능한 사람들보다는 내일을 위한 기회들이 훨씬 많으며, 언제나 문제와 위기가 차고 넘친다는 사실은 더 말할 나위가 없다.

그러므로 의사 결정은 어떤 일을 먼저 해야 하는지, 그리고 어떤 일을 상대적으로 덜 중요하게 다룰 것인지에 따라 이뤄져야 한다. 한 가지 문제는 누가 그 결정을 할 것인가다. 경영 리더인가, 아니면 상황인가. 그러나 어쨌든 업무는 가용 시간에 맞춰야 하고, 그 일을 맡아 성과를 낼 수 있는 유능한 인재가 있는가에 기회를 맞춰야 한다.

만약 경영 리더가 아니라 주변 상황이 우선순위를 결정한다면 중요한 일들이 뒤로 밀릴 것이다. 그러면 어떤 일이든 가장 많은 시간이 필요한, 의사 결정 영역을 행동으로 전환하기 위한 방법과 수단을 강구하는 프로세스에 투입할 시간이 없어진다. 어떤 일도 그것이 조직의 행동과 태도의 일부가 되기 전에는 완결된 것이 아니다. 다시 말해 어떤 일도 누군가가 그것을 자기 일로 받아들이지 않고, 낡은 것을 새로운 방식으로 처리하거나 어떤 새로운 일을 수행해야 할 필요성을 받아들이지 않으면, 또한 다른 경영 리더가 '완성한' 프로젝트를 누군가 자신의 일상 업무로 받아들이지 않으면 완결되지 않는다는 것이다. 시간이 없다는 이유로 이런 일이 무시된다면, 지금까지 경영 리더가 한 일과 노력은 헛수고가 되고 만다. 어찌 되었든 이것은 경영 리더가 어느 한 가지에 집중하지 못하고 일의 우선순위를 결정하지 못한 데 따른 당연한 결과다.

주변 상황에 우선순위 결정을 맡겨버릴 때 예상되는 또 하나의 결과는 최고경영진의 고유 업무가 전혀 처리되지 않는다는 것이다. 최고경영진의 고유 업무는 어제 시작된 위기를 해결하는 것이 아니라, 오늘과 다른 내일을 만드는 것이므로 언제라도 뒤로 미룰 수 있는 일이 된다. 따라서 주변 상황의 압력은 항상 어제를 우선으로 한다. 특히 주변 상황의 압력에 지배되는 최고경영진은 '톱(Top)' 이외에 어느 누구도 할 수 없는 한 가지 일, 즉 조직 외부에 주의를 기울이는 일을 하지 못하게 한다. 그래서 유일한 현실이자 결과가 있는 유일한 영역에서 현실감을 잃고 만다. 왜냐하면 주변 상황의 압력은 항상 조직 내부에서 일어나는 것을 우선시하기 때문이다. 주변 상황의 압력은 언제나 미래보다는 과거에 일어났던 일, 기회보다는 위기, 외부 현실보다는 직접 눈에 보이는 내부의 것, 그리고 의미 있는 것보다는 긴급한 것을 우선으로 한다.

그렇지만 정말 해야 할 일은 우선순위 결정이 아니다. 그것은 쉬운 일이다. 누구나 할 수 있다. 일을 집중적으로 추진하는 경영 리더가 그렇게 적은 이유는 '후순위', 즉 지금 당장 하지 않아도 될 일을 결정하고는, 그것을 지키는 것이 어렵기 때문이다.

대부분의 경영 리더는 어떤 일을 미루는 것은 포기와 다름없다는 사실을 알고 있다. 유능한 경영 리더들은 처음 계획했다가 뒤로 미룬 프로젝트를 다시 하는 것처럼 바람직하지 못한 일도 없다고 느낀다. 훗날 다시 시작할 때는 타이밍이 거의 맞지 않는데, 타이밍이란 모든 일의 성공에 가장 중요한 요소다. 5년 전에 시작했더라면 좋았을 것을 지금 착수한다면 확실히 좌절과 실패를 겪는다.

- 빅토리아 시대의 소설이 아니더라도, 스물한 살에 결혼할 뻔했다가 헤어져 각기 딴사람과 결혼한 뒤, 둘 다 서른여덟에 홀로 되어 다시 만났다고 하자. 두 사람의 결혼생활은 그리 행복하지 않을 것 같다. 만약 스물한 살 때 결혼했더라면 그들은 함께 성장할 기회를 가졌을 것이다. 그러나 지난 17년 동안 그들은 서로 변했고, 각자 다른 환경에서 성장했으며, 자기 방식대로 살았다. 젊은 시절 의사가 되고 싶었으나 실업계에 들어가 성공한 사람이 오십이 되어 동경의 대상이었던 의과대학에 들어갔다면, 의사로 성공하기는커녕 졸업하기도 어려울 것이다. 만약 그에게 의료선교단에 들어가려는, 강렬한 종교적 사명 같은 특별한 동기가 있다면 성공할지도 모른다. 그게 아니라면, 그는 의과대학의 실습과 암기 위주 공부에 참을 수 없을 정도로 따분함을 느껴, 의료행위 자체를 단조롭고 지겨운 것으로 여기게 될 것이다.

6~7년 전에는 아주 그럴듯하게 여겨졌던 기업 합병도, 한쪽 회사 사장이 다른 쪽 사장 밑에서 일하기를 거절해 합병이 미뤄졌다면, 그 머리가 굳은 사장이 은퇴한 뒤에도 궁합이 맞는 '결혼'은 이뤄지지 않는다.

미룬다는 것이 실제로는 포기하는 것이라는 사실 때문에 경영 리더들은 어떤 일이든 미루는 것을 주저한다. 경영 리더들은 이 일 또는 저 일이 최우선 순위의 일이 아니라는 것을 알면서도, 그것을 후순위로 미루는 것은 위험하다는 것을 안다. 그들이 버린 것이 경쟁 상대에게는 승리를 안겨줄지도 모르기 때문이다. 정치인 또는 행정 관료가 무시하기로 결정한 정책이 가장 격렬하고 또한 가장 위험한 정치적 문제로 폭발하지 않으리란 보장은 없다.

- 예를 들어 아이젠하워 대통령이나 케네디 대통령은 처음에는 시민권 문제에 우선순위를 두려고 하지 않았다. 존슨 대통령도 집권 시 베트남 문제를 포함한 외교 문제를 후순위로 두었다. (국내 빈곤 퇴치에 최우선 순위를 두었던 존슨 대통령이 우선순위를 바꾸자, 빈곤 퇴치와의 전쟁을 지지했던 진보파들이 격렬하게 반발한 것은 당연한 일이었다.)

후순위를 결정하는 것 역시 그리 유쾌한 일은 아니다. 어떤 사람에게는 그것이 최우선 순위의 일이기 때문이다. 우선순위 목록을 작성해두고 하나하나에 '그냥 조금씩' 변명할 여지를 만들어두는 것이 훨씬 쉽다. 이것은 모든 사람을 만족시킨다. 물론 이 방법의 유일한 결함은 아무것도 이루지 못하고 끝나는 결과가 된다는 것이다.

우선순위를 분석하는 일에 대해 여러 가지 할 말이 많다. 그러나 우선순위와 후순위를 결정할 때 가장 중요한 것은 이성적인 분석이 아니라 용기다. 우선순위 결정에 정말 중요한 몇 가지 법칙을 좌우하는 것은 분석이 아니라 용기다.

- 과거가 아니라 미래를 기준으로 선택하라.
- 문제가 아니라 기회에 초점을 맞춰라.
- 인기에 편승하기보다 자신의 독자적인 방향을 선택하라.
- '무난'하고 달성하기 쉬운 목표가 아니라, 뚜렷한 차이를 낼 수 있는 좀 더 높은 목표를 세워라.

과학자를 대상으로 한 많은 연구 결과에 따르면 과학적인 성취는 연구 능력보다도 기회를 잡으려는 용기와의 상관관계가 더 크다. [적어도 알베르트 아인슈타인(Albert Einstein), 닐스 보어(Niels Bohr), 막스 플랑크(Max Planck)와 같은 천재들은 예외로 하고 말이다.] 근본적인 문제에 도전하기보다 즉각 성공할 가능성이 가장 큰 것을 연구 과제로 선택한 과학자들은 뛰어난 성과를 내지 못할 가능성이 크다. 그들은 선행 연구에 대한 주석을 엄청 많이 달게 될지 모르지만, 자기 이름이 붙은 물리 법칙이나 새로운 개념을 창출하지는 못할 것이다. 위대한 과학적 성취는 기회를 중심으로 연구 우선순위를 정하는 사람에게 돌아간다. 그들은 다른 기준들을 결정 요인이 아니라 최소 조건으로만 생각한다.

마찬가지로 기업계에서도 성공 사례는 기존 사업 분야에서 신제품을 개발하려는 기업들이 아니라, 신기술 또는 신사업을 창조하려고 노력하는 기업들이다. 대체로 규모가 큰 새로운 사업을 시작하는 것과 마찬가지로 소규모 사업을 새로 시작하는 것도 위험하고, 힘들고, 불확실하다. 기회를 결과로 전환하는 것은 문제를 해결하는 것보다 훨씬 생산적이다. 문제 해결이란 과거의 균형을 회복할 뿐이다.

■ 우선순위나 후순위의 결정은 항상 현실에 비춰 재검토해야 하고, 또 수정되어야 한다. 예를 들면 역대 미국 대통령 가운데 취임 시의 우선순위 과제를 재임 기간 중 그대로 고수한 사람은 한 명도 없었다. 사실 우선순위가 높은 일을 실행하는 동안 다음에 추진할 우선순위와 후순위는 항상 바뀌게 마련이다.

달리 말하면 성과를 내는 경영 리더는 지금 당장 집중하고 있는 '하나의' 업무 이외에 다른 일에는 진정으로 몰입하지 않는다. 그 일이 끝나면 상황을 검토한 뒤, 그 시점에서 가장 중요한 일을 다음 과제로 선택한다.

집중은 경영 리더가 시간과 사건의 희생양이 아니라 그것들의 주인이 될 수 있는 유일한 방법이다. 즉 시간과 사건에 따라 무엇이 중요하고, 또 무엇이 우선시되어야 하는지 스스로 의사 결정하는 용기를 말하는 것이다.

PETER F.
DRUCKER

6장

의사 결정의
주요 요소들

The Elements of Decision-making

의사 결정은 경영 리더의 여러 가지 과업 가운데 하나일 뿐이다. 의사 결정은 대개 시간이 많이 걸리지 않는다. 그러나 의사 결정을 한다는 것은 경영 리더가 해야 하는 특유의 과업이다. 그러므로 성과를 내는 경영 리더를 논할 때 의사 결정은 특별히 다뤄져야 할 가치가 있는 것이다.

경영 리더만이 의사 결정을 한다. 사람들은 경영 리더가 직위나 지식을 가졌기에 조직 전체와 조직 성과 및 결과에 큰 영향을 미치는 의사 결정을 할 것이라 기대한다. 그러므로 경영 리더들은 효과적 의사 결정을 해야 한다.

그들은 이러한 의사 결정을 명확하게 정의된 요소와 분명한 일련의 단계를 밟아 체계적인 과정으로 해야 한다. 그러나 이 과정은 오늘날 많은 책들이 '의사 결정'이라고 제시하는 것과는 사실 많이 다르다.

성과를 내는 경영 리더는 지나치게 많은 의사 결정을 내리지 않는다. 중요한 의사 결정들에 집중한다. '문제 해결'보다는 전략적(strategic)이고 포괄적인(generic) 것에 대해 깊이 생각해보려 한다. 고도의 개념적 이해를 바탕으로 몇 가지 중요한 의사 결정을 하려고 노력한다. 주어진 상황에서 변치 않는 상수들을 찾아내려 한다. 그러므로 의사 결정에서 속도를 각별히 중요하게 생각하지는 않는다. 오히려 수많은 변수를 능숙하게 교묘히 다루는 재주를 허점이 많은 사고방식의 징후로 여긴다. 그들은 그 의사 결정이 대체 무엇에 관한 것인지, 그리고 의사 결정이 충족시켜야 할 저변의 현실은 무엇인지 알고 싶어 한다. 성과를 내는 경영 리더들은 기교(technique)보다는 근본적으로 영향(impact)을 중시하며, 영리하기보다는 건전한 의사 결정자가 되기를 원한다.

성과를 내는 경영 리더들은 의사 결정에서 '원칙에 입각해 해야 할 때'와 그리고 '개별 상황에 따라 실용적으로 의사를 결정해야 할 때'가 언제인지를 안다. 그들은 가장 애매한 의사 결정은 옳은 것과 그른 것 가운데 타협해야 하는 의사 결정이라는 점을 알고 있고, 둘 사이의 차이를 구분하는 방법을 터득했다. 의사 결정 과정에서 가장 시간이 많이 걸리는 단계는 의사 결정 그 자체가 아니라, 실행에 옮겨 성과를 내는 것임을 안다. 어떤 의사 결정이 '일로 전환되어' 실행되지 않는다면, 그것은 의사 결정이 아니라 기껏해야 좋은 의도에 불과하다. 즉 성과를 내는 의사 결정 그 자체는 최고 수준의 개념 이해에 바탕을 두고 있는 데 반해, 실행에 옮기는 행동은 가능한 단순하고 실제 실행을 하는 수준의 실무자들과 밀접해야 한다는 뜻이다.

의사 결정에 관한 두 가지 사례

미국의 위대한 기업가들 가운데 그리 잘 알려지지 않은 사람인 시어도어 베일(Theodore Vail)은 아마도 미국 기업 역사상 가장 성과를 잘 냈던 의사 결정자라고 할 수 있을 것이다. 1910년 바로 직전부터 1920년대 중반까지 베일은 벨 전화 회사를 세계 최대 민간 기업으로 육성했고, 가장 번성하는 성장 기업들 중에 하나로 만들었다.

미국에서 전화 회사는 당연히 민간 기업이다. 세계 선진국 가운데 전화 통신 사업이 국유화되지 않은 유일한 지역은 벨 시스템의 영업 지역인 북미 대륙, 구체적으로 말하면 미국 전역, 캐나다 퀘백 그리고 온타리오 주였다. 뿐만 아니라 벨 시스템은 주요 영역에서 독점 지위를 누리며 초기 시장이 포화 상태에 도달했음에도 불구하고, 시장에서 주도적인 사업자로 위험 부담을 감수하고 급성장할 수 있다는 것을 보여준 유일한 공공 사업이기도 하다.

그러한 일이 가능했던 것은 단순히 행운이나 '미국의 보수주의' 때문이 아니었다. 그것은 베일이 20년 가까이 벨 시스템의 사장으로 일하는 동안 단행했던 네 가지 전략적 의사 결정 때문이었다.

그는 전화 통신 사업이 민간 기업의 자율 경영에 부합되려면 독특하고 색다른 무언가를 시도해야 된다는 것을 일찍이 깨달았다. 이미 유럽 전역에서는 정부가 이렇다 할 말썽이나 위험 부담 없이 전화 통신 사업을 운영하고 있었다. 벨 시스템을 민간 기업으로 남아 있도록 하려면 국유화를 지연시키는 길밖에 없었다. 게다가 단순히 막아보겠다는 태도로는 자멸로 이어질 것이 분명했다. 그것은 경영진의 상상력과 활력을 마비시킬 우려도 컸다. 그리하여 벨 시스템을 민간 기업으로, 그 어떤 정부 기관이 할 수 있는 것보다 더 강력하게 공익을 대변하는 존재로 부각시킬 방안이 필요했다. 고민 끝에 베일은 벨 전화 회사의 사업은 대중에 필요한 서비스를 예측하고 그것을 만족시키는 일이라고 정의했다.

베일은 사장에 취임하자마자 '우리의 사업은 서비스'라고 천명했다. 그러나 20세기 초 이런 생각을 사람들은 이단시하며 믿지 않았다. 그렇지만 베일은 서비스 제공이 회사의 사업 목적이므로 서비스가 가능하게 만들어 이익을 창출하는 것이 경영진의 직무라고 설명했고, 말로만 그치지 않았다. 그는 실제로 관리자들과 운영팀에 대한 평가 기준을 만들어 수익성보다는 고객 서비스 제공 완성도로 평가하도록 했으며, 관리자들로 하여금 고객 서비스 결과에 책임지도록 했다. 최고의 고객 서비스가 최적의 금전적 보상으로 이어지도록 회사를 조직하고 필요한 자금을 조달하는 것이 최고경영자의 임무라고 생각했다.

동시에 베일은 전국 규모의 통신 독점 기업은 전통적인 의미에서의 자유 기업, 즉 전적으로 구속받지 않는 민영 사업이 될 수 없다는 것을 알게 되었다. 그는 공공 규제의 강화만이 국유화의 대안이라는 것을 깨달았다. 효과적이고, 공정하며, 원칙에 입각한 공공 규제는 벨 시스템의 이해와 일치하고 회사의 존속에 필수적인 것이라고 생각했다.

베일이 이러한 결론에 도달했을 당시에도 미국에 공공 규제가 있긴 했지만 거의 무력했다. 사법부의 강력한 힘의 도움을 받은 산업계의 반대로 법을 무디게 만들었다. 규제위원회라는 것도 인원과 예산이 부족했고 종종 삼류 내지 부패한 정치꾼이나 빈둥거리는 한가로운 자리에 불과했다.

베일은 효과적인 공공 규제 제도를 벨 시스템의 목표로 설정했다. 그는 이 목표를 각 지역 계열사 사장의 주요 업무에 반영했다. 규제 기구에 활력을 불어넣고, 공정하고 공평하며 고객을 보호할 수 있는 규제와 요금제 개념을 혁신하는 동시에 벨 시스템도 원활히 사업을 수행할 수 있도록 만드는 것이 지역 계열사 사장들의 일이었다. 벨 시스템의 최고경영진은 이 계열사 사장단 가운데서 선임되었다. 그 결과 규제에 대한 긍정적인 태도가 벨 전체에 스며들게 되었다.

베일의 세 번째 의사 결정은 산업계에서 가장 성공적인 과학연구소 가운데 하나인 벨 연구소 설립이었다. 여기에서도 베일은 민영 독점 사업을 유지할 필요성을 설득하는 데서 출발했다. 베일은 '어떻게 하면 독점 기업이 진정한 경쟁력을 가질 수 있을까?'라고 스스로에게 질문했다. 분명히 구매자에게 같은 제품을 제공하고 같은 욕구를 만족시킨다는 점에서 같은 업종에 있는 다른 회사와는 경쟁 관계가 아니었다. 경쟁 없는 독점 기업은 급속히 경직되어 성장과 변화의 능력을 상실한다.

그러나 베일은 독점 기업이라도 '현재'와 경쟁하는 '미래'를 조직할 수 있다고 결론을 내렸다. 통신 사업과 같은 기술 지향 산업의 미래는 현재와 다른 더 나은 기술을 보유할 수 있는지 여부에 달려 있다고 생각했다. 이러한 통찰력으로 탄생한 벨 연구소는 미국 최초의 기업 연구소는 아니었다. 그렇지만 지금 사업이 제아무리 효율적이고 수익성이 좋다 해도, 연구 개발 혁신을 통해 현재를 의도적으로 낡게 만들 작정으로 설립된 세계 최초의 기업 연구소였다.

제1차 세계대전 중에 제대로 틀을 갖춘 벨 연구소는 그 당시 산업 분야에서는 깜짝 놀랄 만한 혁신적 기업 연구소였다. 오늘날에도 연구 활동이 생산적인 것이 되려면 '조직 파괴자', 오늘과 다른 미래의 창조자, 오늘의 적이 되어야 한다는 사실을 이해하는 기업인은 많지 않다. 그 결과 대부분의 기업 연구소는 주로 오늘을 지속시키고 우위를 확보하기 위한 '방어적 연구'를 하고 있다. 그러나 벨 연구소는 창립 초기부터 그러한 조직 방어적 연구를 배제했다.

■ 지난 10년이나 15년간을 돌아보면 베일의 생각이 얼마나 훌륭했는지 증명된다. 벨 연구소가 처음 전화 기술을 보급함으로써 북미 대륙 전체는 하나의 거대한 자동 전화 교환기가 되었다. 그 후 벨 연구소는 베일 사장과 그의 세대에서

는 꿈도 꾸지 못했던 영역, 즉 빠르게 성장하고 있는 TV 프로그램 송출, 컴퓨터 데이터 전송 그리고 위성 통신 분야로 벨 시스템의 활동 영역을 넓혔다. 이렇듯 새로운 통신 시스템을 현실로 만든 과학기술상의 발전은 수학 정보 이론과 같은 과학적 이론, 트랜지스터 같은 제품, 컴퓨터 논리나 설계 등을 개발했다.

마지막으로, 베일은 1920년대 초 기업가로서의 활동이 막을 내릴 무렵 벨 시스템을 위한 대중 자본 시장을 개발했다. 이 또한 민간 기업으로서 벨 시스템의 존속을 확실하게 하기 위해서였다.

- 기업이 보통 국유화되는 이유는 사회주의 이념 때문이라기보다는, 기업이 필요한 자본을 유치하는 데 실패하기 때문이다. 1860년에서 1920년에 걸쳐 유럽의 철도가 국유화된 주원인도 필요한 자본을 조달하지 못했기 때문이다. 영국의 탄광과 전력 산업의 국유화도 그 주원인이 근대화에 필요한 자본을 끌어들이지 못한 데에 있었다. 이것이 제1차 세계대전 후의 인플레이션 기간 중 유럽 대륙에서의 전력 산업이 국유화된 여러 주요 원인들 중 하나였다. 전력 회사는 통화 가치 하락을 보전하는 데 필요한 만큼 전기 요금을 올릴 수 없었기 때문에 설비 근대화와 사업 확장에 필요한 자본 조달이 불가능했던 것이다.

베일이 이 문제의 의미를 전부 이해하고 있었는지 확인할 만한 기록은 없다. 그러나 그는 벨 시스템이 기존 자본 시장에서는 조달할 수 없을 정도의 큰 자본을 확실하고 안정적으로 공급받을 필요가 있다는 것을 분명히 이해하고 있었다. 다른 공기업체들, 특히 전력 회사는 1920년대 당시 유일한 대규모 투자가였던 투기꾼들에게 자사가 발행한 유가증권에 대한 투자를 매력적인 것으로 보이게 하려 애썼다. 그들은 지주 회사를 설립해 모회사의 보통주에 투기 수단으로서의 매력을 부여하고, 장기 자금을 조달하는 동시에 회사 운영 자금은 주로 보험 회사처럼 전통적인 자금원으로부터 조달했다. 그러나 베일은 이런 방법으로는 건전한 자금을 얻을 수 없다는 사실을 인식하고 있었다.

1920년대 초 그가 이 문제를 해결하기 위해 내놓은 AT&T의 보통주는 법적인 형식 이외에는 투기적 주식과 공통점이 없었다. AT&T의 보통주는 일반 대중을 위한 주식이었다. 이른바 '샐리 아줌마(Aunt Sally, 당시 주식 투기꾼 부녀들을 지칭-옮긴이)', 즉 투자할 저축은 있으나 위험을 감수하고 모험할 만한 자금은 충분히 없는 사람들이 주축을 이룬 신흥 중산층을 위한 주식이었다. 거의 확정된 배당금이 보장되어 있는 AT&T의 보통주는 고정 이자가 붙는 채권과 마찬가지로 미망인들이나 고아들이 살 수 있는 것이었다. 동시에 그것이 보통주였기 때문에 자본 증식과 인플레이션 대책에 대한 기대도 있었다.

·

■ 베일이 이 새로운 금융 상품을 고안했을 때 실제로는 '샐리 아줌마' 유형의 투자가는 존재하지 않았다. 보통주를 살 수 있을 만큼 돈을 충분히 가진 중산층은 훨씬 뒤에 나타났다. 당시는 중산층이 저축은행, 보험, 저당 증서에 저축하거나 투자하는 시대였다. 모험을 해보고 싶어 했던 사람들만이 아마추어로서 1920년대 당시의 투기적인 보통주를 매입했다. 물론 베일이 '샐리 아줌마' 군단을 창조해낸 것은 아니었다. 그는 그들을 투자가로 만들고 그들의 저축을 그들의 이익과 벨 시스템의 이익을 위해 동원했다. 벨 시스템은 이 방법으로 지난 반세기 동안 수천억 달러의 투자 자금을 조달할 수 있었다. 그 기간에 AT&T 보통주는 미국과 캐나다 중산층의 재테크 핵심 수단으로 남았다.

베일은 집행 수단들을 포함한 이 구상을 제시했다. 벨 시스템은 월스트리트에 의존하지 않고 스스로 은행과 증권 회사의 역할을 해왔던 것이다. 이런 재무 설계를 담당했던 베일의 수석 보좌관 월터 기퍼드(Walter Gifford)는 베일의 후임 사장이 되었다.

물론 베일의 의사 결정은 사장으로서 그가 해야 할 일과 벨 시스템이 안고 있는 문제를 해결하기 위한 것이었다. 그러나 배후에 깔린 기본적인 발상은 실로 효과적인 의사 결정의 특성을 보여주고 있다.

슬론 2세의 사례도 이를 분명하게 보여준다.* 베일이 기업가로서의 일생을 마감할 무렵인 1922년, 슬론 2세는 GM 사장으로 취임해 조직을 재설계하고, 세계 최대 자동차 제조 업체로 성장시켰다. 슬론 2세는 매우 독특한 인물이었고 그가 활동했던 시기 또한 과거와는 매우 다른 시대였다. 그렇지만 그가 내린 가장 뛰어난 의사 결정으로 기억되는 것은 GM의 분권제 사업부 조직에 관한 것이었다. 베일이 일찍이 벨 시스템에서 내렸던 몇 가지 중요한 의사 결정과 유사한 유형이었다.

슬론 2세가 자서전 《GM과 함께한 나의 인생(My years with General Motors)》에서 술회한 것처럼 1922년 사장으로 취임했을 당시 GM은 독립 부족의 족장들이 할거하는 느슨한 연방 정부 같았다. 그들은 저마다 몇 해 전까지만 해도 자기 회사였던 각 사업부를 운영하고 있었다. 그리고 각자는 각 사업부를 마치 아직도 자신의 개인 회사인 것처럼 운영하고 있었다.

■ 이와 같은 상황에 대처할 수 있는 전통적인 방법으로 두 가지가 있었다. 하나는 사업을 인수하고 독립심이 강한 사람들을 물러나게 하는 것이다. 이는 존 록펠러(John

---

● 여기서 기업체 사례를 제시하는 이유는 그것들이 쉽게 이해할 수 있을 만큼 여전히 규모가 비교적 작기 때문이다. 반면에 정부의 정책 결정에 대해서는 대부분 그 배경, 역사, 정치 등에 대한 설명이 많이 필요하다. 여기에 소개된 기업 사례들도 문제 구조를 보여주는 데 있어서 충분할 만큼의 규모가 있는 조직이기도 하다. 그러나 정부, 군대, 병원, 대학교에서의 의사 결정은 다음에 언급할 '의사 결정 과정에서 생각해야 할 요소들'과 7장에서 설명하고 있는 것처럼 동일한 관점을 제시한다. - 옮긴이

Rockefeller)가 스탠더드 오일 트러스트를 통합한 방식이었고, 또 슬론 2세가 등장하기 몇 년 전에 JP모건이 US스틸을 통합한 방식이기도 하다. 또 한 가지는 원래 소유자들에게 지휘 감독을 계속 맡기고 본사 개입을 최소화하는 방법이다. 즉 '스톡옵션에 의해 조절된 무정부 상태'라 할 수 있는데, 전 기업의 소유주들이 자신들의 금전적 이해관계(스톡옵션) 때문에 (합병된 기업의) 우두머리로서 기업 전체의 이득을 위해서 행동하리라는 기대였다. GM의 창립자 윌리엄 듀런트(William Durant)나 슬론 2세의 전임자였던 피에르 듀퐁(Pierre DuPont)의 방법이 바로 이것이었다. 그러나 슬론 2세가 취임했을 때, GM은 강력하고 고집 센 사람들의 비협조적 태도 때문에 붕괴 일보 직전이었다.

슬론 2세는 이것이 합병을 통해 생긴 예외적이고 일시적인 문제가 아니라, 대기업에 보편화된 문제라는 것을 깨달았다. 슬론 2세는 대기업일지라도 지휘의 통일성과 중앙 통제가 필요하다고 생각했다. 그래서 실권을 가진 최고경영진이 필요했다. 사업을 동시에 운영하기 위해서는 에너지와 열정, 강점이 필요한 법이다. 실제 사업을 직접 관장하고 운영하는 관리자들에게는 자기 방식대로 운영할 자유를 주어야 한다. 물론 책임과 함께 권한도 주어야 하는 법이다. 그들이 할 수 있는 것이 무엇인지 보여줄 수 있는 기회를 주고, 성과에 대해 인정해줘야 한다. 이것은 슬론 2세가 금방 확실하게 파악한 것처럼, 회사가 나이 들수록 조직 내부에서 발탁하는 강력하고 독립적인 경영 리더들에게 회사의 운명이 달려 있기에 그 관리자들에 대한 자율성은 더욱 중요한 요소가 된다.

그러나 슬론 2세 이전에는 모든 사람은 문제를 권력 투쟁을 통해 해결될 일종의 개인의 성격 특성(personality) 문제로 간주했다. 그래서 어떤 한 사람이 승리해 문제를 해결하게 되는 것으로 생각했던 것이다. 슬론 2세는 이를 새로운 조직 구조를 통해 해결해야 할 본질적인 문제로 생각하고, 사업 운영에 있어서는 지역 자치권을, 방향과 정책에 있어서는 중앙 통제로 균형을 맞췄다.

■ 이 해결책이 얼마나 효과적이었는지는, GM이 탁월한 결과들을 내지 못했던 한 분야를 대조적으로 살펴보면 이해하기 쉬울 것이다. GM은 적어도 1930년대 중반 이후로는 미국 국민들의 정치적 성향이나, 정부의 방향과 정책을 제대로 예측하거나 이해하지 못했다. 그러나 바로 이 분야가 GM이 '분권화'를 일구지 못했던 영역이었다. 1935년 이래 GM에서 공화당 보수파 성향을 갖추지 않은 인물이 고위 임원이 되는 것은 생각도 할 수 없게 되었다.

베일과 슬론 2세의 의사 결정은 각각 전적으로 다른 문제를 다루고, 저마다 구체적이며 탁월한 해결책을 내놓았음에도 불구하고, 몇 가지 중요한 공통점을 갖고 있다. 모두 최고의 개념적 수준에서 문제를 해결하는 의사 결정을 했다는 점이다. 그들은 언제나 무엇에 대한 의사 결정인지를 충분히 검토하고, 그것을 다루기 위한 원칙을 세우고자 노력했다. 다시 말해 그때그때 꼭 필요해서 대응하는 방식이 아니라 전략적인 의사 결정을 내렸다. 그런 의사 결정은 모두 혁신적인 결과를 가져왔으며, 모두 치열한 논쟁을 불러일으켰다. 정말로 두 사람이 내렸던 중요한 다섯 가지 의사 결정은 당시 누구나 알고 있던 것과 정면으로 대립하는 것들이었다.

■ 베일은 사장으로서의 첫 임기 중 벨 시스템 이사회에 의해 해임되었다. 전화 통신 사업이 서비스 사업이라는 그의 생각은, 사업의 유일한 목적이 이익 창출이라고만 알고 있었던 사람들에게는 정신 나간 것으로 여겨졌던 것이다. 공적인 규제는 회사의 이해와 일치하고 벨 시스템의 존속에 필요하다는 그의 신념도, 규제는 수단과 방법을 가리지 않고 투쟁해야 할 '은밀한 사회주의(creeping socialism)'라고 인식하던 사람들에게는, 반도덕적이라고까지 할 수는 없어도 무모한 생각으로 보였다. 그런데 불과 몇 년 지나지 않은 1900년 이후 전화 사업 국유화의 요구가 높아지자, 이에 놀란 이사회는 베일을 다시 사장 자리에 복귀시켰다. 그러나 현재의 공정과 기술이 회사에 큰 이익을 안겨주고 있는 시점에서, 이것을 낡은 것으로 만드는 일에 돈을 쓰겠다는 의사 결

정, 그 때문에 대규모 연구소를 설립하겠다는 의사 결정, 그리고 당시 일반적이었던 투기성 자금 조달을 거부한다는 의사 결정은 모두 궤도를 이탈한 발상이라고 이사회의 공격을 받았다.

마찬가지로 슬론 2세의 분권화도 그때는 완전히 받아들일 수 없는 것이었고, 또 그 당시 사람들이 알고 있었던 모든 것과는 정면으로 배치되는 것으로 인식되었다.

그 무렵 미국의 선두 기업가 가운데 가장 급진적이라고 평가받았던 인물은 헨리 포드(Henry Ford)였다. 그러나 그러한 포드에게조차 베일이나 슬론 2세의 의사 결정은 지나치게 '정제되지 않은' 것으로 보였다. 포드에게는 새로 설계했던 모델 T(Model T)야말로 영원히 이상적인 자동차였다. 자기 것을 체계적으로 낡은 것으로 만들어야 한다는 베일의 주장은 포드에게 정신 나간 발상으로 보였을 것이다. 또 포드는 가장 엄격한 중앙 통제만이 효율을 높이고 성과를 낼 수 있다고 믿었다. 슬론 2세의 분권화는 포드의 눈에 자기 파괴적인 약점으로 보였다.

의사 결정 과정에서 생각해야 할 요소들

베일과 슬론 2세가 내린 의사 결정에서 정말 중요한 특징은 그 참신성이나 논쟁적 성격이 아니다. 그것들은 다음과 같이 5가지로 정리해볼 수 있다.

- 문제란 포괄적이고 규칙과 원칙을 세우는 의사 결정을 통해 해결될 수 있다는 것을 명확하게 인식했다.
- 문제에 대한 해답이 만족시켜야 할 세부 사항들, 이른바 '경계 조건(boundary conditions)'●에 대해 명확하게 정의했다.
- 무엇이 옳은가를 깊이 생각했다. 즉 의사 결정을 받아들이게 하는 데 필요한 타협, 적응, 양보에 앞서 세부 사항들을 충족시킬 해법이 올바른지 심사숙고했다.
- 의사 결정을 행동으로 연결할 수 있는 구체적인 실행 방법을 의사 결정에 포함시켰다.
- 의사 결정의 타당성과 실제 결과와 성과 달성 여부를 비교 및 검증하는 피드백 과정을 밟았다.

● '경계 조건'이란 일반적으로 경제 모델 또는 이론이 작동하는 제약 조건 또는 한계를 의미한다. 이러한 조건은 모델의 매개 변수를 정의하고 분석 범위를 명확히 하는 데 도움이 된다. '경계 조건'에는 자원 제약, 기술적 한계, 법적 규정, 제도적 구조, 그리고 경제 행위와 결과에 영향을 미치는 문화적 규범과 같은 다양한 요인이 포함될 수 있다. 예를 들어 경제 모델링의 맥락에서 '경계 조건'은 생산 기술, 소비자 선호도, 정부 정책 및 시장 구조와 같은 요인에 대한 가정을 포함할 수 있다. 이러한 조건은 경제 주체가 결정을 내리고 거래를 하는 범위를 설정한다. 경계 조건을 이해하는 것은 경제학자들에게 매우 중요하다. 왜냐하면 이는 경제 현상을 맥락화하고 현실적 제약 내에서 다양한 변수와 정책의 영향을 분석하는 데에 대한 프레임워크를 제공하기 때문이다. 경제 모델에 '경계 조건'을 포함함으로써, 경제학자들은 결과를 더 잘 예측하고 정책 개입이나 전략적 의사 결정에 대한 권고를 할 수 있다.-옮긴이

다음에 설명하는 것들은 성과를 내는 의사 결정 과정을 구성하는 '요소들'이다.

1. 성과를 내는 의사 결정자는 이런 첫 번째 질문을 던져야 한다. '이것은 일반적인 상황인가? 아니면 예외적인 것인가?', '이것은 자주 발생하는 문제에 속하는가? 아니면 별도로 다뤄야 할 특이한 문제인가?' 일반적인 문제는 언제나 규칙과 원칙에 따라 해결할 수 있다. 예외적인 것은 그 문제가 생길 때마다 각별히 다뤄질 수밖에 없다.

엄밀히 말하면 모든 문제는 두 가지가 아니라 다른 네 가지 종류의 문제 유형으로 분류할 수 있다. 첫 번째로, 개별적으로 발생하는 것들은 단지 하나의 징후일 뿐 사실은 포괄적이고 보편적인 문제가 있다.

■ 경영 리더가 업무를 수행하는 과정에서 발생하는 문제 대부분이 이런 종류에 속한다. 예를 들면 재고 관리에 관한 의사 결정은 '결정'이 아니다. 그것은 규칙의 적용이다. 이런 문제들은 포괄적이고 보편적(generic)인 것이다. 생산에서 야기되는 문제들이 이런 유형일 가능성이 크다.

전형적인 예로, 제품 관리 및 엔지니어링 그룹은 매달 수백 개의 문제를 처리한다. 그런데 이 문제들을 분석해보면 대개 단지 징후에 불과하다. 다시 말해 저변에 깔린 기본적인 상황이 표출된 것이다. 공장의 한 부문에서 일하는 공정 관리 기술자나 생산 관리 기술자는 이런 사실을 알 수 없다. 그는 아마도 증기 또는 고열 액체 파이프의 연결 부분에 생기는 몇 가지 문제를 매달 해결해야 할지도 모른다. 그러나 수개월에 걸쳐 제품 관리 및 엔지니어링 부문 전체의 작업량을 분석해보면 비로소 포괄적이고 보편적인 문제가 드러난다. 현재의 장비가 감당하기에는 온도나 압력이 너무 높아서, 작업량을 감당할 수 있도록 모든 파이프의 연결 부분을 재설계할 필요가 있음을 알게 된다. 그렇게 하지 않는 한 공정 관리 기술자는 문제 상황을 파악하지 못한 채 증기가 새는 부분을 계속 땜질하느라 시간만 낭비한다.

두 번째로, 개별 조직에서는 특유의 문제이지만 실제로는 포괄적이고 보편적인 문제인 경우다.

- 자사보다 훨씬 규모가 큰 회사로부터 합병 제의를 받은 회사가 그 제의를 받아들이고 나면, 다시는 그런 제의를 받지 않을 것이다. 특정 회사, 그 회사의 이사회 및 경영자의 입장에서 보면 그것은 되풀이되지 않는 상황이지만 합병과 같은 것은 언제나 되풀이되는 보편적인 상황임은 두말할 나위가 없다. 합병 제의에 대한 수락 여부를 심사숙고하려면 일정한 일반 원칙을 따라야 한다. 그러나 의사 결정 과정에서 경

영자는 다른 회사의 개별적인 경험을 참고해야 한다.

세 번째로, 정말 예외적이며 특수한 문제가 있다.

- 1965년 11월 세인트 로렌스강에서 워싱턴에 이르기까지 북미 대륙의 동북부 지역 전체를 암흑으로 몰아넣은 거대한 발전소 사고는, 최초의 사고 설명에 따르면 정말 예외적 상황이었다. 1960년대 많은 기형아를 낳게 만든 탈리도마이드 사건도 마찬가지였다. 이와 같은 두 가지 사건이 발생할 확률은 천만분의 일 또는 일 억분의 일이고, 두 가지 일이 동시에 다시 일어날 확률은 전혀 없다. 비유하자면 내가 앉아 있는 의자가 의자를 구성하는 원자들로 다시 분해될 일이 결코 없는 것처럼 말이다.

그러나 정말 예외적이며 특수한 문제는 드물다. 어쩌다 그런 일이 일어난다면 우리는 다음과 같은 질문을 해야 한다. '이것은 정말 예외적인 문제인가, 아니면 정말 새로운 종류의 문제가 등장할 것이라는 예고인가?'

새로운 포괄적이고 보편적인 문제가 나타날 것을 예고해주는 초기 징후가 있는데, 이것이 의사 결정 과정에서 대하게 될 네 번째 경우다.

■ 지금 우리는 북미 동북부 지역의 발전소 사고와 탈리도마이드 비극이 보편적인 문제 해결 방법이 발견되지 않는 한, 현대의 발전 기술 또는 현대의 약학이라는 조건 아래에서 자주 발생할 수 있는 최초의 사건에 불과하다는 것을 알고 있다.

정말로 특수한 사건을 제외한 문제들은 포괄적이고 보편적인 문제 해결 방법이면 된다. 이들 문제는 규칙, 정책, 원칙이 필요하다. 일단 올바른 원칙을 세우고 나면, 같은 종류의 포괄적이고 보편적인 상황이 벌어지는 경우 모두 실용적으로 처리될 수 있다. 즉 문제의 구체적인 상황에 맞춰 일반 원칙을 적용해 처리하는 것이다. 그러나 특수한 사건은 개별적으로 처리해야 한다. 우리는 그런 예외적인 것에 대해서는 일반적인 규칙을 세울 수 없다.

성과를 내는 의사 결정자는 자신이 해결해야 할 문제가 앞의 네 가지 문제 상황 가운데 어느 것에 해당되는지를 판단하는 데 시간을 보낸다. 만약 상황 분류가 잘못된다면 의사 결정도 잘못 내려지고 말 것이다.

의사 결정자가 흔히 저지르기 쉬운 실수는 포괄적이고 보편적인 상황을 마치 특수한 일들의 연속처럼 다루는 것인데, 포괄적이고 보편적인 이해와 원칙이 부족하면 그렇게 하는 것이 실용적이다. 이런 경우 좌절과 헛수고는 불가피하다.

■ 나는 케네디 행정부 시절 국내 문제나 외교 정책 가릴 것 없이 대부분이 실패한 것은 분명히 의사 결정 과정을 이해하지 못했기 때문이었다고 생각한다. 각료들이 모두 뛰어난 인재였지만, 케네디 행정부에서 유일하게 성공한 것은 쿠바 미사일 위기에 대한 대처였다. 그 밖의 일에는 실질적으로 아무것도 성공하지 못했다. 그 주원인은 각료들이 '실용주의'라고 부르던 것에 있었다. 즉 원칙과 방침을 정하지 않고 모든 문제를 그때그때 실리에 따라 해결하려고 했기 때문이다. 케네디 정권의 각료를 포함한 모든 사람에게는 당시 정책의 기저가 되었던 기본적인 전제, 즉 전쟁이 끝난 후 정책의 기본 전제가 국제적으로나 국내 문제에 대해서나 점점 비현실적으로 되어가고 있다는 것이 명백했다.

공통된 실수는 새로운 종류의 문제를 마치 옛날 문제인 것인 양 여기고 낡은 규정을 적용해야 한다고 보는 것이다.

■ 이런 잘못은 뉴욕과 온타리오 주의 국경 부근에서 일어났던 정전 사고를 미국 북동부 전역의 대정전 사건으로 확대시키는 결과를 가져왔다. 전력 엔지니어, 특히 뉴욕시의 전력 엔지니어들은 통상적인 과부하 대처 방안에 있어서는 올바른 원칙을 적용했다. 그러나 전력계기는 이미 표준 대응 조치가 아니라 예외적이라고 할 수 있는 아주 특이한 상

황이 벌어지고 있다는 신호를 보냈다.

이와는 대조적으로 케네디 정권이 거둔 유일한 큰 승리, 즉 쿠바 미사일 위기 때의 승리는 케네디 자신이 미사일 위기를 '특수하며 예외적인 사건'으로 받아들였기에 가능했다. 케네디 대통령의 이런 즉각적인 대응으로, 그의 지성과 용기라는 위대한 자질이 여지없이 발휘되었던 것이다.

거의 일반적인 경우로 그럴듯하게 보이지만, 문제가 근본적으로 무엇인지 잘못 판단하는 경우도 있다. 한 예를 소개한다.

■ 제2차 세계대전 후 미군은 잘 훈련된 우수한 군의관들이 일찍 퇴역하는 문제로 애를 먹었다. 많은 조사와 연구가 이뤄지고, 많은 해결책이 제시되었다. 그런데 모든 조사 및 연구 보고서는 문제점이 급여에 있다는 그럴듯한 전제를 내세웠다. 그러나 진짜 문제는 군의 전통적인 의료 시스템 자체에 있었다. 이 시스템은 지나치게 일반의를 중시함으로써 전문의를 중시하는 오늘날의 의료계 실정과 맞지 않았다. 전문의를 하위직으로 두고 병원 관리직 중심으로 승진하는 구조였고, 연구 활동이나 전문 의료 분야는 승진 코스에 해당되지 않았다. 그래서 잘 훈련된 젊고 우수한 의사들은 일반의로 일하거나, 아니면 행정에 매달리는 관리자로서 그들의 시간과 기술을 낭비할 뿐이라고 느꼈다. 그들은 고도로 과

학화, 전문화된 현대 의료 기술을 습득하고 활용할 기회를 원했다.

그런데도 군은 아직도 이 문제에 대한 기본적인 의사 결정을 하지 않고 있다. '군은 연구 지향이 고도로 전문화된 민간 의료계에서 보면 표준에 미달하는 의사들로 구성된 이류 의료 기관으로 만족할 것인가? 그게 아니라면 군의 조직 구조와는 근본적으로 다른 방식의 의료 시스템으로 재편성할 의지와 능력이 있는가?' 군이 이것을 정말 중요한 의사 결정 문제로 인정하지 않는 한, 기회만 있으면 젊은 군의관들이 서둘러 군을 떠나려는 현 사태는 나아지지 않을 것이다.

문제에 대한 정의가 명확하지 않아서 벌어지는 실수도 있다.

■ 1966년 미국 자동차 업계가 갑자기 자동차의 안정성 문제로 신랄한 공격을 받게 된 원인, 또 자동차 업계가 그러한 공격에 당황했던 원인도 여기에 있다. 자동차 업계가 안전 문제에 주의를 기울이지 않았다는 것은 절대 사실이 아니다. 업계는 그와 반대로 더욱 안전한 고속도로 건설이나 안전 운전에 비상한 노력을 기울였다. 안전하지 않은 도로와 안전하지 않은 운전 때문에 사고가 일어나고 있다는 생각은 충분히 그럴듯했다. 사실 고속도로 순찰대부터 일반 학

교에 이르기까지 자동차 안전에 관련된 모든 기관은 안전 운전에 대해 업계와 똑같은 목표를 가지고 캠페인을 벌였다. 캠페인은 성공적이었다. 안전성을 고려해 건설된 고속도로에서는 사고가 줄어들고, 안전 교육을 받은 운전자의 사고도 줄었다. 자동차 1,000대당 사고 비율이나, 1,000마일당 사고 비율은 낮아졌지만 총 사고 건수와 중대 사고는 꾸준히 늘어나고 있었다.

소수의 운전자, 즉 음주운전자나 5퍼센트에 불과한 '상습 사고 운전자'가 전체 사고 원인의 75퍼센트 또는 그 이상을 차지하고 있으며, 이들이 안전 운전 교육도 받지 않아 가장 안전한 도로에서조차 사고를 일으킬 수 있다는 것은 벌써 오래전부터 분명히 밝혀졌어야 했다. 따라서 교통 법규와 안전 교육에도 불구하고 일어나는 사고 가능성에 대해 어떤 조치를 취해야 한다는 것도 오래전에 분명히 인식하고 있어야 했다. 안전한 고속도로, 안전 운전 캠페인 전개와 더불어 사고 자체의 위험성을 줄일 수 있는 자동차 설계가 보완되어야 했다. 올바로 운전하면 안전하도록 설계되어야 함은 물론이고, 운전을 잘못해도 안전하도록 자동차를 설계해야 하는 것이다. 그러나 자동차 업계에서 이 점은 보지 못하고 있다.

이 사례는 왜 불완전한 설명이 종종 완전히 잘못된 설명보다 더 위험한지 보여주고 있다. 자동차 업계뿐만이 아니라 주 고속도로 당국이나 자동차 클럽, 보험 회사 등 안전 운전 캠페인 관계자들이 모두 사고 확률을 무심코 받아들이는 것은, 위험한 운전을 권장하지는 않는다 해도 너그럽게 봐주기 때문이 아닐까. 마치 우리 할머니 세대에 성병 치료 의사는 부도덕을 조장하는 사람으로 여겼던 것처럼 말이다. 인간은 그럴듯한 타당성과 도덕성을 혼동하는 경향이 있다. 결국 불완전한 가설이 매우 위험한 실수로 이어져 수정하기 어렵게 되는 상태에 이르게 된다.

따라서 효과적 의사 결정자는 언제나 처음에는 문제가 일반적인 것이라고 가정해야 한다. 또한 언제나 주목을 끄는 문제는 실제로 하나의 징후에 지나지 않는다고 생각해야 한다. 진짜 문제를 찾아내야 한다. 단순히 증상만을 치료하는 것에 만족해서는 안 된다. 그리고 만약 문제가 정말로 특수한 것이라고 밝혀지면, 경험이 많은 의사 결정자는 이것이 새로운 근본적인 문제를 미리 예고하는 것이 아닌지, 그리고 그 특수하게 보이는 문제도 단순히 새로운 포괄적이고 보편적인 상황에서 나타날 수 있었던 첫 징후로 드러나게 된 것은 아닌지 의심해야 한다. 바로 이것이 성과를 내는 경영 리더가 항상 문제를 가능한 최고의 개념 수준에서 해결하려고 노력해야 하는 이유다.

그는 앞으로 몇 년 동안 최고 가격으로 가장 잘 팔리는 증권을 발행해 당면한 자금 조달 문제를 해결하지 않는다. 만약 그가 앞으로 다가올 미래에는 대중 자본 시장이 필요하다고 생각하면,

새로운 종류의 투자가를 개발해야 하고, 아직 존재하지 않는 대중 자본 시장에 적합한 증권을 설계해야 한다. 능력은 있으나 자기 관리 수련이 부족한 일군의 사업부장들이 잘 협력하게 만들려고 가장 다루기 힘든 사람들을 제거하고 나머지를 매수하는 방식으로는 안 된다.

성과를 내는 경영 리더는 대규모 조직에 걸맞는 조직 차원의 개념 기본 원칙(constitutional concepts)을 개발해야 한다. 만약 그가 보기에 자기 기업이 독점 기업이 될 수밖에 없다면, 사회주의를 격렬하게 비난하는 것에 그쳐서는 안 된다. 그는 자기 회사가 무책임한 민간 독점 기업의 '스킬라(Scylla)'가 되거나, 아니면 똑같이 무책임하고 기본적으로 통제가 안 되는 정부 독점의 '카립디스(Charybdis)'가 되는 극단에 빠지지 않도록, 사려 깊은 '제3의 길'을 통해 공적인 규제 기관을 구축해야 한다. (스킬라와 카립디스는 그리스 신화에 나오는 바다 괴물. 서양에 "카립디스와 스킬라 사이로 간다"는 속담이 있는데, 어느 쪽을 선택하든 손실을 피할 수 없는 상황에서 쓰는 표현이다.-옮긴이)

사회 및 정치 생활에서 분명한 사실은 임시적인 것이 더 오래 살아남는다는 점이다. 영국의 술집 영업 시간 규제, 프랑스의 주택 임대 통제, 또는 워싱턴의 '임시' 정부 청사는 모두 제1차 세계대전 중에 '몇 개월간의 임시 조치'로서 급하게 시작된 것이다. 그러나 이것들은 반세기도 훨씬 지난 지금까지도 남아 있다. 성과를 내는 경영 리더는 이것을 알고 있다. 그도 물론 임시방편을 사용할 때가 있다. 그러나 그런 조치를 취할 때마다 '이것이 장기적으로 유지된다 해도, 기꺼이 그렇게 할 것인가?'라고 자신에게 물어봐야 한다. 만약 대답이 부정적이면 그는 보다 일반적이고 보다 개념적이며 보다 포괄적인 문제 해결, 즉 올바른 원칙을 세우는 해법을 찾기 위해 부단히 노력해야 한다.

그렇기 때문에 성과를 내는 경영 리더는 많은 의사 결정을 하지 않는다. 한 가지 의사 결정에 시간이 너무 많이 들기 때문이 아니다. 오히려 기본 원칙에 입각한 의사 결정은 증상이나 임시방편에 입각한 의사 결정보다도 대체로 시간이 오래 걸리지 않는다. 다시 말하지만 성과를 내는 경영 리더는 많은 의사 결정을 하지 않는다. 성과를 내는 경영 리더는 원칙과 정책에 따라 포괄적이고 보편적인 상황을 해결하므로, 그는 대두분의 사건들을 규칙에 따른 사례들로서 적응해가며 처리할 수 있다. "법률이 많은 국가는 무능한 법률가들의 국가다"라는 법률 관련 속담이 있다. 이렇게 되면 모든 문제를 법의 일반 원칙 아래 개별 문제가 아닌, 특수한 현상으로 여기고 문제를 해결하려고 한다. 마찬가지로 의사 결정을 많이 하는 경영 리더는 오히려 게으르고 무능한 사람이다.

물론 의사 결정을 하는 사람은 항상 무언가 예외적이거나 비정상적인 일이 일어나고 있지는 않은지 조사해야 한다. 이를 위해서는 '관찰된 사건들이 제대로, 그리고 하나도 빠짐없이 설명되고 있는가?'라는 질문을 스스로 던져야 한다. 그리고 그는 언제나 해결책으로 얻을 수 있는 기대 효과, 예를 들면, 자동차 사고 감소와 같은 사항을 꼼꼼히 메모하고, 그것이 정말로 실현되고 있는지 정기적으로 확인해야 한다. 끝으로 무언가 예외적이고 설명할 수 없는 일, 기대와는 다른 일이 발생했다면 다시 원점으로 돌아가 문제를 철저히 재검토해야 한다.

지금까지 설명한 것들은 근본적으로 모두 2,000년 전에 히포크라테스(Hippocrates)가 의료 진단의 원칙으로 삼았던 것들이다. 또한 과학적 관찰의 원칙으로 아리스토텔레스(Aristoteles)에 의해 공식화되고, 300년 전 갈릴레오(Galileo)에 의해 재확인된 것이다. 다시 말해 이것들은 모두 오래전부터 널리 알려져 있었으며 시대를 거듭하며 검증을 거쳐온 원칙으로서 사람들이 배울 수 있고 체계적으로 적용할 수 있는 것이다.

2. 의사 결정 과정에서 두 번째로 중요한 요소는 의사 결정으로 달성하고자 하는 것에 대해 명확한 명세서를 만드는 일이다. '의사 결정으로 달성하려는 목표는 무엇인가? 그것으로 얻으려는 최소한의 목표는 무엇인가? 그것이 만족시켜야 하는 조건은 무엇인가?' 과학에서는 이것을 '경계 조건'(244페이지 각주 참조)이라고 한다. 어떤 의사 결정이 성과를 내려면 경계 조건을 만족시킬 필요가 있다. 의사 결정은 목적에 적합해야 한다.

경계 조건을 간단하고 명확하게 정할수록 그 의사 결정은 목표를 달성할 확률이 높아지고 성과를 낼 가능성도 커진다. 반대로 경계 조건을 명확히 하는 것에 심각한 결함이라도 있으면, 아무리 뛰어나 보이는 의사 결정이라도 목표를 달성하기가 어렵다.

경계 조건은 대체로 '이 문제를 해결하기 위해 최소한 무엇이 필요한가?'라는 방식의 질문을 통해 파악할 수 있다. 슬론 2세는 1922년 GM의 경영권을 인수했을 때 아마도 자신에게 이렇게 질문했을 것이다. '사업부 책임자들로부터 자율권을 회수함으로써 우리의 요구가 충족될 수 있는가?' 그가 생각한 대답은 분명히 부정적이었다. 그가 처한 문제의 경계 조건은 최고경영자의 직위에 걸맞게 강력한 권력과 책임을 확보하는 것이었다. 이는 중앙에서의 획일성(unity)과 통제 못지않게 필요했다. 그 경우 경계 조건은 관련된 사람들과의 융합과 효율보다 구조 측면에서의 해법을 필요로 했다. 결과적으로 슬론 2세가 제시한 해법은 오랫동안 효력을 보였다.

적절한 경계 조건을 찾아내기란 언제나 쉬운 일이 아니다. 지적인 사람들이 경계 조건에 반드시 동의를 한다는 보장은 없다.

■ 미국 동북부 일대에 정전 사고가 발생한 다음 날 아침, 뉴욕의 조간신문이 어렵게 발간되었다. 〈뉴욕타임스〉가 바로 그 신문이었다.

이 신문은 정전이 되자 정전되지 않았던 허드슨 강 건너 뉴저지 주 뉴어크의 지역 석간신문인 〈뉴어크 이브닝 뉴스〉 공장에 인쇄를 의뢰했다. 신문사 경영진이 100만 부 인쇄를 지시했는데, 실제로는 50만 부도 채 인쇄하지 못했다. 널리 알려진 바에 따르면 인쇄 직전 편집장과 3명의 간부 사이에, 단어 하나에 사용할 '하이픈(-)' 문제를 두고 의견이 엇갈려, 그것을 해결하는 데 48분이라는 귀중한 시간을 보냈다고 한다. 48분은 100만 부를 인쇄하는 데 걸리는 시간의 거의 절반이었다. 편집장 입장에서는 〈뉴욕타임스〉가 미국 영어의 표준이므로 문법상의 잘못은 허용할 수 없었던 것이다.

이 이야기의 진위는 확인되지는 않았으나, 최고경영진이 그 일을 어떻게 생각했는지 궁금하다. 그러나 편집장의 기본적인 주장과 목표로 본다면, 그것이 올바른 행동이었다는 것은 의심할 여지가 없다. 그가 내려야 할 의사 결정의 경계 조건은 어느 날 아침에 신문을 몇 부나 판매하는가에 있지 않았다. 그의 경계 조건은 미국 영문법의 대가인 〈뉴욕타임스〉에 오류란 있을 수 없다는 원칙을 지키는 데 있었다.

성과를 내는 경영 리더들은 올바른 경계 조건을 만족시키지 못하는 의사 결정은 효과가 없을뿐더러 적절치 않다는 것을 안다. 그러한 의사 결정은 사실상 그릇된 경계 조건을 만족시키는 의사 결정보다 더 나쁠 수도 있다. 물론 둘 다 잘못된 것이다. 그러나 잘못된 경계 조건을 만족시키는 적절한 의사 결정이라면 구제 조치를 취해볼 수 있다. 그것은 여전히 성과를 내는 의사 결정이기 때문이다. 그러나 만족시켜야 할 조건들의 명세서에 적합하지 않은 의사 결정은 곤궁에 처하게 할 뿐이다.

사실 한 번 내린 의사 결정을 언제 폐기할지 알기 위해서라도 경계 조건을 심사숙고해야 한다. 이와 관련해 두 가지 유명한 예가 있다. 하나는 경계 조건이 혼란에 빠진 경우이고, 또 다른 하나는 경계 조건을 명확히 설정해 새롭고 적절한 정책을 즉각 도입할 수 있었던 경우다.

■ 첫 번째 예는 제1차 세계대전 발발 당시 독일 참모 본부의 유명한 슐리펜 계획(Schlieffen Plan)이다. 이 계획은 독일군의 군사력을 동부와 서부 두 전선에서 동시에 수행하기 위한 배치 전략이었다. 슐리펜 계획은 당초 약한 적 러시아에 대해서는 적은 병력으로 상징적 저항을 하고, 강한 적 프랑스에 대해서는 먼저 단기간에 치명적인 기습 공격을 가하기 위해 전 병력을 집중 투입하고, 그다음에 러시아를 처리한다는 것이었다. 이것은 물론 전쟁 발발 시 프랑스에 결정적인 승리를 거둘 때까지는 러시아군이 독일 영내 깊숙이 진입하는 것을 허용한다는 의미였다. 그러나 1914년 8월 러시아군의 진격 속도가 과소 평가됐다는 사실이 밝혀졌다. 러시아군이 침공한 프러시아 동부에서 융커(Junker, 프로이센의 지주 귀족-옮긴이)가 긴급 구원을 요청했다.

슐리펜 장군의 경계 조건은 명확했다. 그러나 그의 후임자들은 의사 결정을 하거나 전략을 수립하는 사람들이 아니라, 기술적인 전문가에 불과했다. 그들은 슐리펜 계획의 기본, 즉 독일 군사력을 분산시키는 소모전은 피해야 한다는 경계 조건을 폐기했다. 그들은 그런 계획을 철회했어야 했다. 그러나 그들은 그 계획을 그대로 유지했다. 결국 기본 계획의 실현은 불가능해지고 말았다. 그들은 서부 전선에서 초기에 거둔 승리의 임팩트를 경감시킬 정도로 서부 전선 병력을 약화시켰고, 동부 전선에선 러시아 병력을 물리칠 정도로 병력을 강화하는 데 실패했다. 그 때문에 그들은 슐리펜 계획이 피하려고 했던 바로 그 사태, 즉 전략이 아니라 병력의 우열이 승패를 결정하는 소모전이라는 교착 상태에 빠졌다. 그때부터 그들에게는 전략 대신에 혼란스러운 즉흥적 조치, 격한 언사, 기적에 희망을 거는 것 등으로 점철되었다.

■ 두 번째 예는 첫 번째와는 반대로, 1933년 대통령에 취임한 프랭클린 루스벨트가 취한 행동이었다. 그는 선거 운동 기간 중 경기 회복을 위한 경제 정책을 검토하고 있었다. 1933년 당시의 경기 회복책이라면, 물론 보수적인 재정 정책과 균형 예산을 중심으로 하는 것뿐이었다. 그러나 취임식 직전의 은행 휴일에 경제가 붕괴되고 말았다. 루스벨트가 예정하고 있던 경제 정책은 경제적으로 제 기능을 수행했는지 모른다. 그러나 정치적으로는 환자(경제)가 살아남지 못

할 것이 확실했다.

루스벨트는 자신의 경제적인 목표를 정치적인 목표로 바꿨다. 회복에서 개혁으로 전환시킨 것이다. 새로운 경계 조건은 정치적 역학이었다. 거의 자동적으로 일종의 보수주의에서 급진적 혁신으로 경제 정책을 완전히 전환해야 한다는 사실을 뜻했다. 경계 조건이 변한 것이다. 루스벨트는 성과를 내려면 본래의 정책일지라도 통째로 폐기해야 할 때가 있다는 것을 거의 직관적으로 판단할 수 있는 진정한 의사 결정자였다.

그러나 경계 조건에 관해 명확히 생각하고 판단하는 것은, 가능한 모든 의사 결정 가운데 가장 위험한 의사 결정이 무엇인지 찾아내기 위해서도 필요하다. 즉 상황이 변하지 않는 한 잘 작동할 수 있을 것 같은 의사 결정을 식별하기 위해서도 필요하다. 이런 의사 결정은 언제나 일리가 있어 보인다. 그러나 의사 결정이 만족시켜야 할 경계 조건 명세서를 자세히 검토하면, 그 세부 항목들은 본질적으로 서로 양립할 수 없다는 것을 항상 발견하게 된다. 그러한 의사 결정이라고 해서 성공 가능성이 전혀 없지는 않다. 다만 확률이 매우 낮을 뿐이다. 설령 기적이 일어난다 해도 기적이란 것의 문제점은 좀처럼 일어나지 않는다는 것이 아니라, 우리가 믿고 의존할 수가 없다는 사실이다.

■ 이에 대한 완벽한 예가 1961년 쿠바 피그스만(Bay of Pigs, 미국의 원조를 받은 반카스트로 망명자들이 쿠바의 피그스만에 상륙했다가 전멸된 사건-옮긴이) 침공에 대한 케네디 대통령의 의사 결정이다. 분명한 경계 조건 항목 하나는 카스트로 정권의 전복이었다. 그러나 동시에, 또 하나의 경계 조건 항목이 있었다. 그것은 미국 군대가 다른 나라의 내정에 간섭하는 것으로 보여서는 안 된다는 것이었다. 여기서 두 번째 항목은 전적으로 터무니없는 것으로, 그 침공이 쿠바인들의 자발적인 봉기라고 믿는 사람은 이 세상에 아무도 없을 것이라는 점은 두말할 필요가 없었기 때문이다. 그 당시 미국 정책 당국자들에겐 미국이 개입하지 않은 것으로 보이도록 하는 것이 합당하고도, 꼭 필요한 조건으로 보였다. 그러나 이 두 가지 경계 조건 항목들은 쿠바인 게릴라가 피그스만 상륙 직후, 쿠바 전역에서 반카스트로 무장 봉기가 즉각 일어나 쿠바군을 완전히 마비 상태에 몰아넣는 경우에만 양립할 수 있었다. 이런 일은 불가능하지는 않더라도, 쿠바와 같은 경찰국가에서는 분명 실현 가능성이 희박한 일이었다. 침공 아이디어 자체를 아예 철회하든지, 아니면 확실한 침공 성공을 위해서 미국의 전폭적 지원이 있어야만 했다.

케네디 대통령 자신이 설명했던 것처럼 그 실수는 '전문가들의 말을 들었기 때문에' 벌어진 게 아니었다. 케네디는 자신을 비하하려고 이렇게 말한 게 아니다. 의사 결정이 만족시켜야 할 경계 조건들을 명확하게 심사숙고하지 못해 실수가 벌어진 것이다. 기본적으로 양립할 수 없는 두 개의 명세서를 만족시켜야 하는 결정은 의사 결정이 아니라, 기적을 바라는 기도에 지나지 않는다는 달갑지 않은 현실을 받아들이지 않은 데서 그 실패 원인을 찾을 수 있다.

그러나 명세서가 무엇인지 규정하고, 경계 조건을 설정하는 일은 그것이 아무리 중요하다고 해도 '사실들'에 기초해 이뤄질 수는 없다. 언제나 그것은 사실의 해석을 바탕으로 이뤄져야 한다. 그것은 위험을 수반하는 판단이다.

누구나 잘못된 의사 결정을 내릴 수 있다. 사실 누구나 종종 잘못된 의사 결정을 한다. 그러나 경계 조건을 만족시키지 못할 게 뻔한 의사 결정은 하지 말아야 한다.

3. 궁극적으로 우리는 언제나 타협해야 한다. 이러한 이유로 무엇이 수락 가능한지가 아니라(누가 옳은지는 차치하고), 무엇이 올바른가라는 질문에서 출발해야 한다. 그러나 만약 명세서와 경계 조건들을 만족시키기 위해 무엇이 올바른지 모를 때에는, 올바른 타협과 잘못된 타협도 분별할 수 없을 것이다. 그 결과 잘못된 타협을 하고 만다.

■ 나는 그 점을 1944년 처음으로 대규모 컨설팅 업무를 시작

할 때 배웠다. 그것은 GM의 경영 구조와 경영 정책에 관한 연구였다. 당시 GM의 회장이자 CEO였던 슬론 2세는 내가 연구를 시작할 무렵 나를 사무실로 부르더니 다음과 같이 말했다. "나는 당신에게 무엇을 연구하라, 무엇을 보고하라, 또는 어떤 결론을 내라고 하지 않겠습니다. 그건 당신이 할 일이에요. 그러나 당신에게 한 가지 꼭 당부하고 싶은 것은, 당신이 본 대로 당신이 옳다고 생각한 것을 기록해두라는 것입니다. 우리 회사의 반응이 어떨지는 걱정하지 마세요. 우리가 이것은 좋아하고 저것은 싫어하는 것이 있다 해도 개의치 마세요. 그리고 무엇보다 당신의 권고를 우리가 받아들일 수 있도록 하기 위해 당신 자신과 타협할 생각은 아예 하지 마세요. 이 회사에는 당신 도움 없이, 생각할 수 있는 모든 타협을 할 줄 모르는 중역은 한 명도 없습니다. 그러나 당신이 먼저 '올바르다'는 것이 무엇인지 말해주지 않는다면 올바른 타협을 할 수 없을 거예요." 의사 결정을 내리려는 경영 리더는 이 말을 네온사인 불빛 아래 비춰보듯 깊이 되새겨봄직하다.

케네디 대통령은 이 교훈을 피그스만 침공 실패를 통해 배웠다. 그로부터 2년 후에 있었던 쿠바 미사일 위기 때의 승리는 이 교훈에 힘입은 바 크다. 케네디는 그때 의사 결정이 만족시켜야 할 경계 조건에 대해 충분히 검토해야 한다고 주장했다. 그 결과 그는 어떤 타협안을 받아들여야 할 것인지(항공 정찰에 의한 지상 사찰이 필요 없는 것으로 밝혀진 뒤, 지상 사찰 요구를 슬쩍 철회한 것)와 어떤 주장을 해야 할 것인지(러시아가 쿠바에 건설하던 미사일 기지를 자진 철거하고 돌아가도록 한 것) 알게 되었다.

세상에는 두 가지 다른 종류의 타협이 있다. 하나는 "빵 반쪽이라도 없는 것보다는 낫다"라는 속담이 뜻하는 종류의 타협이다. 다른 하나는, 솔로몬의 재판에서 나오는 이야기처럼 "반쪽 아이는 아예 없는 것보다 더 나쁘다"라는 사실을 분명히 인식하는 데서 시작하는 타협이다. 전자의 경우 경계 조건은 여전히 충족된다. 빵의 목적은 음식을 제공하는 것이고, 반쪽 빵이라도 여전히 음식이다. 그러나 반쪽 아이는 반쪽 인생이 아니고 앞으로 어른으로 자랄 아이도 아니다. 그것은 두 조각 난 시체일 뿐이다.

저항을 불러일으키지 않도록 하려면 무엇이 수용 가능한지, 어떤 말을 해서는 안 되는지 등을 걱정하는 것은 쓸모없고, 시간 낭비일 뿐이다. 걱정하는 어떤 일은 거의 일어나지 않는 반면, 아무도 생각하지 않았던 반대와 어려움은 갑자기 나타나 곤란에 처하게 하는 엄청난 장애물이 된다. 다른 말로 표현하면 의사 결정자가 처음부터 '무엇이 수용될 수 있을까?'라고 질문하는 것은 아무런 득이 되지 않는다. 그 질문에 대한 답을 찾는 과정에서 대체로 의사 결정자는 중요한 것들을 포기하고, 올바른 답은 고사하고, 효과적인 답을 찾아낼 기회조차 상실하고 만다.

4. 의사 결정을 행동으로 전환하는 것은 의사 결정 과정에서 네 번째로 중요한 요소다. 의사 결정 과정에서 경계 조건을 생각하는 것이 가장 어려운 작업이라면, 결정된 것을 효과적 행동으로 전환하는 것은 대체로 가장 많은 시간이 소요되는 과정이다. 의사 결정 과정 초기부터 행동 계획을 짜 넣지 않으면, 의사 결정은 성과로 이어질 수 없다.

의사 결정된 것을 구체적으로 차근차근 단계별로 실행해나가기 위해 누군가에게 업무를 배정하고 책임을 맡기지 않으면, 사실 그 어떤 것도 결정된 게 아니다. 그때까지 그것은 단지 하나의 좋은 의도에 불과하다.

■ 수많은 정책 선언문이 안고 있는 문제인데, 특히 기업의 경영 정책 방침에서 자주 나타난다. 경영 방침이 행동 강령을 포함하고 있지 않다는 말이다. 그것을 실천하는 과업이 구체적으로 누구의 책임이고, 책임 범위는 어디까지인지에 관한 내용이 없다. 이럴 경우, 조직 내 구성원들은 그런 선언문을 최고경영진이 진정으로 실행할 생각이 없다고 여기지는 않더라도, 냉소적으로 보게 되는 것은 그리 놀랄 일이 아니다.

의사 결정을 행동으로 전환하려면 몇 가지 분명한 질문들에 답해야 한다. '이 결정을 알아야 할 사람은 누구인가? 어떤 실행을 해야 하는가? 누가 그것을 해야 하는가? 실행할 사람이 그것을 할 수 있게 하려면 어떤 조치를 취해야 하는가?' 처음과 마지막 질문은 너무 자주 간과되는데, 그렇게 되면 혹독한 결과가 기다릴 것이다.

- OR 전문가들 사이에 널리 알려져 있는 다음 사례는 '이 결정을 알아야 할 사람은 누구인가?'라는 질문의 중요성을 보여주고 있다. 산업 장비를 생산하는 어떤 시장 주도 제조 업자는 몇 년 전 모델 하나를 단종하기로 결정했다. 그 장비는 오랫동안 기계 공구 생산라인에 표준 설비로 사용되던 모델이었기 때문에 여전히 많이 사용되는 것이었다. 따라서 회사는 옛날 장비를 가지고 있는 소유자에게 대체하는 조건으로 3년간만 팔기로 하고, 그 뒤에는 생산과 판매를 중단하기로 결정했던 것이다. 몇 년간 이 모델에 대한 주문은 꾸준히 감소했다. 그런데 그 모델을 더는 생산하지 않아 가용치 않게 된 날, 기존 고객들이 재주문하는 바람에 전체 주문량이 급작스럽게 증가했다.

  그러나 아무도 '이 의사 결정을 알아야 할 사람이 누구인가?'라는 질문을 던지지 않았다. 그러니 그 모델을 조립하는 데 필요한 부품을 구입하는 구매 책임자에게 아무도 그 사실을 알려주지 않았던 것이다. 구매 책임자에게 내려진 지침은 어떤 제품이 판매되면 판매 수량만큼 일정 비율에 해당하는 부품을 구입하는 것이었다. 그리고 그 지침은 바뀌지 않았던 것이다. 따라서 그 모델의 생산이 중단될 무렵 회사는 그 모델을 8~10년간 충분히 생산할 수 있는 부품을 창고에 보관하게 되었다. 결국 상당한 손해를 보고 이들 부품을 장부에서 털어내야 했다.

의사 결정을 실행에 옮기기 위한 행동은 실천에 옮겨야 할 사람들의 능력에 맞는 것이어야 한다.

■ 한 화학 회사의 외국 현지 법인은 서아프리카 2개국에서 본국으로 보내는 과실 송금을 금지당했다. 이 회사는 현지 법인이 보유하고 있는 자금의 가치를 지키기 위해 그 자금을 현지 경제에 기여할 수 있고, 외국으로부터 원자재 수입이 필요 없으며, 통화 송금이 다시 가능하게 될 때 현지 투자가에게 매도 가능한 사업에 투자하기로 결정했다. 이 회사는 두 나라의 주요 수출 농산물인 열대 과일이 서유럽 시장에 수송하는 중에 부패하는 문제를 방지할 수 있는 간단한 화학 처리 과정을 개발했다.

이 사업은 두 나라에서 모두 성공했다. 한 나라에서는 서아프리카 지역에 얼마 안 되는, 고도로 숙련되고 전문적으로 훈련된 기술 관리자가 사업을 운영했다. 한편 다른 나라에서는 언젠가는 사업 운영을 맡기고 싶은 현지인들의 능력을 감안해, 화학 처리 방법이나 사업을 최대한 단순화해 모든 수준의 일을 현지인들에게 맡겼다.

몇 년 후 두 나라 정부는 본국에 송금할 수 있도록 허가했다. 그러나 한 나라에서는 사업이 성공했는데도 그 사업체를 인수할 사람이 나타나지 않았다. 현지인들은 사업 관리나 기술 능력을 갖고 있지 않았다. 따라서 사업은 청산되고 회사는 손실을 입었다. 이에 비해 다른 한 나라에서는 많은 현지 기업인들이 그 사업체를 사길 원해서 회사는 자본금에다 상당한 이익을 보태서 본국에 송금할 수 있었다.

화학 처리 방법이나 사업 운영은 기본적으로 두 나라에서 동일한 것이었다. 그러나 실패한 나라에서는 누구도 '이 의사 결정이 성과를 내려면 어떤 인력을 활용할 수 있는가? 그리고 그들은 무엇을 할 수 있을까?'라는 질문을 던지지 않았다. 그 결과 의사 결정 자체가 좌초되고 만 것이다.

의사 결정을 실행에 옮겨 성과를 내려면 관련 사람들이 행동, 습관, 태도를 바꾸는 것이 한층 더 중요하다. 실행을 위한 책임을 명확히 하고, 책임이 부과된 사람들이 필요한 행동을 취할 능력을 갖는 것만으로는 충분치 않다. 평가 기준, 성취 수준, 인센티브가 동시에 바뀌어야 한다. 그렇지 않으면 사람들은 내면에서 활력을 저해하는 감정적 갈등에 빠지게 된다.

■ 벨 시스템의 사업은 서비스여야 한다는 베일 사장의 의사
결정도 서비스에 관한 성과 평가가 없었더라면 아무런 의
미가 없는 말이 되고 말았을 것이다. 그때까지 벨 시스템의
관리자들은 자기 부서의 이익률, 또는 적어도 비용에 따른
성과 평가를 받았다. 그러나 베일 사장이 정한 새로운 평가
기준은 그들이 새로운 목표를 신속하게 받아들이도록 만들
었다.

■ 이와는 상당히 대조적으로, 오랜 역사와 거대한 규모, 자부
심이 넘치는 한 미국 회사의 탁월한 회장은 조직 구조와 기
업 목적을 보다 효과적이게 만들어보려 했다가 실패를 경
험했다. 모든 사람이 변화가 필요하다는 것을 인정했다. 오
랫동안 업계의 선두주자 지위에 있었던 이 회사는 노화 현
상이 두드러지고, 거의 모든 사업 분야에서 경쟁 상대로 새
로 등장한 대단히 공격적인 중소기업에게 밀리기 시작했다.
그러나 회장은 새로운 조직 구조 가운데 가장 눈에 띄고 많
은 급여를 받는 중요한 직위, 특히 신설된 경영부사장 자리
세 곳에 수구파의 대표격인 사람들을 승진 발령했다. 이 때
문에 회사 내 사람들은 회장이 '회사를 개혁할 의지가 전혀
없다'고 생각했다.

새로운 실행 방침에 배치되는 행동이 가장 큰 보상을 받는다면,

사람들은 그 배치되는 행동이야말로 최고경영진이 원하는 것이며, 또 보상을 받는 것이라고 여기게 된다.

모든 사람이 베일이 행동한 것처럼 할 수 없고, 의사 결정의 집행을 의사 결정 그 자체에 내재되도록 할 수도 없다. 그러나 누구나 의사 결정을 실행에 옮기는 데 필요한 구체적인 행동 계획이 무엇이며, 이에 따르는 업무 과업 배정은 어때야 하며, 실행할 수 있는 사람으로는 누가 가용한지를 생각할 수 있다.

5. 마지막으로 피드백 활동을 의사 결정 과정에 포함시키고, 의사 결정이 달성하고자 하는 기대 수준과 실제 활동 결과를 지속적으로 비교 및 검토해야 한다. 의사 결정은 사람이 하는 것이다. 사람은 잘못을 저지르기 마련이고, 최선을 다한다 해도 그들의 과업은 오래 지속되지 않는다. 심지어 가장 잘된 의사 결정마저 잘못될 확률이 높다. 뿐만 아니라 가장 효과적인 의사 결정이라도 결국 진부해지게 마련이다.

- 앞서 언급한 베일과 슬론 2세의 의사 결정이 보여준 예가 기록으로 남겨둘 만한 것들이라고 볼 수 있다. 두 사람의 상상력과 결단력에도 불구하고 그들이 내린 의사 결정 가운데 지금까지 유효하고 또 당시와 동일한 형태로 살아 있는 것은, '벨 시스템의 사업은 서비스'라는 베일의 의사 결정 하나뿐이다. AT&T 보통주의 성격은 1950년대 중산층의

자금을 모았던 연기금이나 투자신탁이 기관 투자가로 등장함에 따라 대폭 바뀌었다. 벨 연구소가 오랫동안 독점적 지위를 유지해온 동안, 새로운 과학기술의 발전, 특히 우주 관련 기술과 레이저 기술로 인해 이제는 벨 시스템이 아무리 대기업이라 해도 자사가 필요한 모든 과학기술에 자력으로 대응한다는 것은 불가능한 일이다. 동시에 과학기술의 발전으로 75년 동안 독점 사업이었던 통신 사업 역사상 처음으로 전화 이외의 새로운 통신 수단이 전화에 맞서 강력한 경쟁 상대가 될 가능성이 커지고 있다.

정보나 데이터 통신과 같은 주요 통신 분야에서는 어떠한 통신 매체도 벨 시스템의 전화가 장거리 음성 통신에서 차지하고 있었던 것과 같은 독점적인 지위는 물론 지배적인 지위조차 단독으로 유지할 수 없게 되었다. 또한 공적 규제가 전기 통신 사업의 민간 기업 유지를 위해 필요하다고는 하지만, 베일이 그처럼 힘을 기울인 주 당국의 규제는 통신 사업의 국민 경제적, 국제적 체제를 갖춰야 하는 현실에 점점 맞지 않는 것이 되고 있다. 연방 정부가 불가피하며 타당한 것으로 부과한 규제는 벨 시스템이 만든 것이 아니었다. 오히려 벨 시스템은, 베일이 그처럼 조심스럽게 피해왔던 지연 전술을 통해 그 실현에 저항해왔다.

슬론 2세가 단행한 GM의 분권화는 아직도 유지되고 있다. 그러나 이것은 가까운 장래에 재검토하지 않으면 안 될 것이 분명하다. 슬론 2세가 세운 기본적인 원칙은 너무 자주 변경되고 개정되었다. 따라서 원래의 조직 원칙은 알 수 없게 되어버렸을 정도로 모호한 것으로 변했다. 사실상 자치적인 자동차 사업부도 지금은 자동차의 제조나 조립 작업을 완전히 통제하지 못하고 있다. 그렇기 때문에 성과에 책임질 체제가 되어 있지 않다. 시보레부터 캐딜락에 이르는 개별 자동차 사업부 제품은 슬론 2세가 처음 설계했던 형태로 가격 구조를 유지하지 않은 지 오래되었다. 무엇보다도 슬론 2세가 설계한 것은 미국 기업이었다. 그 뒤 많은 해외 자회사를 손에 넣었지만, GM의 조직이나 경영 구조는 어디까지나 미국 기업 형태였다. 그러나 오늘날 GM은 분명히 다국적 기업이다. 그 대규모 성장 기반과 주요 기회는 미국 외부 시장, 특히 유럽 시장에 있다. 이제 GM은 다국적 기업으로서의 올바른 원칙과 조직을 갖춰야만 지속적으로 번영할 수 있을 것이다. GM은 슬론 2세가 1922년에 이뤘던 일을 또다시 해내지 않으면 안 된다. 특히 불황에 다시 직면하게 되면 그러한 문제들은 즉시 절박해질 것이 뻔하다. 뿐만 아니라 과감하게 혁신하지 않으면 슬론 2세의 해결책 그 자체가 GM의 목을 죄고, 점점 성공의 장애물이 될 것이다.

아이젠하워 장군이 대통령에 당선되었을 때 전임자 해리 트루먼은 다음과 같이 말했다. "불쌍한 아이크, 그가 장군일 때는 명령만 내리면 부하들이 무조건 따랐어. 그런데 이제 저 커다란 대통령 집무실에 앉아서 명령을 내린다 한들, 되는 일이라곤 아무것도 없을 거야."

그러나 대통령이 명령해도 '되는 일이라곤 아무것도 없는' 이유는 장군이 대통령보다 많은 권한을 갖고 있기 때문이 아니다. 그것은 군대는 옛날부터 무수히 명령을 해도 상당히 많은 부분이 거의 실행되지 않는다는 것을 터득해서, 명령을 실행에 옮겼는지 확인할 '피드백' 과정을 조직화해왔기 때문이다. 군대는 옛날부터 상관 자신이 직접 가서 눈으로 확인하는 것이 유일하게 믿을 수 있는 피드백이라는 사실을 터득했다.[•]

보고서, 즉 대통령이 공식적으로 입수할 수 있는 모든 것이 별 도움이 되지 않는다. 반면 모든 군대에서는 명령을 내린 장교가 직접 현장에 가서 실행 여부를 자기 눈으로 보고 확인해야 한다는 사실을 오래전부터 배웠다. 적어도 그는 부관을 보내서 알아보기라도 한다. 장교는 자기의 명령을 수행한 부하들의 보고를 절대 액면 그대로 믿지 않는다. 그것은 부하들을 믿을 수 없어서가 아니다. 그는 의사소통 그 자체를 믿을 수 없다는 것을 경험으로 배웠기 때문이다.

[•] 이것은 오래전 고대에 확립된 군사 실무 교안이었다. 투키디데스(Thucydides)와 크세노폰(Xenophon)이 모두 당연시 여겼고, 중국의 병서들에도 기록되어 있으며, 카이사르(Caesar)도 그러했었다.

■ 군대에서 대대장이 사병 식당에 가서 직접 먹어보는 것도 그런 이유 때문이다. 물론 그는 자기 막사에 앉아 메뉴를 살펴보고 이것저것 가져오게 할 수도 있다. 그러나 군대에서는 그렇게 하지 않는다. 직접 사병 식당에 가서, 똑같은 솥에서 배식되는 사병들의 식사를 먹어본다.

컴퓨터의 등장과 더불어 이런 방식은 더욱 중요해질 것이다. 컴퓨터로 인해 의사 결정자는 저절로 실제 현장에서 더욱더 멀어지게 되기 때문이다. 그들이 직접 나서서 자기 눈으로 실제 현장을 보는 것을 일상적인 업무 과정에 포함시켜야 한다. 이를 당연한 일로 여기지 않으면, 그는 점점 더 현실에서 멀어지게 된다. 컴퓨터가 다루는 것은 추상적인 것뿐이다. 추상적인 것은 구체적인 사실과 끊임없이 비교 확인해야만 신뢰할 수 있다. 확인하지 않으면 추상적인 것들은 사람들을 오도해 잘못 판단하게 만든다.

직접 현장에 가서 자기 눈으로 확인하는 것은, 의사 결정의 기초가 되었던 전제들이 여전히 유효한지 또는 그것들이 진부한 것으로 되어 재검토할 필요성이 있는지 검증하는 유일한 방법은 아니라 해도, 적어도 최선책이다. 의사 결정에서 전제라는 것은 조만간 낡아버린다는 사실을 항상 예상하고 있어야 한다. 현실은 오랫동안 그대로 유지되는 법이 절대 없다.

직접 현장에 나가서 자기 눈으로 확인하는 것을 게을리하면 오래전 합리적이지 않은 것으로 판명된 행동에 집착하게 된다. 이는 정부의 정책뿐만 아니라 기업의 경영 관리 의사 결정에도 해당된다. 제2차 세계대전 이후 스탈린(Stalin)의 유럽 정책 실패, 드골의 지배 아래 있던 유럽의 현실에 대한 미국의 적절치 못한 대처, 더 나아가 유럽 공동 시장의 현실에 대한 영국의 뒤늦은 대응 등으로 인한 실패의 주요 원인도 여기에 있다.

의사 결정자는 피드백하기 위해 조직화된 정보가 필요하다. 그는 보고서와 숫자를 받아 보아야 한다. 그러나 현실에 직접 노출된 피드백 방법과 자기 스스로 현장에서 관찰하는 수련을 거듭하지 않으면, 그는 곧 자신이 쓸모없는 독단주의자로 전락했음을 깨닫고 그 때문에 성과를 달성할 수 없다는 것을 알고는 자책할 것이다.

지금까지 설명한 내용이 의사 결정 과정에서 고려해야 할 요소들이다. 그렇다면 의사 결정 그 자체는 무엇인가? 이 질문에 대한 답을 다음 장에서 살펴보기로 한다.

PETER F.
DRUCKER

7장

효과적인 의사 결정은
어떻게 하는가

Effective Decisions

의사 결정은 판단이다. 대안들 가운데 하나를 선택하는 것이다. 의사 결정이 올바른 것과 틀린 것 사이의 선택인 경우는 드물다. 그것은 기껏해야 '거의 올바른 것'과 '거의 잘못된 것' 사이의 선택이다. 보통 어느 쪽이 다른 쪽보다 조금이라도 더 낫다고 말하기도 어려운 두 가지 행동 사이에서의 선택이다.

의사 결정에 관한 대부분의 책들은 독자들에게 '먼저 사실을 파악하라'고 조언한다. 그러나 성과를 내는 경영 리더들은 의사 결정이 사실에서 출발하지 않는다는 것을 알고 있다. 경영 리더는 자신의 견해로부터 출발한다. 그러나 그런 견해들은 검증되지 않은 가설에 불과하므로 현실과 대비해 검증받지 않으면 가치가 없다. 무엇이 사실인지 결정하려면 우선 관련성과 중요성(relevance) 기준, 특히 적절한 척도가 필요하다. 그것이 효과적 의사 결정의 요체이면서, 항상 논쟁의 핵심이다.

마지막으로, 효과적 의사 결정은 그에 관한 수많은 문헌에 설명되어 있는 것과는 달리, 사실에 관한 합의에서 나오는 것이 아니다. 올바른 의사 결정의 밑바탕이 되는 합의는 다양한 의견의 대립과 갈등, 그리고 엇비슷한 대안에 대한 진지한 검토 과정에서 싹트는 것이다.

사실을 먼저 파악한다는 것은 불가능하다. 관련성과 중요성 기준이 없다면 사실도 없다. 사건 그 자체는 사실이 아니다.

- 물리학에서 물질의 맛은 사실이 아니다. 그리고 아주 최근까지는 물질의 색깔도 사실이 아니었다. 요리에서는 맛이 아주 중요한 사실이고, 그림에서는 색채가 중요하다. 물리학, 요리, 그림은 각각 다른 것에서 관련성과 중요성을 찾기에 각각 사실이라 여기는 것들도 다르다.

성과를 내는 경영 리더는 의사 결정을 할 때, 사람들이 사실을 찾는 것에서 시작하지 않는다는 것도 잘 알고 있다. 그들은 의견에서 출발한다. 여기에는 아무런 잘못이 없다. 한 분야에 경험이 있는 사람은 당연히 자기 의견을 갖고 있다. 한 분야에 오랫동안 관여하고서도 자기 의견이 없다면 관찰력이 모자라고 미련하다는 소리를 들을 수밖에 없다.

사람들은 어쩔 수 없이 자신의 견해로부터 출발한다. 사실을 먼저 파악하도록 요구하는 것은 바람직한 일이 아니다. 그런 요구를 받으면 사람들은 그저 모든 사람이 어떻게든 할 수 있는 매우 쉬운 일을 할 것이다. 다시 말해 그들이 이미 도달한 결론을 뒷받침하는 사실을 찾을 뿐이다. 그때 자신이 찾으려는 사실을 찾지 못한 사람은 단 한 명도 없다. 통계를 아는 사람은 이런 것을 알기에 숫자를 믿지 않는다. 그는 그 숫자를 찾아낸 사람을 알 수도 있고 모를 수도 있다. 그러나 어느 경우든 그는 의구심을 떨쳐버리지 않는다.

우리의 의견을 현실과 대조해 검증할 수 있도록 해주는 단 하나의 믿을 만한 방법은 '의견이 먼저다(opinions comesfirst)'라는 명확한 인식, 즉 마땅히 그렇게 된다는 명확한 인식에 입각하는 것이다. 이런 인식이 있어야만 우리는 검증되지 않은 가설로부터 출발한다는 사실을 잊지 않게 된다. 과학에서와 마찬가지로, 의사 결정에서도 가설이 유일한 출발점이라는 말이다. 우리는 가설을 이용해 무엇을 할 것인지 알게 된다. 그 문제로 왈가왈부하지 않는다. 중요한 것은 그것을 검증해야 한다는 것이다. 어떤 가설이 유지할 만한지, 진지하게 검토할 가치가 있는지, 그리고 어떤 가설이 관측될 수 있는 경험치와 대조해볼 때 첫 번째 검증에서 제거해야 할 것인지를 찾아낸다.

성과를 내는 경영 리더는 의견 제시를 장려한다. 그러나 자기 의견을 내놓는 사람에게도 '실험'이 검증해야 할 것들, 즉 현실과 대조한 의견의 검증이 무엇인지 진지하게 생각하도록 요구해야 한다. 그러므로 성과를 내는 경영 리더는 다음과 같이 질문한다. '이 가설의 타당성 검증을 위해 우리가 알아야 하는 것은 무엇인가? 이 의견과 견해가 기각되지 않고 유지되도록 할 사실들은 무엇이어야 하는가?' 그리고 그는 파악해야 할 것, 연구해야 할 것, 검증해야 할 것이 무엇인지 철저하게 밝히는 습관을 자신뿐만 아니라 함께 일하는 사람들도 갖도록 해야 한다. 성과를 내는 경영 리더는 또한 의견을 내놓는 사람에게 어떤 사실적 발견 사항 (factual findings)이 기대될 수 있고 또 어떤 사실을 찾아봐야 할지를 명확히 규정하는 책임이 있다는 것을 강조한다.

이와 관련해서 아마도 결정적으로 중요한 질문은 '타당성 기준은 무엇인가?'일 것이다. 이것은 종종 논의 중인 사안, 그리고 도달해야 할 의사 결정을 판단할 수 있는 측정 기준이 된다. 우리는 정말 효과적이면서 올바르게 의사 결정을 할 수 있는 방법을 분석할 때마다, 적절한 평가 척도를 찾는 데 엄청난 작업과 연구가 필요하다는 것을 알게 된다.

■ 적절한 평가 척도를 찾았다는 사실이, 이를테면 벨 시스템의 사업 목적은 서비스라는 베일의 결론이 그처럼 탁월한 효과적 의사 결정이 되게 한 요체다.

효과적 의사 결정자는, 전통적인 측정 척도는 올바른 척도가 아니라고 가정한다. 그렇지 않으면 의사 결정은 할 필요가 없어진다. 간단한 조정만으로도 충분할 것이기 때문이다. 전통적인 측정 척도는 과거의 의사 결정을 반영한다. 새로운 측정 척도가 필요하게 되었다는 것은 기존의 평가 척도는 더 이상 관련성과 중요성이 없게 되었다는 것을 나타낸다.

■ 한국전쟁 이후로 미군의 군수품 조달 정책에 문제가 있다는 것은 알려진 사실이다. 무수히 많은 연구가 이뤄졌지만 상황이 개선되기는커녕 오히려 악화되었다. 맥나마라가 케네디 대통령에 의해 국방부 장관에 임명되었을 때, 그는 구매와 재고 관리에 대한 전통적인 평가 측정 기준, 즉 구매와 재고에서 총액과 총품목 수를 기준으로 삼는 데 문제가 있다고 생각했다. 그 대신에 맥나마라는 항목(items) 숫자로는 4% 정도이지만, 총 금액으로 90%를 차지하는 물품 항목들을 확인하고 분리했다. 마찬가지로 전투 준비에 필요한 품목을 기준으로 확인해보니 구매 금액의 90퍼센트로 밝혀졌고, 이것 역시 품목 수로는 4퍼센트에 불과했다. 따라서 둘을 합친 결과 중복된 것을 빼면 중요 물자는 전체의 5~6퍼센트 정도 되었다. 맥나마라는 이렇게 선별된 품목에 대해서는 하나하나 분리해 세심한 주의를 갖고 관리하도록 지시했다. 나머지 94~95퍼센트나 되는 품목, 다시 말해 금액으로나 전투 준비로 봤을 때 별 의미가 없는 품목은 예외에 의한 관리(특별히 어떤 기준이 충족되지 못한 경우에 관리하는 것-옮긴이)로 전환했다. 즉 확률과 평균치에 의한 관리를 하게 된 것이다. 새로운 평가 측정 기준은 즉시 효력을 발휘해 군수품의 구매, 재고 관리 그리고 조달에 매우 효과적인 의사 결

정이 가능하게 되었다.

적절한 평가 기준을 찾는 최선책은 앞서 설명한 대로, 자신이 직접 나가서 '피드백'을 구하는 것이다. 이런 것이 바로 의사 결정전에 추구하는 피드백이다.

■ 인적 자원 관리 문제는 대부분 '평균치'를 기준으로 측정한다. 예를 들면 구성원 100명당 평균 사고율, 구성원 전체의 평균 결근율, 또는 100명당 질병으로 인한 평균 결근율 같은 것이다. 그러나 직접 나서서 확인하는 경영자는 곧 다른 평가 기준이 필요하다는 것을 알게 된다. 평균치는 보험 회사의 운영 목적에는 부합하지만, 인적 자원 관리의 의사 결정에는 의미가 없고, 사실 판단을 오도하고 있다.

공장에서 발생하는 사고 대부분은 공장 한두 군데에서 일어난다. 결근의 대부분은 특정 부서 한곳에서 일어난다. 심지어 결근으로 이어지는 질병마저도 지금 우리가 아는 것처럼 평균적으로 분포되지 않으며, 노동력 가운데 일부만을 차지하는 어떤 분야에 집중적으로 나타난다. 이를테면 젊은 미혼 여성에 집중되어 있다. 평균치를 근거로 수립한 정책, 예를 들면 전사적으로 벌이는 전형적인 안전 캠페인은 기대 성과를 거두지 못하고, 오히려 상황을 악화시킬 수도 있다.

마찬가지로 자동차 안전 문제도 직접 나서서 확인하지 않은 것이 자동차의 안전 설계 필요성을 적기에 파악하지 못한 주원인이었다. 자동차 제조사들은 주행 거리당 또는 자동차 한 대당 평균 사고율이라는 판에 박힌 것만을 기준으로 삼고 있었을 뿐이다. 그들이 만약 직접 현장에 나가서 확인했더라면 사고로 인한 신체적 상해 정도를 측정 척도의 하나로 추가해야 할 필요성을 이해했을 것이다. 그랬다면 사고 자체의 위험도를 줄이기 위한 대책, 즉 차량 설계 변경에 의한 교통 안전 캠페인을 보완할 필요성을 확실히 인식했을 것이다.

따라서 적절한 평가 척도를 찾는 것은 통계적으로 접근할 일이 아니다. 그것은 위험이 따르는 판단이다. 판단해야 할 때는 언제나 우리가 선택할 수 있는 몇 가지 대안을 가지고 있어야 한다. 한 가지 안을 놓고 오직 'Yes' 또는 'No'라고 대답하는 것은 판단이라고 할 수 없다. 몇 가지 대안이 있을 때 비로소 무엇이 진짜 문제인지 파악하고 해결해볼 수 있다. 그러므로 성과를 내는 경영 리더는 평가 척도에 대안들이 필요하다고 주장하는데, 그래야만 가장 적절한 평가 척도를 선택할 수 있기 때문이다.

■ 자본 투자 계획에 대한 여러 가지 측정 척도가 있다. 그 가운데 하나는 투자 회수에 소요되는 시간의 길이다. 또 하나는 투자 이익 확률이며, 마지막으로 투자에서 발생되는 이

익의 현재 가치다. 성과를 내는 경영 리더는 회계, 재무, 자금 담당 부서가 여러 척도들 중 어떤 하나만이 '과학적'이라고 아무리 강력히 주장해도, 판에 박힌 재래식 기준에 만족하지 않을 것이다. 그것은 어떤 기준이라도 동일한 자본 투자 결정의 다른 어떤 한 측면을 나타내는 것에 불과하다는 것을 안다. 성과를 내는 경영 리더라면 경영에만 의존하는 것이더라도 말이다.

모든 측면에서 면밀히 검토되지 않는 한, 어떤 분석과 측정 방식이 자기 앞에 놓인 특정 자본 투자의 의사 결정에 가장 적절한지 알 수 없다. 회계 담당자가 불편한 내색을 표하더라도 성과를 내는 경영 리더는 동일한 투자 의사 결정을 세 가지 방식으로 계산하도록 요구해야 한다. 그렇게 함으로써 결국 '이 척도가 의사 결정에 가장 적절하다'라고 말할 수 있게 된다.

어떤 사람이 가능한 모든 대안을 검토하지 않는다면 그는 폐쇄적인 생각을 하게 된다.

이것이 바로 성과를 내는 의사 결정자들이 교과서에 나오는 의사 결정에 관한 두 번째 지침(command)을 의도적으로 무시하고, 합의보다는 불일치된 의견을 장려하는 이유다.

경영 리더가 해야 하는 유형의 의사 결정은 항상 환호와 갈채를 받으며 만장일치로 되는 것이 아니다. 의사 결정은 상반되는 의견들 간의 충돌, 생각이 다른 사람들 사이의 대화, 여러 상이한 판단들 중에서 선택할 경우에만 잘될 수 있다. 의사 결정의 첫 번째 규칙은, 의견 불일치가 없는 상황에서는 의사 결정을 하지 말아야 한다는 것이다.

■ 슬론 2세는 GM의 최고경영진 회의에서 다음과 같이 말한 것으로 전해진다. "여러분, 이 결정에 대해 우리는 의견이 완전히 일치되었다고 봐도 좋겠습니까?" 참석자 전원이 동의했다고 고개를 끄덕이자, "그럼" 하고 슬론 2세는 말을 이었다. "이 문제에 대한 논의를 다음 회의까지 연기하도록 합시다. 다른 견해들도 생각해보시고, 이 의사 결정의 본질이 무엇인지 이해할 시간을 좀 더 가져보시길 바랍니다."

슬론 2세는 의사 결정을 '직관적'으로 하는 사람이 아니었다. 그는 사실에 기초해 의견을 검증할 필요가 있다고 항상 강조했고, 먼저 결론을 내고 출발해서 그 결론을 뒷받침할 사실들을 찾는 일은 절대로 해서는 안 된다는 것을 강조했다. 어쨌든 그는 올바른 의사 결정에는 적당한 반대 의견이 있어야 한다는 것을 알고 있었다.

훌륭한 성과를 낸 미국 대통령들은 모두 성과를 내는 의사 결정을 하는 데 필요한 반대 의견을 이끌어내는 나름의 방법을 가지고 있었다. 링컨, 시어도어 루스벨트, 프랭클린 루스벨트, 트루먼 등은 저마다 독특한 방법들을 가지고 있었다. 그러나 이들 모두는 '이 결정이 뜻하는 내용을 좀 더 잘 이해하기 위해' 반대 의견을 냈다. 조지 워싱턴(George Washington) 대통령이 의견 대립이나 다툼을 싫어하고 각료들의 의견 일치를 구한 사례는 유명하다. 그러나 그런 워싱턴도 중요한 문제에 대해서만큼은 해밀턴(Hamilton)과 제퍼슨(Jefferson)의 의견을 구함으로써 의견의 불일치가 의사 결정을 하는 데 필요하다는 점을 확인하려 했다.

■ 의도적인 반대의 필요성을 가장 잘 이해한 대통령은 아마도 프랭클린 루스벨트 대통령이었을 것이다. 그는 중요한 문제가 생길 때마다 측근 중 한 사람을 붙들고는 "이것을 비밀리에 검토해보게"라고 지시했다. (실제로는 은밀한 지시도 즉각 워싱턴에 있는 사람들에게 알려진다는 사실을 대통령은 너무나 잘 알고 있었다.) 그리고 나서 루스벨트는 첫 번째 측근과 다른 의견을 가진 여러 사람에게 똑같은 과제를 철저히 비밀리에 부여했다. 결과적으로 그는 문제의 모든 측면이 철저한 숙고를 거쳐 제시된다는 사실을 확실히 보여줬다. 이로써 누군가의 특정 결론에 얽매이는 포로가 절대 되지 않도록 했다.
루스벨트의 각료들 중 유일한 '전문 관리자'였던 내무장관 해럴드 아이크스(Harold Ickes)는 루스벨트의 이런 행태를 형편없는 관리 방법이라고 신랄히 비판했는데, 그의 수첩은 루스벨트의 적당주의, 경솔함, 믿을 수 없는 언동에 대한 혹평으로 가득 차 있었다. 그러나 루스벨트는 미국 대통령의 임무는 관리가 아니라고 주장했다. 대통령의 주요 임무는 정책을 수립하며 올바른 의사 결정을 하는 것이다. 변호사가 법정에서 진실을 밝히고 사건에 관계된 모든 양상을 끄집어내기 위해 쓰는 방법처럼, 즉 '반대 심문'을 통해 최상의 결과를 만들어내는 것이다.

의견의 불일치를 강조하는 데에는 다음과 같은 세 가지 중요한 이유가 있다.

첫째, 그것은 의사 결정자가 조직의 포로가 되는 것을 막는 유일한 안전 장치다. 누구나 의사 결정자로부터 항상 무언가를 얻으려고 한다. 모두가 특별한 것을 기원하는 사람이자, 종종 굳은 신념을 갖고 자신이 원하는 결정을 받아내려고 노력한다. 그것은 의사 결정자가 미국 대통령이든 설계 변경에 관한 일을 하는 젊은 기술자든 조금도 다를 바가 없다.

거절하지 못할 특별한 요청과 선입견이라는 감옥에서 탈출할 수 있는 유일한 방법은 반대 의견에 대해 토의하고 그것을 서류로 구비해두며, 철저히 검토했다는 것을 분명하게 해두는 것이다.

둘째, 의견 차이 그 자체만으로도 의사 결정에 대한 대안을 제공할 수 있다. 아무리 신중하게 생각했다고 하더라도 대안 없는 의사 결정은 이길 가망이 없는 도박꾼이 카드를 던져버리는 것과 같다. 의사 결정이 잘못될 가능성은 언제나 높다. 처음부터 잘못되었거나 아니면 상황이 변해 잘못되는 경우도 있다. 만약 의사 결정 과정에서 다른 대안을 생각해뒀다면, 우리는 설사 의사 결정이 잘못되었다 해도 되돌아가 의지할 만한 것이 있는 셈이다. 게다가 이미 충분히 생각한 것, 검토가 이미 끝난 것, 이미 충분히 이해된 것을 가지고 있는 셈이다. 만약 그런 대안이 없다면, 막상 현실에 부딪혀 우리가 내린 의사 결정이 효력이 없다고 밝혀지는 경우 실망하고는 허둥댈 수밖에 없을 것이다.

■ 앞 장에서 1914년 독일군의 슐리펜 계획과 프랭클린 루스벨트의 본래 경제 계획에 대한 사례를 소개했다. 두 경우 모두 기능을 발휘했어야 할 때 상황이 변해서 제 기능을 발휘하지 못한 계획이었다.

독일군은 영영 회생하지 못했다. 대신할 만한 다른 전략을 세우지도 못했다. 그것은 보잘것없는, 발등의 불을 끄는 임시변통의 연속에 불과했다. 그러나 불가피한 것이었다. 무려 25년 동안이나 독일군 참모 본부는 슐리펜 계획 말고는 다른 계획을 고려해보지 않았다. 독일군의 모든 에너지는 이 계획의 세부 내용을 작성하는 데 소모되고 있었다. 이 계획이 와해됐을 때 어느 누구도 대안을 제시하지 못했다.

전략 입안에 대해 주도면밀한 훈련을 받았음에도 불구하고, 장군들은 임시변통책만을 강구할 수밖에 없었다. 즉 한 방향으로 돌진하고는, 왜 그렇게 했는지 제대로 된 이해도 없었기에 좌충우돌하며 다시 다른 방향으로 돌진했던 것이다.

■ 같은 해인 1914년에 일어났던 또 한 가지 사건도 대안이 없을 때의 위험성을 보여준다. 총동원령을 내린 러시아 황제는 생각을 바꿨다. 그는 참모총장을 불러서 총동원령을 중지하라고 했다. 그러나 참모총장의 대답은 "폐하, 그건 불가능한 일입니다. 일단 총동원령이 내려진 이상 중단시킬 수 없습니다"였다. 만약 러시아가 마지막 순간에 참전을 멈췄다면 제1차 세계대전을 피할 수 있었을 것이라 생각하진 않지만, 세계가 냉정을 찾을 마지막 기회는 있었을 것이다.

■ 이와 대조적으로 프랭클린 루스벨트 대통령은 선거 기간 내내 정통 경제 정책의 기치를 내세우고 싸웠지만 동시에 훗날 '두뇌 집단'으로 알려진 유능한 전문가팀을 편성해, 대규모의 경제적, 사회적 개혁을 지향하는 종래 '진보파'의 제안에 기초한 급진적인 정책을 입안시키고 있었다. 금융 시스템의 붕괴로 정통 경제 정책 고수는 정치적 자살 행위를 뜻하는 것이 분명해졌을 때, 루스벨트는 정책 대안을 가지고 있었다.

그 대안이 준비되어 있지 않았더라면 루스벨트도 독일군의 참모 본부나 러시아 황제와 마찬가지로 속수무책이었을 것이다. 국제 경제 분야에 대해서는 루스벨트도 대통령 취임 당시 19세기풍의 고전적인 경제 이론만 갖고 있었다. 그러나 1932년 11월 대통령 당선과 이듬해 3월 대통령 취임 사이에 국내 경제의 붕괴와 마찬가지로 국제 경제도 붕괴되고 말았다. 루스벨트는 이 문제를 분명히 인식할 수 있었다. 그러나 국제 경제 부문에서 대안이 마련돼 있지 않아, 그는 효력이 없는 미봉책을 쓸 수밖에 없었다. 루스벨트처럼 유능하고 기민한 사람도 갑자기 들이닥친 안개 속에서는 손으로 더듬고, 그저 되는 대로 극단적인 미봉책들을 썼다. 런던 경제 회의를 결렬시켰을 때에도 그랬던 것처럼, 그는 실제 문제 해결과는 무관한 달러 평가 절하와 은본위 제도의 부활 같은 가짜 처방을 팔러 다니는 세일즈맨의 영역에서 벗어날 수 없었다.

또한 더욱 명백한 예로, 루스벨트는 1936년 대통령 선거에서 압승하자 연방대법원을 자파(自派) 사람들로 채우려 한 일이 있었다. 그때도 완전히 통제하고 있다고 여겼던 의회의 강력한 반대에 부딪혔을 때 그는 아무런 대안도 없었다. 그 결과 루스벨트는 연방대법원 개혁에 실패했을 뿐 아니라, 국민들의 압도적 지지와 절대 다수 의석에도 불구하고 그 뒤 국내 정치를 제대로 해나갈 수 없었다.

셋째, 반대 의견은 무엇보다도 상상력을 자극하기 위해 필요하다. 분명히 말하건대, 문제에 대한 올바른 해결책을 찾는 데 상상력은 필요 없다. 그러나 이는 수학의 세계에서만 그 가치를 인정받는 말이다. 경영 리더의 관심사가 정치, 경제, 사회, 군사 어느 분야든 간에 그가 다루는 정말로 불확실한 문제에 있어서는 새로운 상황을 만드는 '창조적' 해결책이 필요하다. 그것은 우리에게 상상력이 필요하다는 뜻이다. 즉 새로운 지각(perceiving) 방법과 이해(understanding)가 필요하다는 것이다.

뛰어난 상상력이라는 것은 나도 인정하지만, 흔한 것은 아니다. 그러나 사람들이 믿는 것처럼 그렇게 희소한 것도 아니다. 상상력은 도전과 자극을 받아야 한다. 그렇지 않으면 그것은 잠재되어 사용되지 않은 채 남아 있게 된다. 다른 의견들이 논리 정연하고, 사려 깊으며, 문서화해 제시되도록 하게 될 때, 우리가 알고 있는 가장 효과적인 자극이 된다.

■ 험프티-덤프티(달걀 모양의 기괴하게 생긴 캐릭터-옮긴이)와 같이 아침을 먹기도 전에 많은 불가능한 일을 상상할 수 있는 사람은 실제로 거의 없다. 그리고 험프티-덤프티를 창조해낸 《이상한 나라의 앨리스》의 저자 루이스 캐럴(Lewis Carrol)처럼 풍부한 상상력을 가진 사람도 많지 않다. 그러나 어린아이라도 《이상한 나라의 앨리스》를 즐길 만한 상상력은 가지고 있다. 제롬 브루너(Jerome Bruner)가 지적한 것처럼 여덟 살짜리 아이라도 4×6과 6×4가 똑같다는 것과 '눈먼 베니스 사람(a blind Venetian)'과 '베니스식 차양(a Venetian blind)'이 다르다는 것은 즉시 안다. 이것이야말로 고도의 상상 안목이다. 그러나 실제로 성인들의 많은 의사

결정이 '눈먼 베니스 사람'이란 말과 '베니스식 차양'이란 말이 같은 것이라 가정하고 이뤄진다.

빅토리아 시대에 유럽을 방문했던 남양의 섬사람(South Sea Islander)이 돌아와 "서양에는 집이나 건물에 물이 없어요"라고 보고했다는 이야기가 있다. 그가 사는 섬에서는 통나무를 깎아 만든 수채로 물이 흐르는 것을 볼 수 있다. 유럽의 도시에서는 파이프 속을 흐르는 물을 볼 수 없다. 수도꼭지를 틀어야 물이 나오는데, 아무도 그것을 남양 방문객에게 설명하지 않았던 것이다.

나는 이 이야기를 떠올릴 때마다 상상력이라는 것을 생각한다. '꼭지'를 틀지 않으면 상상력이 흘러나오지 않는다. 이 꼭지야말로 논의되고 다듬어진 반대 의견이다.

그러므로 효과적 의사 결정자는 반대 의견을 의도적으로 유도한다. 이는 그럴듯하게 보이지만 잘못되거나 불완전한 견해에 속지 않도록 해준다. 반대 의견은 의사 결정자에게 대안을 제공해 선택 기회를 준다. 또한 그가 내린 의사 결정이 실행하기에는 부족하거나 잘못되어도, 안개 속에서 헤매지 않도록 한다. 반대 의견은 상상력을 자극한다. 자신과 동료들의 상상력을 이끌어낸다. 반대 의견은 그럴듯한 의견을 올바른 견해로 바꾸며, 올바른 견해를 훌륭한 의사 결정으로 이어지도록 해준다.

효과적 의사 결정자는 제안된 하나의 행동 방향만이 정당하고 다른 행동들은 모두 틀렸다는 가정 아래 출발해서는 안 된다. '나는 옳고 그는 틀렸다'라는 가정을 시작조차 해서도 안 된다. 그는 사람들이 왜 반대 의견을 갖고 있는지 그 이유를 반드시 찾아내겠다는 의지에서 시작한다.

성과를 내는 경영 리더는 세상에는 바보 같은 인간도 있고, 때로는 이간질을 하는 사람도 있다는 것을 안다. 그렇지만 그들은 스스로가 명백하고도 분명한 것으로 생각하는 것에 대해 반대하는 사람을 어리석고 무례한 사람이라 여기지는 않는다. 그들은 반증이 없는 한, 반대자도 상당히 지적이고 꽤 공정한 사람이라고 가정해야 한다는 사실을 알고 있다. 그러므로 성과를 내는 경영 리더는 반대자가 분명히 잘못된 결론에 도달하게 된 이유는, 그가 다른 현실을 보고 다른 문제에 관심을 가지고 있기 때문이라고 가정해야 하는 것이다. 성과를 내는 경영 리더는 언제나 다음과 같이 질문한다. '만약 이 사람의 주장이 어쨌든 조리 있고, 합리적이며, 현명한 것이라면, 그가 보아야 할 것은 무엇일까?' 성과를 내는 경영 리더는 먼저 '이해하는(understanding)' 데에 관심을 기울인다. 그런 연후에 누가 옳고 누가 틀렸는지에 대해서도 생각한다.●

● 이는 새로운 건 아니다. 메리 파커 폴릿(Mary Parker Follet)의 말을 각색해 언급한 것에 지나지 않는다. 그녀 역시 플라톤이 《파이드로스(The Phaedrus)》에서 수사학에 대해 언급한 것을 인용했다.

■ 수준 높은 법률사무소에는 법대를 갓 졸업한 실력 있는 신
참 변호사에게 첫 번째 업무로 상대 변호사의 고객을 위해
가장 가능성 높은 법적 논리를 세워보도록 지시한다. 이 방
법은 그가 자신의 의뢰인을 위한 변론을 준비하기 위해 제
자리를 잡기 전에 연습해야 할 하나의 현명한 방법으로만
그치는 것이 아니다. (변호사는 당연히 상대 변호사도 일을 제대
로 할 줄 아는 사람이라고 가정해야 한다는 말이다.) 이 방법은 신참
변호사가 '나는 내 의뢰인이 옳은 이유를 알고 있다'라는 생
각으로 변론에 착수할 것이 아니라, 상대 변호사가 그가 변
호를 하기 위해 반드시 알아야 할 것과 확인해야 할 것은
무엇인지, 또는 이 사건이 도대체 재판 대상이 될 수 있다고
믿는 근거가 무엇인지를 생각하는 것부터 훈련시킨다. 그것
은 양측 주장을 두 개의 대안으로 보도록 가르쳐준다. 그렇
게 한 다음에야 그는 자신이 맡은 사건의 본질이 무엇인지
에 대해 충분히 이해하게 된다. 그 결과 그는 법정에서 자신
의 주장이 상대의 변론보다 타당하게 보이도록 사건을 유
리하게 진행할 수 있다.

그러나 두말할 필요도 없이 경영 리더만이 아니라 너무 많은 사
람이 이처럼 행동하지 않는다. 대부분의 사람들은 자신의 견해가
유일한 방법이라는 확신에서 출발한다.

■ 미국 제철 회사의 경영진은 '왜 노조 사람들은, 우리가 과잉 고용이란 말을 꺼내기만 하면 저렇게 펄펄 뛰는가?'라는 질문을 빼놓은 적이 없다. 한편 노조 측은 '왜 경영진이 아무런 문제도 아닌 고용 문제로 야단법석을 떠는가?'라는 질문을 자신들에게 해본 적이 없다. 그 대신 양측은 서로 상대의 잘못을 입증하려고 필사적인 노력을 기울여왔다. 만약 어느 한쪽이라도 상대가 무엇을 보는지, 왜 그것을 그렇게 보고 있는지를 이해하려고 했다면 미국의 제철 업계는 노사가 힘을 합쳐 강력한 존재로 발전하고, 동시에 현재보다 훨씬 더 좋은 건강한 관계를 유지할 수 있었을 것이다.

경영 리더는 그의 감정이 아무리 고조되고, 상대방이 아무리 잘못되고 또 사리에 맞지 않는다고 확신하더라도, 의사 결정을 하길 원한다면 대안들을 충분히 검토하기 위한 수단으로 반대 의견을 들어보려고 노력해야 한다. 중요한 문제의 모든 측면을 주의 깊게 보기 위한 수단으로 의견 대립(conflict of opinion)을 이용해야 한다.

효과적 의사 결정자가 마지막으로 해야 할 질문은 다음과 같다. '이것은 정말로 의사 결정이 필요한 것인가?' 언제나 선택할 수 있는 한 가지 대안은 어떤 의사 결정도 하지 않는 것이다.

모든 의사 결정은 외과수술과 같다. 외과수술은 육체라는 시스템에 대한 하나의 간섭이므로, 언제나 쇼크사라는 위험을 동반한다. 훌륭한 외과의사가 불필요한 수술을 하지 않는 것처럼 성과를 내는 의사 결정자는 불필요한 의사 결정을 하지 않는다. 개별적인 외과의사들처럼 개별 의사 결정자들도 각자의 스타일은 저마다 다르다. 어떤 사람은 한층 진보적이고, 또 어떤 사람은 남달리 보수적이기도 하다. 그러나 그들은 대체로 일련의 규칙들에는 동의한다.

만약 아무 일도 하지 않으면 상황이 악화될 것 같은 경우에는 의사 결정을 해야 한다. 이는 기회에 대해서도 마찬가지로 적용할 수 있다. 만약 그 기회가 중요하고 서둘러 조치를 취하지 않으면 놓칠 것 같은 경우, 사람은 행동을 하고 진보적 변화를 이룬다.

■ 통신 사업의 국유화에 대한 폐단을 우려한 베일의 생각은 같은 시대 사람들의 폭넓은 지지를 받았다. 그러나 베일 이외의 사람들은 징후와 싸우는 것으로 대응하려 했다. 각종 법안에 반대하고, 특정 후보자는 낙선시키고 또 다른 후보자는 당선시키려 했다. 그러나 베일만은 악화일로로 가는 상황을 극복하는 데 대증요법은 효과가 없다는 사실을 이해하고 있었다. 모든 전투에서 이긴다고 해서 반드시 전쟁의 승자가 되는 것은 아니다. 베일은 새로운 상황을 만들려면 과감한 행동이 필요하다고 보았다. 그는 독점 사업이 민간 기업으로 살아남으려면 국유화에 대한 효과적인 대안으로 공적 규제를 활용해야 한다고 보았다.

앞서 설명한 것과는 정반대되는 상황으로 우리가 너무 낙관적이라는 비난을 듣지 않아도 될 만큼 아무런 결정을 하지 않더라도 문제가 저절로 해결되는 상황을 기대할 수 있는 경우도 있다. 만약 '우리가 아무것도 하지 않으면 무슨 일이 일어날 것인가?'라는 질문에 대한 대답이 '아무 일도 일어나지 않고 저절로 잘될 것이다'라고 한다면, 그 조건이 다소 성가시더라도 그 문제에 더는 관여하지 말아야 한다. 중요하지 않고 또 어쨌든 별다른 차이도 없을 것 같은 경우도 마찬가지다.

■ 이것을 이해하고 있는 경영 리더는 드물다. 심각한 재무 위기에 몰려 원가 절감을 외치고 있는 재무 관리자는 사소한 문제 하나라도, 비록 그것을 제거하는 것이 아무런 성과를 올리지 못한다 할지라도 절대 내버려두는 일이 없다. 이를테면 그는 영업 부문과 유통 부문은 자신이 통제할 수 없는 중요한 비용 발생 부문이라는 사실을 알고 있을 것이다. 따라서 그는 이 부문을 통제하기 위해 열심히, 그리고 현명하게 대처할 것이다. 그러나 그가 취한 조치들로 인한 후유증이 나타날 조짐이 보이기 시작한다. 별다른 조치 없이도 효율적으로 운영될 수 있는 공장에 두세 명의 나이 많은 직원을 불필요하게 고용하고 있다고 큰 소란을 피워, 스스로 체면을 잃고 그때까지 이뤄졌던 합리화 노력을 수포로 돌아가게 만드는 것이다. 그리고 그는 이런 연금 수혜자 몇 명을

해고한다고 공장 합리화에 큰 도움이 되지 않는다는 주장을 도덕적 해이라고 치부해버릴 것이다. 그는 다음과 같이 주장을 펼 것이다. "모두가 희생을 감수하고 있는데, 왜 공장 직원들만 비능률적으로 일해도 된다는 말입니까?"

드디어 그가 전개한 모든 일이 끝나게 되면, 구성원들은 그 재무 관리자가 회사를 위기에서 구했다는 사실은 금방 잊어버린다. 반면에 구성원들은 그가 공장에서 두세 명의 불쌍한 구성원들의 목을 잘랐다는 사실을 기억할 것이다. 그것은 당연한 일이기도 하다. 이미 2000년 전 로마법은 "위정자는 사소한 일에 집착하지 않는다"라고 규정하고 있다. 그러나 많은 의사 결정자들은 여전히 그것을 터득할 필요가 있는 상태다.

의사 결정은 대부분 두 극단 사이에 있다. 그런 문제는 그냥 내버려둔다고 해서 저절로 해결되지 않으며, 그렇다고 그 이상 악화되지도 않는다. 그 경우 기회는 진정한 변화와 혁신을 통해서가 아니라, 오직 개선을 위한 것이다. 물론 개선의 기회가 여전히 중요하다. 다시 말해서 우리가 행동하지 않는다 하더라도 십중팔구 우리 모두 살아가긴 할 것이다. 그러나 만약 우리가 행동한다면 훨씬 더 나아지게 될 것이다.

이런 상황에서 효과적 의사 결정자는 행동했을 경우와 그렇지 않을 경우의 노력과 위험을 비교 분석한다. 이 경우 올바른 의사 결정을 내리기 위한 공식은 없다. 그러나 가이드라인은 매우 분명해서 구체적인 경우에 하는 의사 결정은 그리 어렵지 않게 할 수 있을 것이다. 그 가이드라인들은 다음과 같다.

- 비교 결과 이익이 비용과 위험보다 훨씬 더 크면 행동하라.
- 행동하거나 하지 않거나 둘 중 하나를 선택하라. 양보하거나 타협하지 말라.

편도선이나 맹장을 절반쯤 떼어낸 외과의사는 그것들을 다 떼어내는 경우와 똑같은 감염이나 쇼크의 위험 부담을 지는 것이다. 그리고 편도선염이나 맹장염을 치유하지 못했을 뿐만 아니라 오히려 악화시키는 결과를 낳았다. 수술은 한 것이기도 하고 또는 하지 않은 것이기도 하다. 마찬가지로 효과적 의사 결정자는 행동을 하거나, 아니면 하지 않는다. 어중간한 행동은 취하지 않는다. 어중간한 결정은 언제나 잘못되게 마련이고, 그것은 최소한의 명세서, 즉 최소한의 경계 조건을 만족시키지 못하는 첩경이 된다.

이제 의사 결정할 준비는 모두 됐다. 세부 사항들을 신중히 숙고했고, 여러 대안도 검토했으며, 위험과 이익도 가늠해봤다. 관련된 모든 것을 알게 되었다. 실제로 이 정도면 어떤 방향으로 행동해야 할지 언제나 명백해진다. 이쯤 되면 의사 결정은 거의 '저절로 내려진다'.

그러나 대부분의 의사 결정이 실종되어버리는 때도 이 시점이다. 갑자기 의사 결정이 즐거운 게 아닐 것 같고, 다른 사람들로부터 환영받지 못하며, 용이하지도 않을 것 같다는 생각이 번뜩 들게 된다. 따라서 의사 결정은 판단력 못지않게 용기도 요구된다는 사실이 분명해진다. 약은 왜 꼭 (맛이) 써야 하는지 필연적인 이유는 없다. 그러나 양약은 대체로 쓰다. 마찬가지로 왜 의사 결정이 항상 불편함을 주는지 그 필연적인 이유는 없다. 의사의 효과적인 의사 결정은 대부분 불편함을 준다.

이 시점에서 성과를 내는 경영 리더가 해서는 안 될 것이 하나 있다. '한 번 더 연구 검토해보자'라는 외침에 빠져들어선 안 된다는 것이다. 비겁한 방법이다. 용감한 사람은 한 번 죽는 데 비해 겁쟁이는 백 번도 더 죽게 된다. 성과를 내는 경영 리더는 다음과 같이 질문한다. '한 번 더 검토하면 뭔가 새로운 것이 나오리라고 믿을 만한 이유가 있는가? 또 그 새로운 것이 관련성과 중요성이 있으리라 믿을 만한 이유가 있는가?' 만약 대답이 'No'라면(대개 그렇게 대답한다), 다시 한 번 연구 검토하려고 해서는 안 된다. 자신의 결단력 부족으로 인재들의 시간을 낭비해선 안 된다.

그렇지만 그는 자신이 상황을 이해했다는 충분한 확신이 없으면 서둘러 의사 결정을 하지 않는다. 세상 경험을 많이 한 사람들과 마찬가지로, 그도 소크라테스(Socrates)가 그의 '다이몬(Daemon, 고대 그리스 신화에 등장하는 반신반인의 존재-옮긴이)'이라고 칭했던 것에 주의를 기울이는 방법을 알고 있다. 즉 '조심해'라고 속삭이는 몸속 깊은 곳에서 나오는 내부의 소리에 귀를 기울여야 한다는 말이다. 의사 결정이 올바른 것인데도, 그것이 어렵고 합의 도출이 안 되어 두렵다는 이유로 결정을 중단해서는 안 된다. 그러나 특별한 이유 없이 걱정되고 불안하고 성가신 느낌이 단 한 순간이라도 든다면, 의사 결정을 중단해야 한다. 내가 아는 최고의 의사 결정자 가운데 한 사람은 "의사 결정 대상이 초점에서 벗어난 것처럼 보이면 언제나 결정을 내리는 일을 중단한다"라고 했다.

불안을 느끼는 경우라도 열 번 중 아홉 번은 대체로 싱겁고 사소한 일로 밝혀진다. 그러나 반대로 열 번 중 한 번쯤은 어떤 문제에서 가장 중요한 사실을 미처 보지 못했거나, 사소한 실수 또는 전적인 오판이었다는 것을 갑자기 깨닫는다. 열 번 중 한 번쯤 한밤중에 갑자기 깨어나 가장 중요한 사실을 깨닫는다. 셜록 홈스(Sherlock Holmes)가 등장하는 유명한 추리소설의 한 장면처럼 "바스커빌 가문의 개가 짖지 않았다"라는 중요한 사실이 갑자기 생각나듯 말이다.

그러나 효과적인 의사 결정자는 오래 기다리지 않는다. 며칠 또는 길어야 몇 주일이다. 만약 그때까지 '다이몬'이 아무 말도 하지 않으면, 그는 좋든 싫든 신속하고 과감하게 행동을 취한다.

경영 리더는 자신들이 좋아하는 일을 하기 때문에 보상받는 것이 아니다. 올바른 일을 수행함으로써 보상받는다. 그들은 대부분 자신들의 구체적인 과업인 '효과적 의사 결정'을 함으로써 보상받는 것이다.

의사 결정과 컴퓨터

여태까지 논의했던 모든 것이 컴퓨터 시대인 오늘날에도 여전히 적용될까? 컴퓨터는 의사 결정자, 최소한 중간 관리자를 대체할 것이라는 게 우리가 듣고 있는 얘기다. 앞으로 몇 년 내에 모든 운영상의 의사 결정을 컴퓨터가 하게 될 것이고, 머지않아 전략적인 의사 결정까지 컴퓨터의 몫이 될 것이라 한다.

실제로 컴퓨터는 경영 리더들로 하여금 오늘날 대개 '현장 적응(on-the-spot adaptation)'식으로 행해지던 것을 '진정한 의사 결정(true decision)'으로 이뤄지도록 한다. 이는 전통적으로 행동을 취하기보다는 닥치면 대응을 하던 대다수의 사람을 진정한 경영 리더와 의사 결정자로 변모케 할 것이다.

컴퓨터는 경영 리더의 강력한 도구다. 망치나 스패너처럼 사람이 할 수 없는 것은 아무것도 하지 못한다. 사람이 못하는 일을 하는 차량이나 톱과는 다르다. 그러나 컴퓨터는 사람이 할 수 있는 한 가지, 즉 덧셈과 뺄셈은 사람보다 훨씬 빨리 할 수 있다. 뿐만 아니라 도구이기 때문에 싫증도 내지 않고, 지치지도 않고, 시간외 근무수당도 요구하지 않는다. 컴퓨터는 다른 도구와 마찬가지로 사람의 능력을 증대시킨다(차량, 항공기, TV처럼 사람이 전혀 할 수 없는 것을 할 수 있는 도구들은 인간의 활동 영역, 즉 인간의 능력 범위를 확장한다). 그러나 컴퓨터는 다른 도구와 마찬가지로 한두 가지 일밖에는 하지 못한다. 할 수 있는 일만 하고, 할 수 있는 일의 범위가 좁다. 오늘날 우리가 대체로 임시응변 형태로 행하고 있던 것을 마치 진정한 의사 결정인 것처럼 하게 하는 것이 바로 컴퓨터의 한계들이다.

컴퓨터의 강점은 논리적인 기계라는 데 있다. 그것은 프로그래밍되어 있는 것을 정확하게 실행한다. 그것도 빠르고 정확하게 처리한다. 다시 말해 컴퓨터는 전적으로 바보같이 일한다. 논리라는 것은 본질적으로 아둔하다. 컴퓨터는 단순하고 명백한 일만 할 수 있다. 이에 비해 인간은 논리적이기보다는 지각으로 인식할 수 있는 존재다. 이는 느리고 엉성하게 일을 처리하기도 한다는 말이다. 그러나 인간은 총명하고 통찰력과 응용력이 있다. 부족한 정보로부터, 또는 전혀 정보가 없어도 전체적인 모습을 추론할 수 있다. 인간은 아무도 프로그래밍하지 않은 것을 많이 기억할 수 있다.

■ 종래 경영 관리자가 현장 대응 방식으로 처리하고 있는 전형적인 예로 재고나 출하에 관한 일상적인 의사 결정을 들 수 있다. 지점 판매부장은 정확하지는 않아도, 대체로 다음과 같은 일을 알고 있다. 예컨대 고객 A는 보통 빈틈없는 빡빡한 공정 관리에 따라 공장을 운영하고 있어 납품 예정일에 물품을 갖다대지 못하면 큰일이 난다. 이에 반해 고객 B는 원자재나 자재의 재고에 여유가 있어 납품이 며칠 늦어지더라도 잘 대처한다. 고객 C는 불만이 많아 화가 난 상태

라 구실만 있으면 물품 구입처를 다른 회사로 옮기려 하고 있다. 그리고 지점 영업부장은 본사 공장의 누군가에게 특별히 부탁하면 물품 출하에 편의를 봐줄 것이라는 걸 알고 있다. 이런 경험을 바탕으로 지점 영업부장은 현장 상황에 적응하고 조정해가면서 일을 처리한다.

그러나 컴퓨터는 이런 일 처리에 대해 전혀 알지 못한다. 적어도 이런 일들을 특정 고객이나 제품에 관한 회사의 정책을 결정하는 구체적인 자료로 미리 가르쳐주지 않으면 아무것도 하지 못한다. 컴퓨터가 할 수 있는 것은 명령을 받고 프로그램된 대로 반응하는 일뿐이다. 컴퓨터는 계산기나 금전출납기의 범위를 넘는 '의사 결정'은 하지 못한다. 할 수 있는 것은 계산뿐이다.

따라서 컴퓨터를 이용한 재고 관리는 원칙이 필요하다. 재고 관리에 관한 기본 방침이 있어야 하는 것이다. 막상 재고 관리 문제에 손대려고 하자, 기본 의사 결정이 재고에 관한 것이 아니며, 지극히 위험 부담이 큰 사업상의 의사 결정이라는 것을 알게 된다. 재고는 위험 부담의 균형을 잡는 문제다. 납품과 서비스에 관한 위험 부담과 비용, 생산 일정이 오락가락하고 불안정한 것에서 오는 위험 부담과 비용, 손상되거나 단종되거나 품질 저하 위험이 있는 상품 형태로 자금이 묶이는 위험 부담과 비용 등의 균형을 잡아 관리하기 위한 수단이 재고 관리다.

■ 재래식 처방은 아무런 도움이 되지 않는다. '90퍼센트의 고객들에게 납품 약속의 90퍼센트를 지키는 것이 우리들의 목표다'라고 한다면 정확한 것처럼 보인다. 그러나 이것을 이 컴퓨터의 우둔한 논리에 단계적으로 집어넣으려고 한다면 실제로 이 목표는 아무런 의미가 없다는 것이 밝혀질 것이다. 당연히 이러한 의문이 생긴다. '우리가 그렇게 약속했을 때 모든 고객이 주문한 열 개 중 아홉 개는 받을 것이라 기대해도 되는가?', '우량 고객은 항상 주문한 대로 다 받아야 한다는 것을 의미하는가? 그렇다면 우량 고객은 어떻게 정의돼야 하는가?', 또는 '전 제품에 대해 이 목표가 실행될 수 있도록 할 것인가? 생산량의 태반을 차지하는 몇 개 주요 제품에만 적용할 것인가?', '우리 회사에서는 중요하지 않지만 고객에게는 중요한 수백 종에 이르는 제품에 대해서도 방침을 정할 것인가? 정한다면 어떤 방침인가?'

이런 문제들은 모두 위험 부담이 있는 의사 결정으로서, 무엇보다도 기본 원칙에 대한 의사 결정이 요구된다. 이 모든 의사 결정이 이뤄지지 않는 한 컴퓨터에 의한 재고 관리는 실행될 수 없다. 그나마 모두 불확실성하에서의 의사 결정이다. 의사 결정에 관계되는 그러한 요인은 컴퓨터에 입력할 만큼 명확하지 않다.

그러므로 단순한 업무의 수행이든, (멀리 지평선 위로 핵탄두 미사일이 출현하거나 정유소에서 아황산가스가 유출되는 등의) 돌발 사태에 대한 대응책이든 컴퓨터에 의존하기 전에 충분히 검토하고 의사 결정을 미리 해둬야 한다. 의사 결정은 더 이상 즉흥적일 수 없다. 또한 의사 결정은 일련의 임시응변적 대응, 개별 대응, 대충 대응, 실제가 아닌 가상의 결정이라는 형태로 이뤄져서는 안 된다. 의사 결정은 기본 원칙에 입각한 것(a decision in principle)이어야 한다.

■ 이는 컴퓨터가 그 원인은 아니다. 컴퓨터는 도구에 지나지 않으며 그 어떤 일의 원인도 되지 않는다. 그것은 단순히 이미 일어나고 있는 것을 극명하게 부각할 뿐이다. 작은 대응으로부터 기본 원칙에 충실한 의사 결정으로의 이행은 훨씬 전부터 일어나고 있는 것이다. 특히 그러한 이행이 확실히 나타난 것은 제2차 세계대전과 그 후의 군 조직에서였다. 군사 작전이 너무 광범위하고 유기적으로 된 결과, 예를 들자면 병참 시스템도 모든 전장과 전군을 보급 대상으로 하고 중급 지휘관들도 작전의 큰 틀인 전략적 의사 결정 프레임워크를 알아야 할 필요성이 더욱 높아졌다. 독일의 에르빈 롬멜(Erwin Rommel), 미국의 오마 브래들리(Omar Bradley), 소련의 게오르기 주코프(Georgy Zhukov) 등 제2차 세계대전의 영웅으로 부상된 제2선의 장군들은 옛날 전장의 기마대 무인들이 아니라, 진정한 의사 결정을 심사숙고하는 '중간 관리자'들이었다.

결과적으로, 의사 결정은 조직의 고위 계층에 속하는 극소수의 집단만이 하는 것으로 제한할 수 없다. 조직에 속한 거의 모든 지식작업자는 이런저런 방법으로 스스로 의사 결정자가 될 것이고, 최소한 의사 결정 과정에서 적극적이고, 현명하고, 자율적인 역할을 할 수 있어야 할 것이다. 의사 결정은 과거에는 소수의 사람과 대체로 그 책임이 분명한 기관이 수행했던 고도로 전문화된 기능이었지만(조직의 나머지 구성원들은 그들이 설정한 관습과 용도의 틀에 맞춰 적응하기만 하면 됐다), 오늘날 새로운 사회 기관, 즉 지식에 기반을 둔 대규모 지식조직에서는 의사 결정이 모든 단위 부서의 일상적인 과업까지는 아니더라도, 정상적인 과업으로 빠르게 자리 잡아가고 있다. 효과적 의사 결정을 할 수 있는 능력 여부는 모든 지식작업자, 또는 적어도 책임 있는 자리에 있는 사람들이 모두 함께 효과적일 수 있는지를 결정한다.

■ 새로운 기술이 우리에게 부과하는 의사 결정으로의 전환을 보여주는 좋은 예가 바로 많이 논의되어온 PERT(Program Evaluation and Review Technique)다. PERT는 우주선의 개발, 제작 등 고도로 복잡한 프로그램에서 극히 중요한 과제의 향후 이정표를 준비하는 것이 목표다. PERT는 각 과제의 사전 계획, 순서, 마감 등을 전체 일정대로 준비될 수 있도록 하는 프로그램 통제를 목표로 한다. PERT는 임기응변 방법으로 처리되던 것을 대폭 감소시킨다. 그 대신 고도

의 위험이 따르는 체계적인 의사 결정이 필요하다. 그러나 PERT 일정에 따라 현장에서 일을 해결해나가야 하는 사람은 처음에는 거의 매번 잘못된 판단을 한다. 그들은 위험 부담이 따르는 체계적인 의사 결정을 통해 달성해야 할 일을 여전히 임기응변식으로 대응하려 하기 때문이다.

컴퓨터는 전략적 의사 결정에도 같은 영향을 미친다. 물론 컴퓨터 스스로 전략적 의사 결정을 할 수는 없다. 컴퓨터가 할 수 있는 일도 현재로서는 실질적이기보다는 잠재적인 것에 지나지 않기는 하지만, 불확실한 장래에 관한 어떤 가정으로부터 어떤 결론을 이끌어낼 것인지, 또는 거꾸로 뒤집어서 취해야 할 행동의 저변에는 어떤 가정이 깔려 있을 것인지 작업하는 것이다. 거듭 말하지만 컴퓨터가 할 수 있는 것은 계산뿐이다. 그렇기 때문에 특히 의사 결정이 만족시켜야 할 경계 조건들에 대한 명료한 분석이 필요하다. 그리고 그것은 고도의 위험 부담이 따르는 판단을 요한다.

의사 결정에 컴퓨터가 주는 시사점이 또 있다. 컴퓨터를 올바르게 사용한다면, 신뢰할 수 있는 정보가 없거나 정보 전달이 늦어져 지금까지 어쩔 수 없이 조직 내부 일에 여념이 없던 경영 리더들을 해방시켜줄 것이다. 이들은 조직 내부 일에만 매달릴 때는 믿을 만한 정보의 결핍과 지체로 지탄의 대상이 되곤 했다. 컴퓨터 덕에 이들이 해방이 되면, 조직이 결과를 만들어내는 영역인 외부로 스스로 나가 동향을 살펴볼 수 있게 된다.

컴퓨터는 또한 의사 결정에서의 전형적인 잘못 가운데 하나를 변화시켜줄지도 모른다. 지금까지 우리는 보편적인 상황을 일련의 특수한 상황으로서 취급해, 의사가 환자의 증상을 다루듯 개별 문제를 해결하는 우를 범해왔다. 그러나 컴퓨터는 보편적인 상황만 다룰 수 있다. 논리와 관계되는 것은 보편적인 상황이기 때문에 장차 예외적인 것, 즉 특수한 것을 보편적인 상황의 징후로 취급하는 오류를 범할지 모른다.

■ 이미 이러한 경향은 검증된 군인의 판단력을 컴퓨터로 대체하려고 한다는 불평들의 저변에도 깔려 있다. 이것은 단순한 군인들의 불만으로 가볍게 처리할 문제가 아니다. 군사적인 의사 결정을 컴퓨터화, 표준화하려는 것에 대한 가장 신랄한 비판은 영국의 저명한 생물학자로서 영국 국방부의 과학 고문으로 컴퓨터 분석과 작전 연구 및 개발에 지도적인 역할을 해온, 뛰어난 민간 '경영과학자'인 솔리 주커먼(Solly Zuckerman) 경이 주도했다.

그러나 컴퓨터의 가장 큰 영향은 바로 그것이 안고 있는 한계들에서 비롯된다. 이는 우리에게 진정한 의사 결정을 하도록 압박하며, 무엇보다도 중간 관리자를 단순한 현장 운영자에서 경영 리더 및 의사 결정자로 변신시킨다.

이는 어떻게든 일어났어야 할 일이다. 예컨대 기업에서는 GM이, 군사 조직 중에서는 독일군 참모본부의 뛰어난 강점들 중의 하나가 오래전에 그 조직들의 일상 업무의 운영 관련 사안들을 진정한 의사 결정 활동으로 체계화했다는 것이다.

운영 관리자들이 위험과 불확실성 속에서 의사 결정을 빨리 할수록, 우리는 대규모 조직의 근본적인 약점 중 하나인 고위층 의사 결정을 위한 훈련과 검증의 결여 문제를 더 빨리 극복할 수 있게 된다. 기업, 정부 기관, 군의 운영 관리자들이 운영 수준에서 신중한 사고(thinking)가 아니라 임기응변으로 업무를 처리하고 지식과 분석이 아닌 '감(感)'으로 문제를 처리하는 한, 정부, 군대, 기업에서 일하는 운영 담당자들은 최고 의사 결정 경영 리더가 되고 나서야 전략적 의사 결정에 처음으로 임하게 되어, 훈련이 안 되고, 시도도 해본 경험이 없고, 검증되지 않은 상태가 된다.

측량줄자(slide rule)가 고교생을 수학자로 만들 수 없는 것과 마찬가지로, 컴퓨터도 평사원을 의사 결정자로 만들 수 없다. 그러나 컴퓨터의 출현은 평사원과 잠재적인 의사 결정자를 일찌감치 구분되게 한다. 또한 컴퓨터는 잠재적인 의사 결정자로 하여금 성과를 내기 위한 목적 지향적이고 효과적인 의사 결정을 배우게 하고, 터득하도록 한다. 어떤 면에선 그러지 않으면 안 되게 한다. 왜냐하면 누군가가 성과를 올리는 의사 결정을 하지 않는 한, 또한 그 의사 결정을 잘하지 않는 한 컴퓨터는 계산을 할 수 없기 때문이다.

컴퓨터의 출현이 의사 결정에 대한 관심에 불을 지핀 이유는 정말 많은데, 컴퓨터가 의사 결정을 대체하기 때문은 아니다. 그 이유 중 하나는, 컴퓨터가 계산하는 일을 맡게 되면서 이제는 조직 말단에서 일하는 사람까지 경영 리더가 되고, 효과적인 의사 결정을 하는 법을 배워야 하기 때문이다.

성과를 내는 능력은 습득해야 한다

이 책은 두 가지 전제에 바탕을 두었다.

- 경영 리더의 직무는 성과를 내는 것(효과적이어야 한다)이다.
- 성과를 내는 능력(효과성)은 습득할 수 있다.

첫째, 경영 리더는 자신이 달성한 성과에 의해 보상받는다. 그는 자신이 몸담고 있는 조직을 위해 성과를 내야 할 책무가 있다. 그렇다면 경영 리더감이 되기 위해선 무엇을 배우고, 무엇을 해야 할까? 이 질문에 답을 하고자 이 책 전반에서 조직 성과와 그 조직 내 경영 리더의 성과를 문자 그대로 목표(goals)로 삼았다.

두 번째 전제는 성과를 내는 능력은 습득할 수 있다는 것이다. 그래서 이 책은 어떻게 해야 성과를 내는 경영 리더가 될 수 있는지 독자들이 스스로 배우고 또 분발할 수 있도록, 성과를 내는 경영자의 업무 수행에 내포된 다양한 요소들을 순서대로 제시했다. 이 책은 물론 교과서가 아니다. 성과를 내는 능력은 스스로 배울 수는 있으나, 어떻게 하라고 다른 사람이 가르칠 수는 없다. 결국 그것은 '교과목'이 아니라 자기수련이다.

이 책 전반에 걸쳐 그 구조와 주제를 다루는 방식에 함축된 것은 언제나 '조직에서 그리고 경영 리더의 일상과 업무의 주요 영역들에서 성과를 내게 하는 것은 무엇인가?'라는 질문이다. '왜 성과를 내야 하는가?', '효과적이어야 하는가?'라는 질문은 거의 하지 않는다. 경영 리더가 성과를 내는 것은 너무나 당연한 일이기 때문이다.

그러나 이 책에서 논의한 것, 각 장의 흐름, 그리고 그로부터 배운 것을 돌아보면 경영 리더가 성과를 내는 것에 대해 아주 다른 측면이 부각되는 것을 발견했을 것이다. 다시 말해 성과를 내는 것은 자기 계발, 조직 개발, 나아가 더 나은 현대 사회의 지속 발전을 위해 매우 중요한 의미를 갖는다.

1. 성과를 내는 첫 단계는 절차다. 즉 시간을 어디에 할애하고 있는지 기록하는 것이다. 이는 기계가 하는 일은 아니지만, 기계적인 일이다. 기록은 경영 리더 자신이 할 필요는 없다. 비서나 부하

에게 시키는 편이 더 낫다. 경영 리더가 이것을 제대로 해본다면 상당한 개선 효과를 보게 된다. 그 결과는 당장은 아니지만 곧 나타난다. 이 작업을 지속하면, 시간 기록 방법 역시 경영 리더가 더 큰 성과를 올리는 다음 단계로 갈 수 있도록 자극하고 인도할 것이다.

사용 시간 분석과 시간 낭비 요인을 제거한다는 것은 바로 어떤 행동 조치를 요구한다. 그것은 극히 기초적인 의사 결정을 필요로 하며, 행동, 인간관계, 관심의 변화를 필요로 한다. 또한 시간의 상이한 활용, 각종 활동 및 목표의 상대적 중요성에 관해 탐색적 질문(searching questions)을 제기한다. 이는 수행해야 할 업무 수준이나 질에도 영향을 미친다. 그리고 몇 개월에 한 번씩 양식화된 체크리스트를 통해 시간 소모를 점검하고 기록해둬야 한다. 시간이라는 희소 자원 활용의 효율성에 지속적으로 관심을 가지는 것이다.

2. 두 번째 단계는 기여에 초점을 맞추는 것이다. 이는 절차적인 것에서 개념적인 것, 기계적인 것에서 분석적인 것, 효율성에 초점을 맞추는 수준에서 더 나아가 결과(result)에 관심을 두는(효과성) 방향으로 나아가는 것이다. 이 단계에서 경영 리더는 자신이 왜 보수를 받는지, 그리고 해야 할 기여가 무엇인지에 대해 보다 심사숙고하는 일종의 자기수련을 몸에 익혀야 한다. 여기서 복잡한 것은 아무것도 없다.

경영 리더가 자신의 기여에 대해 스스로에게 던질 질문들은 여전히 단순 명료하고(straightforward) 다소 도식적(schematic)이겠지만, 그러나 질문에 대한 답은 (1)자신에 대한 높은 수준의 요구, 그리고 (2)자신과 조직의 목적에 대한 숙고(thinking) 및 가치관에 대한 관심(concern)에 이르도록 해야 한다. 자신에 대해 높은 기준을 요구하는데 이르도록 해야 한다.

무엇보다 이러한 질문들은 경영 리더가 '상사를 기분 좋게 하는 것'으로 만족해하는 부하 역할에 머무는 게 아니라, 경영 리더로서 책임 있는 주체가 되도록 요구하는 것이다. 다시 말해서 경영 리더는 자신과 자기의 비전을 기여에 초점을 맞춤으로써, 수단에만 관심을 갖는 게 아니라 항상 궁극적 목적과 성취해야 할 결과를 생각해야 한다.

3. 강점이 생산적이 되도록 한다는 것은 근본적으로 행동으로 표출되는 태도다. 근본적으로 사람, 즉 자신과 타인에 대한 존중이다. 그것은 실행(action)으로 표출되는 가치 체계이기도 하다. 그러나 강점을 생산적이 되도록 하는 것은 '실행을 통해 배우는 것'이고 실행 습관을 통해 자신을 계발(self-development)하는 것이다. 그리하여 경영 리더는 강점이 생산적이 되도록 하며, 개인의 목적과 조직의 니즈(needs), 개인의 역량과 조직의 결과, 개인의 성취와 조직의 기회를 통합해야 한다.

4. 5장 '중요한 것부터 먼저 하라'는 2장 '당신의 시간을 알라'의 후렴에 해당하는 것이다. 이 두 장은 성과를 내는 경영 리더를 떠받치고 있는 한 쌍의 기둥이라 할 수 있다. 그러나 여기에서는 시간이라는 자원을 더는 다루지 않고 최종 산출물인 경영 리더의 성과와 조직의 성과를 다룬다.

여기에서 기록하고 분석해야 할 것은 우리에게 일어나는 것이 아니고, 우리가 우리를 둘러싼 환경에서 일어나게 해야 할 것들에 관한 것이다. 그리고 여기서 개발하고자 하는 것은 정보가 아니라 통찰력, 자립심, 용기 등 인간의 성품에 관계되는 것이다. 말하자면 리더십이다. 수재나 천재의 리더십이 아니라 좀 더 겸손하고 지속적인 리더십, 헌신, 결단, 진지한 목적의식이 뚜렷한 리더십이다.

5. 6장과 7장에서 논했던, 효과적 의사 결정은 합리적인 행동에 관심을 갖는 것이다. 경영 리더가 저절로 성과를 낼 만큼 넓고 확실하게 표시된 길이란 없다. 그러나 어떻게 가야 할지, 지향할 바나 안내를 해줄 측량사의 기준점 같은 구실을 하는 것들은 있다.

이 책은, 예를 들어 일련의 사건을 일반적인 문제로 인식한 다음, 의사 결정이 충족해야 할 경계 조건을 어떻게 정할 것인지에 대해서는 설명하고 있지 않다. 이는 부딪치는 개별 상황에 따라 대처해야 한다. 그러나 무엇을 어떤 순서로 해야 할 것인지에 대해서는 명확히 해야 한다.

이정표를 따라감으로써 경영 리더는 책임 있는 판단을 내릴 수 있도록 자신을 계발하고 수련해나갈 것으로 기대된다. 성과를 내는 경영 리더는 의사 결정에서 절차와 분석 두 가지가 필요하지만, 그 본질은 어디까지나 실행 윤리(ethics of action)다.

경영 리더의 자기 계발은 성과를 내는 능력을 익히는 것만이 아니다. 지식과 스킬을 습득해야 한다. 경력에 따라 새로운 업무 처리 습관을 배워야 하며, 때로는 기존의 낡은 업무 처리 습관을 버려야 한다. 그러나 경영 리더가 먼저 성과를 내는 능력을 향상시키지 않는다면 지식, 스킬, 습관을 아무리 잘 확보했다고 하더라도 별 소용이 없다.

성과를 내는 경영 리더가 된다는 것이 그리 우쭐할 만한 일은 아니다. 수많은 다른 사람과 마찬가지로 단순히 자기 일을 하는 것일 뿐이다. 성과를 내는 경영 리더가 되기 위해 자신을 훈련하는 방법을 설명한 이 책이, 예를 들어 키에르케고르(Kierkegaard)의 자기 계발에 관한 위대한 논문인 〈기독교 훈련(Training in Christianity)〉과 비교되면 어쩌나 걱정할 필요는 없다. 인생에는 성과를 내는 경영 리더가 되는 것보다 더 높은 목표가 있다는 것은 두말할 나위가 없다.

그러므로 우리가 목표로 삼는 것이 그리 대단한 것이 아니다. 그렇기 때문에 우리는 그 목표, 즉 현대 사회와 조직들이 필요로 하는 많은 수의 '성과를 달성하는 경영 리더들을 양성하는 것'을 달성할 수 있을 것이라는 희망을 가질 수 있다. 만약 지식이 필요한 직위에 성현, 시인, 일류 학자들을 필요로 한다면, 대규모 조직 같은 것은 터무니없고, 있을 수도 없는 것이 될 것이다. 대규모 조직의 니즈는 비범한 성과를 낼 수 있는 보통 사람으로 채워져야 한다. 바로 이렇게 하는 것이야말로 성과를 내는 경영 리더가 해낼 수 있어야 하는 덕목인 것이다.

목표가 그렇게 대단한 건 아니어서 누구라도 노력하면 도달할 수 있는 것일지라도, 성과를 내는 경영 리더의 자기 계발은 '진정한 사람 개발(true development of the person)'인 것이다. 그것은 기계적인 활동(mechanics)에서 인간의 태도, 가치관, 전념과 충실(commitment)로, 그리고 절차에서 헌신으로 발전해나간다.

성과를 내는 경영 리더의 자기 계발은 기업, 정부 기관, 연구소, 병원, 군대 등의 조직 개발에 근간이 된다. 그것은 조직이 성과를 향해 전진하는 길이다. 경영 리더가 성과를 내는 방향으로 일할 때, 조직 전체의 성과 수준이 올라간다. 또한 자신은 물론 다른 사람들의 눈높이도 올라가게 된다.

그 결과 조직은 좀 더 잘 작동할 수 있을 뿐만 아니라, 새로운 일을 할 수 있고, 새로운 목표를 지향할 수 있다. 경영 리더의 성과 달성 능력 개발은 조직의 방향, 목표, 목적에 대한 도전을 뜻한다. 그것은 조직에 속한 사람들이 일상 문제에의 매몰 상태에서 기회에 대한 비전으로, 약점 우려에서 강점 발휘로 눈을 돌리게 한다.

그 결과 높은 역량과 포부를 가진 사람들에게 조직 자체를 매력 있는 존재로 만들고, 동시에 보다 높은 수준의 업무 수행과 헌신(dedication) 동기를 유발하게 되는 것이다. 조직은 보다 나은 인재들로 성과를 내는 것이 아니다. 조직은 기준, 습관, 문화를 통해 자기 계발 동기를 유발하기에 우수한 사람들을 확보하게 된다. 이것은 각자가 성과를 내는 경영 리더가 되겠다는 목표를 가지고 체계적으로 초점을 맞춘 자기훈련(self-training)을 통해 이뤄지는 것이다.

단지 생존을 위해서가 아니라 현대 사회가 제 기능을 발휘하려면 대규모 조직의 성과 창출 능력, 그것들의 성과와 결과, 또 가치관, 기준 및 자기 스스로의 요구(self-demand)가 필수적이다.

조직 성과는 오늘날 경제 분야, 심지어 사회 분야에 이르기까지, 이를테면 교육, 보건, 지식 발전에 결정적이다. 점차 대규모 조직들은 지식조직으로 변모해가고 있으며, 이미 많은 남녀 지식 작업자를 고용하고 있다. 그리고 조직은 경영 리더로 일하는 사람들, 즉 조직 전체와 성과 창출에 책임지는 사람들, 지식과 일의 성격에 따라 조직 전체의 성과나 결과에 직접 영향을 미칠 만한 의사 결정을 하는 많은 사람을 고용하고 있다.

성과를 내는 조직은 흔치 않다. 성과를 내는 경영 리더들보다도 적다. 물론 여기저기에서 탁월한 성과를 내는 사례도 볼 수 있다. 그러나 전체로 볼 때 조직 성과는 아직도 초보적 단계다. 방대한 자원이 오늘날 대기업, 정부 기관, 대형 병원, 대학교에 집중되어 있다. 그러나 그 결과는 그저 평범하고, 조직 활동은 파편처럼 산만하고, 너무 많은 노력들과 자원이 과거의 일에 투입되거나, 의사 결정과 실행을 회피하는 데 쓰이고 있다.

조직들은 경영 리더 못지않게 체계적으로 일해야 하고, 성과를 내는 습관을 습득할 필요가 있다. 또한 기회는 키우고 문제는 사라지게 해야 한다는 것을 배워야 한다. 그렇게 함으로써 강점이 생산적이 될 수 있도록 해야 한다. 모든 일을 조금씩 할 것이 아니라 우선순위를 정해 집중적으로 일해야 한다.

그러나 경영 리더가 성과를 내는 것은 효과적인 조직의 기본적인 요건이며, 그 자체로 조직 개발에 가장 중요한 기여가 되는 것이다. 경영 리더의 성과 달성은 현대 사회가 경제적으로 생산적이고, 사회적으로 지속 가능하게 하는 데 희망의 등불이다.

이 책에서 거듭 설명했듯이 지식작업자는 선진국에서 아주 빠르게 주요한 자원이 되고 있다. 그리고 지식작업자는 중요한 투자 대상이 되고 있다. 교육이야말로 오늘날 많은 투자 가운데 가장 비중이 큰 투자이기 때문이다. 지식작업자는 주요 비용 센터가 되고 있다. 지식작업자의 생산성 향상은 선진 산업사회 특유의 경제적 니즈이다.

선진 산업사회의 육체노동자는 비용 면에서 저개발국이나 개발도상국의 육체노동자와 비교할 때 경쟁력이 없다. 지식작업자의 생산성 향상만이 저임금 체제 개발도상국과 경쟁하는 선진국들이 높은 생활 수준을 유지할 수 있게 해준다.

현 단계에서 선진 산업국 지식작업자의 생산성에 대해 자신할 수 있는 사람은 초낙관주의자뿐이다. 제2차 세계대전 이후 노동력의 중심이 육체노동에서 지식작업으로 크게 이동했는데도 불구하고, 지금까지 지식작업자의 생산성에는 극적인 성과가 나타나지 않고 있다. 전반적으로 경제적인 성과를 측정하는 두 개의 기준인 생산성과 수익성 가운데 그 어느 것도 이렇다 할 진척을 보여주지 못하고 있다. 전후 선진 산업국의 경제 성장이 괄목할 만하고, 또 그들의 기록이 인상적이었다고 해도 지식작업자의 생산성 향상은 아직도 제대로 이뤄지지 않는 형편이다.

이 문제에 대한 열쇠는 경영 리더의 성과 달성 능력에 있다. 왜냐하면 경영 리더 자신이야말로 이론의 여지 없는 지식작업자이기 때문이다. 그들의 직급 수준, 그의 기준, 자기 자신에게 부과하는 요구 수준 등이 함께 일하는 주변 다른 지식작업자들의 동기유발, 방향 설정, 헌신을 크게 좌우한다.

더 중요한 것은 성과를 내는 경영 리더에 대한 사회적 니즈이다. 현대 사회의 결속과 공동체의 힘은 점점 지식작업자의 심리적, 사회적 욕구와 조직 및 산업사회의 목표들을 어떻게 통합시키는가에 달려 있다.

지식작업자는 통상적으로 경제적인 문제가 있는 것은 아니다. 그는 풍족한 편이다. 그는 아주 안정된 직업을 갖고 있으며, 그가 지닌 지식으로 직장을 옮기는 것도 자유롭다. 그러나 그의 심리적 욕구와 개인적 가치관이 조직 내에서 그의 일과 직위를 통해 충족되어야 한다. 많은 지식작업자는 전문가로 인정받고, 그 자신도 그렇게 생각하고 있다. 그러나 그는 고용된 몸이고 명령 받는 위치에 있다. 뿐만 아니라 그는 전문 분야에 속해 있으면서, 그의 지식에 수반되는 권위를 조직의 목적과 목표에 맞춰야 한다. 전문 지식 분야에서는 상사도 부하도 없고, 다만 나이 많은 사람과 적은 사람이 있을 뿐이다.

그러나 조직은 계층 구조를 필요로 한다. 물론 이것이 새로운 문제는 아니다. 군대 조직이나 공무원 제도에서는 오래전부터 있던 문제고, 해결책도 알려져 있다. 그러나 이들 문제야말로 현실의 문제가 되고 있다. 지식작업자가 가난할 가능성은 없다. 그러나 이른바 권태, 좌절, 체념 같은 말을 그럴듯하게 표현해서 '소외'라고 한다면 그럴 위험에 처하게 된다.

육체노동자의 욕구와 확대되는 산업의 역할 간의 경제적 갈등이 19세기 개발도상국의 사회문제였던 것과 마찬가지로 지식작업자의 지위, 기능, 자기실현이 오늘날의 발전된 나라, 즉 선진 산업국의 사회 문제로 떠오르고 있다.

우리가 그 존재를 부정한다고 해서 사라질 성격의 문제가 아니다. 정통파 경제학자나 마르크스주의에 입각한 경제학자가 각기 자신들의 입장에서 주장하는 것처럼 현실에서 경제적, 사회적 성과의 '객관적 현실(objective reality)'만이 존재한다고 주장한다 해서 문제가 없어지는 것은 아니다.

조직 목표는 자동적으로 개인의 자아 성취로 이어지는 것이 아니며, 따라서 그것들을 곧바로 무시해버리는 것이 낫다고 결론을 내리는 사회심리학자들, 예를 들어 예일대학교의 크리스 아지리스 교수의 신낭만주의적 견해로도 문제가 사라지지 않는다. 우리는 조직 성과에 대한 사회의 객관적 요구와 개인의 성취 및 성공적 완수에 대한 욕구 두 가지를 모두 만족시켜야 한다.

성과를 내는 경영 리더의 자기 계발만이 가용한 유일한 해답이다. 그것은 조직 목표와 개인 욕구를 통합시키는 유일한 방법이다. 자신뿐 아니라 다른 사람들의 강점을 생산적이 되도록 하는 경영 리더는 조직 성과와 개인 성취를 모두 추구한다. 그는 자신의 전문 지식 분야가 조직의 기회가 될 수 있도록 일한다. 그리고 기여에 초점을 맞춤으로써 자신이 가치 있게 여기는 것들이 조직의 결과로 나타나도록 노력을 기울인다.

적어도 과거 육체노동자는 경제적 목적만 가지고 있어, 경제적 보상만으로 만족한다고 믿었다. 그러나 그런 생각은 인간관계학파가 밝힌 것처럼 사실과는 거리가 멀다. 임금이 최저 생활 수준을 넘어선 순간 그것은 더는 사실이 아니게 되었다.

지식작업자 역시 경제적 보상을 요구한다. 보상 결여는 문제가 된다. 그러나 보수만으로는 충분치 않다. 지식작업자는 기회(opportunity), 성취(achievement), 자아실현(fulfillment), 가치(values) 등을 필요로 한다. 지식작업자가 성과를 내는 경영 리더가 될 때에만 이런 만족을 얻을 수 있다.

오직 성과를 내는 경영 리더만이 사회에 필요한 두 요구, 즉 개인의 기여를 끌어내려는 조직의 니즈와 자신의 목적 달성을 위한 도구로 조직을 활용하고자 하는 개인의 니즈를 조화시킬 수가 있다. 성과를 내고 결과를 창출하는 능력(효과성)은 반드시 습득해야 한다.

진정 값진 성과를 내는 경영 리더로의 여정

피터 드러커는 1940년대 이래 미국에서 상업 교육을 경영학으로 전환한 주요 인물들 중 한 사람이다. 경영학이라는 분야가 토착 학문으로 자리 잡혀 있지 않은 상태에서 드러커는 유럽에서 이민 온 학자이자 작가 그리고 사회 변혁을 이끌 경영 실행(practice), 경영자의 역할과 기능을 설파한 젊은 강사, 컨설턴트로서 명성과 신망을 쌓아가기 시작했다.

기업의 개념, 경영 실행에 이어 성과를 내는 경영 리더를 미국 경영의 지침으로 제시함으로써 경영학의 대부 칭호를 받는 반열에 오르게 되었다. 《피터 드러커 자기경영노트》는 어떤 면에서 '수신제가치국평천하(修身齊家治國平天下)'로 익히 알려진 동양의 유교 이념과 맥을 같이한다고 볼 수 있다. 즉 드러커는 이 책을 통해 서양과 동양이 만나는 접점을 제시한다. 그러기에 드러커의 저서들이 아시아 경영자들에게 친밀하게 다가오는 것이기도 하다.

자신도 관리하지 못하는 경영 리더가 다른 사람에게 높은 수준의 업무 수행 성과를 기대하고 요구하는 것은 어불성설이다. 그러므로 우선 경영 리더는 성과를 내도록 스스로 수련에 수련을 거듭해야 하고, 그 본을 보이고 솔선수범해야 한다는 경구에 가까운 지혜와 통찰을 전하고 있다.

드러커는 겸손과 검소가 습관화된 삶을 살았다. 이름 있는 조직이나 비서가 여럿 있는 개인 연구실을 가져본 적이 없으면서도, 세계적인 CEO들이 만나고 싶어 하는 세계 5대 컨설턴트에 이름이 오를 정도로 널리 알려졌다. 사후에 자신의 이름을 치장하거나 허울 좋은 마스크를 씌울 것을 우려해 본인 명의를 클레어몬트대학교의 경영대학원 명칭에만 허용할 정도로, 스스로 남들의 입에 허황된 인물로 불려지고 자신의 초상이 남용되는 것을 우려했다. 즉 구루(GURU)라는 호칭을 거부할 정도로 스스로를 낮추고, 자신의 저서와 강의가 왜곡되거나 오남용이 되지 않기를 간절히 바랐다. 그는 좀처럼 유례를 찾아보기 힘든, 경영뿐만 아니라 사회 변화를 읽고 방향을 제시하는 사회생태학자로서 본받을 만한 모습을 보여주고 간 세계적 거목이었음을 어느 누구도 부인하지 못할 것이다.

겸손과 검소의 습관을 들이고 솔선수범하는 진정한 리더로 거듭날 때, 여러분은 피터 드러커가 전하고자 하는 '성과를 내는 경영 리더'의 모습으로 스스로 변화할 동기를 발견하게 될 것이다. 짐 콜린스가 드러커와의 대화에서 단 30초 만에 영감을 받고 스스로 변화해야 할 이유를 깨달은 것처럼….

겸손과 검소, 진정성을 추구하며 성과를 내는 리더가 되고자 꿈과 야망을 키우는 분들은 반드시 이 책을 머리맡에 두고 거듭 정독해보길 권한다.

드러커의 저서는 바쁜 경영자들이 장거리 출장 시 이동 중에 읽는 책으로 가방에 넣고 다닐 정도로 이해하기 쉽고 현장 중심으로 쓰여 있기 때문에 굳이 해제나 해설 강의가 필요 없을 정도이다. 《피터 드러커 자기경영노트》는 그중에서도 가장 읽기 쉽게 정리되어 있다. 누구나 쉽게 읽고 이해하고 실천해나갈 수 있기 때문에 영어 원서가 50년 넘게 꾸준히 읽힌다.

드러커의 폭넓은 식견과 혜안을 굳이 해설하려는 것이 무례한 시도가 될 수 있기에 그의 원전을 정확히 번역하고 읽기 편하게 편집하는 데 주안점을 두었다. 한국어 번역판이 재번역되고 재편집되어 독자들이 원전만큼 높은 가독성을 접할 수 있기를 바란다. 드러커의 지론인 'Self development'와 'Self discipline'을 통해 독자 여러분 모두 "진정 값진 성과를 내는 경영 리더로 성장하는 여정"을 부담 없이 편안히 이어가길 바란다. 그리고 '기억되길 원하는 인물'로 발전하는 도구로 삼으시면 좋겠다. 또한 드러커를 가르치려다 의역이 오역이 되는 우를 범치 않기를 바란다. 남을 가르치려 하지 말고, 스스로 수련하고 자기 계발에 정진하는 데 이 책을 활용하시라는 것이 드러커 교수의 진심어린 충고다. (314페이지 참조)

끝으로 최근 온라인 학습 교육이 만연하고 있는 틈을 타서, 드러커의 통합적 접근에 입각한 학문적 바탕과 학제적 통찰 및 그가 추구하는 사회생태 비전에 대한 충분한 이해나 연구 없는 해제 도서들이 보인다. 이처럼 드러커의 이름과 초상을 무단 남용하는 일은 매우 우려스러운 현상이다. 그리고 드러커도 이런 일로 인해 그의 학문적, 경영컨설턴트로서의 명예가 침해받을 것에 대해 경계했다. 자신의 이름과 초상에 대한 지적재산권을 등록하고 법적인 조치를 강구할 정도로 드러커를 맹목적으로 떠받드는 이들에게 경고(?)했음을 기억할 필요가 있다.

드러커를 본받고자 하는 진정한 '드러커리언'이라면, 드러커를 브랜드화해 상업적으로 활동하는 이들에 현혹되지 않도록 조심해야 한다. 드러커의 연구와 저서들을 성경 공부하듯 다루면 안 된다. 도전과 비판적, 창의적 의견 제기를 통해 건강한 토의가 이루어지길 드러커는 기대했다. 이의가 없는 의사 결정은 하지 말라고 할 정도로 경전을 학습하듯 드러커를 공부하는 걸 경계하는 것도 유념할 필요가 있다. 드러커는 'Learning by teaching'을 강조하는 것에서 보인 것처럼 자신의 강의를 통해 경청하는 참가자들의 피드백과 이견에서 자신도 학습하는 습관을 견지했기에 92세까지 교단에 설 수 있었던 것을 상기하길 바란다. 이는 검증, 비판과 피드백을 거부하고 외면하는 지적 오만에 대한 경고이기도 하다.

두 번에 걸쳐 재번역을 감행하는 것은 매우 쉽지 않은 의사 결정이다. 이 과정에서 용기와 결단 그리고 고객의 가치를 염두에 두고 드러커의 명저를 현대화하는 작업을 감행해 주신 한경BP의 김수언 사장님께 깊은 감사를 드린다. 이 책의 재번역에 관심과 지원, 후원을 아끼지 않으신 문국현 대표님(전 유한킴벌리, 한솔섬유)과 남승우 상임고문님(풀무원), 조동성 이사장님께도 무한한 경의를 표하는 바이다. 드러커가 한국에서 경영과 사회 생태 변혁에 자극을 주었다면 바로 이분들의 역할이 지대했다고 말씀드릴 수 있을 것이다.

2024년 5월
장영철 피터드러커 소사이어티 공동대표
경희대 명예교수, 서울과학종합대학원대학교(aSSIST) 석좌교수
http://pdsociety.or.kr/

THE
EFFECTIVE
EXECUTIVE

피터 드러커
자기경영노트

제1판 1쇄 인쇄 | 2003년 4월 1일
제5판 3쇄 발행 | 2024년 11월 25일

지은이 | 피터 드러커
옮긴이 | 장영철
펴낸이 | 김수언
펴낸곳 | 한국경제신문 한경BP

주　소 | 서울특별시 중구 청파로 463
기획출판팀 | 02-3604-556, 584
영업마케팅팀 | 02-3604-595, 562　FAX | 02-3604-599
H | http://bp.hankyung.com　E | bp@hankyung.com
F | www.facebook.com/hankyungbp
등　록 | 제 2-315(1967. 5. 15)

ISBN 978-89-475-4514-3 03320